JN218085

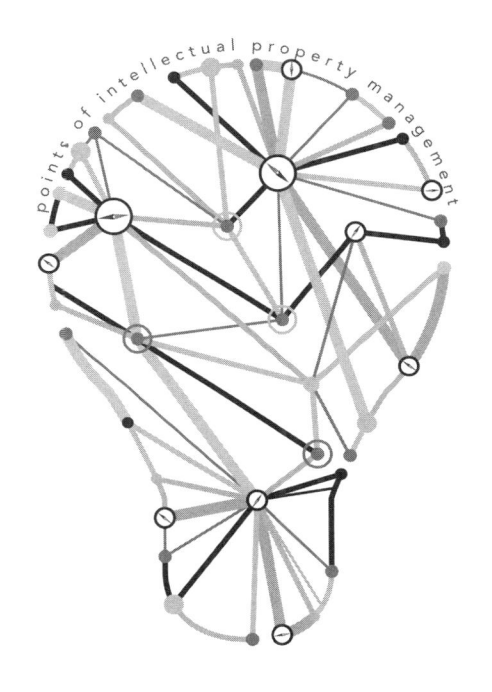

知財マネジメントの要点

企業のための地図と羅針盤

飯田圭 著

中村合同特許法律事務所
弁護士・弁理士

清文社

はしがき

　筆者は、最高のサービスの提供と依頼者との信頼関係の構築という理念の下、日本国内・外の知的財産分野全般に関する様々なサービス業務を総合的に提供する国際的な特許法律事務所である中村合同特許法律事務所において、弁護士・弁理士として、二十数年間にわたり、国内・外のクライアント企業等に対して、主に知的財産分野におけるリーガルサービスを提供してきた。

　その際、時折ではあるが、例えば、特許権侵害等に係る訴訟を有利に終結させ、或いは特許ライセンス等に係る契約交渉を首尾良く妥結させることができたにもかかわらず、肝心の国内のクライアント企業のビジネス自体が思いのほか良くならない事態を目の当たりにし、戸惑いを覚えたことがある。

　また、営業秘密保護の強化のための不正競争防止法の平成27年改正に産業構造審議会 知的財産分科会 営業秘密の保護・活用に関する小委員会の臨時委員として関与した際には、公開特許公報を介した新興国企業等への技術流出という、ある意味で当然の特許ダダ漏れ論が、意外にも今更ながらに日本の産業界より声高に指摘されたことに、些か驚いたことがある。

　このような幾つかの経験から、筆者は、日本の企業、特に製造業における従来の一般的な知的財産活動には、訴訟追行・契約交渉・特許化等に係る戦術のレベルではなく、そもそもの戦略のレベルにおいて、何か足りない点があるのではないか、という思いを強くした。

　一方、このような知的財産戦略について、近年、ヘンリー・チェスブロウ氏の提唱に係るオープンイノベーション戦略や小川紘一氏の提唱に係るオープン＆クローズ戦略が脚光を浴び、日本の企業においても、その採用が盛んになっている。もっとも、これらの戦略や同戦略に基づく様々な戦術の採用・遂行の際における企業の知的財産マネジメントや知的財産法務上の具体的な課題や解決策は、これまで必ずしも十分に体系的・網羅的には示されてこなかったように思われる。

　このような状況の下、本書は、オープンイノベーション戦略やオープン＆クローズ戦略を含めて、企業における発明その他の技術情報の創造・取得（第

2章)、保護(第3章)、活用(第4章)の全段階にわたる様々な知的財産戦略と同戦略に基づく様々な戦術とを対象としつつ、企業の組織論(第5章)や外部人材の活用法(第6章)も併せて、中小企業・ベンチャー企業(第7章)を含む日本の企業、特に製造業のために、同戦略・戦術の採用・遂行に必要・有用となる、知的財産マネジメントや知的財産法務上の「地図」と「羅針盤」とを示すことを企図して執筆したものである。

　特に、上記取得段階におけるインバウンド型オープンイノベーション、上記保護段階における特許化・秘匿化及び公知化の使分け・組合せとその見直し、上記活用段階におけるアウトバウンド型オープンイノベーションやオープン＆クローズ、さらには、上記各段階におけるビッグデータの利活用や知的財産権ミックス、等に関する箇所は、類書に乏しいものとなったのではないかと考えている。

　勿論、各企業においては、個別具体的な状況に応じて、自企業特有の知的財産戦略・戦術を自ら見い出し、実行する必要があるが、そのための知的財産マネジメントや知的財産法務上のヒントを、本書の「地図」と「羅針盤」とにより、より良く得て頂ければ、筆者としては望外の喜びである。本書を、日本の企業、特に製造業における知的財産活動に係わる全ての方に心より捧げたい。

2018年6月

弁護士・弁理士　　飯田　　圭

目 次

第3章　企業における発明その他の技術情報の保護戦略・戦術

第4章　企業における発明その他の
　技術情報の活用戦略・戦術 ……………………… 144

第5章　企業の基本理念・戦略の策定、組織・体制の構築、人材の育成・確保 … 219

第6章　外部の知的財産人材の確保・活用 ……… 226

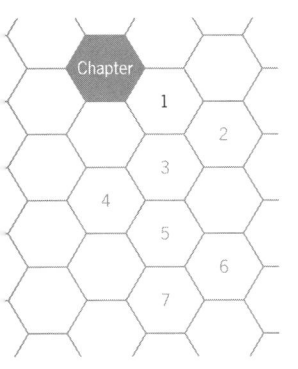

第1章
はじめに

1. グローバルな産業構造の変化・転換

　情報化・デジタル化・ソフトウェア化・ネットワーク化及びグローバル化が進展する第三次産業革命以降の近年においては、エレクトロニクス産業から自動車産業、鉄道産業、船舶産業、航空機産業、ロボット産業、機械産業、医療機器産業、部品・素材産業等の多種多様な産業へ、以下のようなグローバルな産業構造の変化・転換が進展しつつある。

　すなわち、近年のエレクトロニクス産業等においては、技術、製品・システム、その設計が情報化・デジタル化及びソフトウェア化されるとともに、技術・製品・システム・インターフェース・プロトコル等が国際標準化・オープン化されることにより、技術・部品がモジュール化されるとともに、製品・システムがモジュラー化され、摺合せ製造技術・モノづくりが非必須化されることが多くなっている。そして、製品・システムが特に技術の円熟化の下でコモディティ化されることが多くなっているとともに、大量の特許出願公開を介して発明その他の技術情報が大規模にグローバルに公開・分析されている結果、技術のグローバルな伝播・着床が容易化・迅速化されることが多くなっている。さらに、特に新興国企業において経済特区・柔軟な税制等による政策支援を受けて技術調達・量産専業化が進展する一方、部品に係る規模の経済が企業の内製からグローバルな調達市場へ遷移している。その結果、近年のエレクトロニクス産業等を始めとして、同一の製品・システムの製造業内において、先進国・新興国の他企業間で、比較優位の大規模な国際分業化・協業化が進展する、というグローバルなビジネス・エコシステムが構築され、稼働している。このような流れは、ネットワーク化、さらにはIoT

(Internet of Things)、ビッグデータ、人工知能(AI)、ロボット等によるSociety 5.0等の第四次産業革命の進展の下で、さらに強まりつつある。

2. 従来の日本の製造業の戦略の失敗

　このように進展しつつある近年のグローバルな産業構造の変化・転換の下で、下記**図1**に示されるように、特に先進国の企業の研究開発戦略において、従来のように、キャッチアップ型の技術導入・改良戦略や自前主義のクローズド・イノベーション戦略のみを採用し続け、また、特に先進国の企業、特に製造業の知的財産戦略として、従来のように、発明その他の技術情報の保護・活用戦略において、キャッチアップ型の保護中心戦略を採用し続け、保護戦略において、キャッチアップ型の特許化中心戦略を採用し続け、特許化戦略において、キャッチアップ型の国内(・欧米)偏重戦略・数量偏重戦略及び網羅化戦略を採用し続け、また、活用戦略において、キャッチアップ型の包括クロスライセンス戦略や事業ロス・リカバリー型のエンフォースメントによるライセンス・アウト戦略のみを採用し続けると、先進国の企業、特に製造業は、事業において、下記**図2**に示される近年のエレクトロニクス産業等における日本企業の失敗例のように、グローバル市場でのシェア・価格を維持し難くなる結果、営業利益率が極めて低くなり易くなるとともに、当該市場からの撤退をも余儀なくされ易くなる。

図1　従来の日本の製造業の戦略

研究開発、創造・取得戦略	：技術導入・改良
	クローズド・イノベーション
知的財産戦略	：保護中心
保護戦略	：特許化中心
特許化戦略	：国内偏重・数量偏重及び網羅化
事業・活用戦略	：包括クロスライセンス
	エンフォースメントによるライセンス・アウト

図2 新規分野における世界市場の拡大と日本のシェア【産業構造審議会産業技術分科会基本問題小委員会報告書（平成22年5月）15頁より引用】

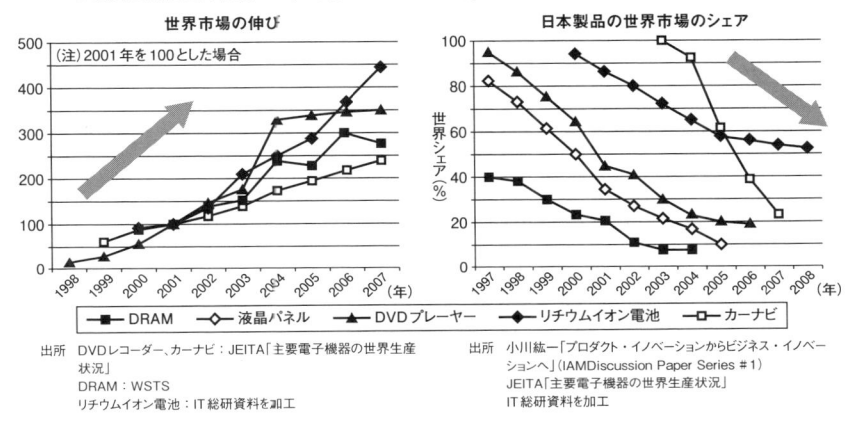

出所　DVDレコーダー、カーナビ：JEITA「主要電子機器の世界生産状況」
　　　DRAM：WSTS
　　　リチウムイオン電池：IT総研資料を加工

出所　小川紘一「プロダクト・イノベーションからビジネス・イノベーションへ」（IAMDiscussion Paper Series #1）
　　　JEITA「主要電子機器の世界生産状況」
　　　IT総研資料を加工

3. 近年の先進国の企業の研究開発戦略

　そこで、近年の先進国の企業、特に製造業の研究開発戦略においては、従来のキャッチアップ型の技術導入・改良戦略や自前主義のクローズド・イノベーション戦略のみでなく、高水準の技術蓄積や新たな技術・製品及びシステムの開発・事業化及び市場化の比較優位性の下で、フロントランナー型・マーケットリーディング型として、研究開発委託、共同研究開発、技術提携、ライセンス・イン、M＆A、ビッグデータの取得・利活用、部品・素材の外部調達、ベンチャー企業への投資その他のインバウンド型（アウトサイド・イン型）オープン・イノベーションの併用戦略へ、シフトする必要性が増大している。

4. 近年の先進国の企業の事業戦略

　また、近年の先進国の企業、特に製造業の事業戦略においては、フロントラ

ンテー型・マーケットリーディング型として、グローバル市場での大量普及と高収益化の同時実現のために、アウトバウンド型（インサイド・アウト型）オープン・イノベーション戦略や、下記図3に示すような、自企業のクローズなコア・イノベーション領域を起点に、自企業とオープンなグローバル市場との境界、及び、当該市場の産業構造・競争ルールを、「伸びゆく手」の形成により、当該市場が当該領域に依存するよう、自企業に比較優位に、事前設計・構築して、特に新興国の他企業の成長を自企業の成長に取り込む、オープン＆クローズ戦略、等を採用することの重要性が増大している。

図3　オープン＆クローズ戦略の概念図【小川紘一「オープン＆クローズ戦略 ― 日本企業再興の条件　増補改訂版」(翔泳社、2015) 12頁より引用】

- ビジネス・エコシステム型の産業構造を、先手を打って事前設計
- 自社のコア領域（クローズ）と他社に委ねる領域（オープン）とをつなぐ境界に知的財産を集中させる
- 境界だけを他社へ公開して自由に使わせ（オープン）、ビジネスチャンスを与えるプロセスでオープン市場へ強い影響力を持たせる（伸びゆく手の形成）
- コア領域の技術革新を追求し、常に業界全体の技術革新の方向性を主導する
- コア領域を知的財産と契約で守り、後追い企業によるクロスライセンスの攻勢から守る
- 世界中のイノベーション成果を自社のコア領域につなげる仕組みをつくる

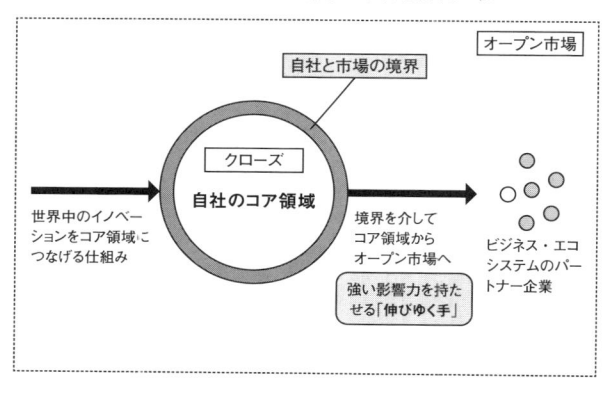

5. 近年の先進国の企業の知的財産戦略

そして、このようなアウトバウンド型オープン・イノベーション戦略やオー

プン＆クローズ戦略等のために、特に近年の先進国の企業、特に製造業の知的財産戦略として、より高度・複雑な知的財産（契約）マネジメントにより、発明その他の技術情報の保護・活用戦略において、従来のキャッチアップ型の保護中心戦略から、フロントランナー型・マーケットリーディング型の活用中心戦略へ、シフトする必要性が増大している。

そして、発明その他の技術情報の保護戦略においても、従来のキャッチアップ型の特許化中心戦略から、フロントランナー型・マーケットリーディング型として、特許化、秘匿化・ブラックボックス化及び公知化の使分け・組合せ戦略や知的財産（権）ミックス戦略へ、シフトする必要性が増大している。

そして、発明その他の技術情報の保護戦略中の特許化戦略においても、従来のキャッチアップ型の国内（・欧米）偏重戦略・数量偏重戦略及び網羅化戦略から、フロントランナー型・マーケットリーディング型として、国外（欧米・新興国）重視戦略・質重視戦略及び選択・集中戦略へ、シフトする必要性が増大している。

そして、発明その他の技術情報の活用戦略においても、従来のキャッチアップ型の包括クロスライセンス戦略や事業ロス・リカバリー型のエンフォースメントによるライセンス・アウト戦略から、フロントランナー型・マーケットリーディング型として、（国際）標準化・オープン化、特許等の無償開放、拘束条件付ハイブリッド・ライセンス・アウト、差別化特許・標準規格周辺特許等のエンフォースメントによる侵害差止めや高額ライセンス・アウト、知的財産（権）ミックスのエンフォースメントによる侵害差止め、等の使分け・組合せ戦略へ、シフトする必要性が増大している。

6. 近年の先進国の企業の知的資産経営戦略

そして、このように、発明その他の技術情報を創造・取得し、保護し、活用するために、下記図4に示すような研究開発戦略・事業戦略及び知的財産戦略を三位一体の戦略として採用し、下記図5に示すような鳥瞰図の下で、知的資

産経営戦略の一環として、具体的な研究開発活動・事業活動及び知的財産活動において、統合的に、同戦略に沿った戦術が、計画（Plan）され、実行（Do）され、評価（Check）され、改善（Act）されるようにすること（PDCAサイクルの構築）が、特に近年の先進国の企業、特に製造業における経営層の経営戦略として、非常に有用・重要となっている。

図4　近年の先進国の製造業の戦略

研究開発、創造・取得戦略	：インバウンド型オープン・イノベーションの併用
知的財産戦略	：活用中心
保護戦略	：特許化・秘匿化等及び公知化の使分け・組合せ 　知的財産（権）ミックス
特許化戦略	：国外重視・質重視及び選択・集中
事業・活用戦略	：アウトバウンド型オープン・イノベーション 　オープン＆クローズ

図5　技術情報の創造・取得、保護及び活用戦略・戦術の鳥瞰図

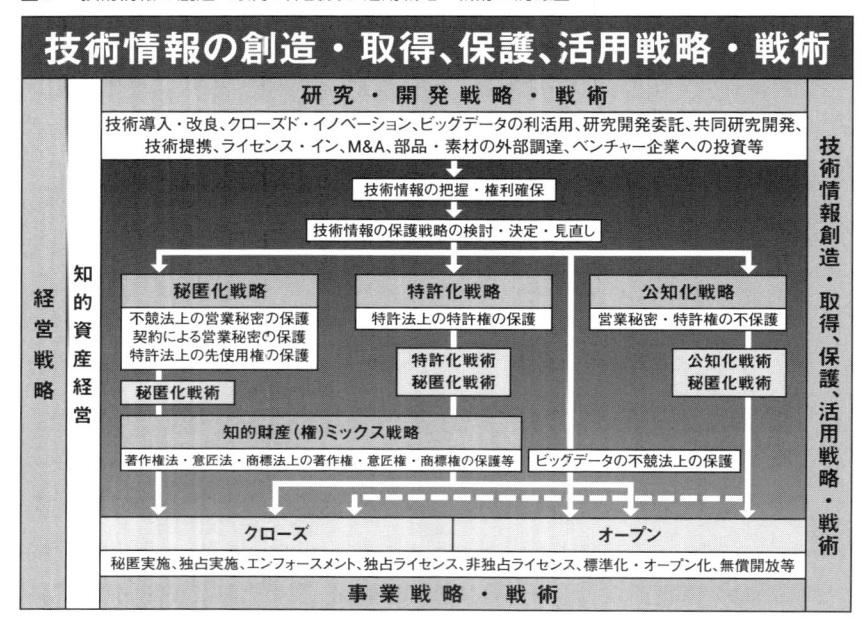

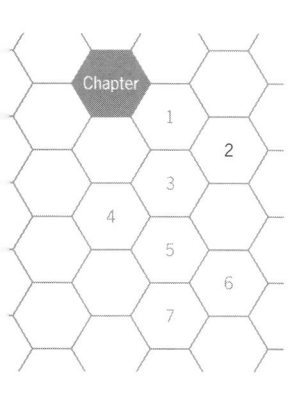

第2章
企業における発明
その他の技術情報の
創造・取得戦略・戦術

1. 企業における発明その他の技術情報の創造・取得の目的

　企業、特に製造業において、発明その他の技術情報を創造・取得する目的は、一般に、①自企業の製品・システムを他企業の製品・システムと機能的・品質的に同質化さらには差別化して、市場に他企業の製品・システムと同等さらには高付加価値の自企業の製品・システムを供給し（高付加価値化）、市場における自企業の製品・システムのシェア及び／又は収益を確保さらには増大すること、②自企業の製品・システムを他企業の製品・システムとコスト的に同質化さらには差別化して、市場に他企業の製品・システムと等価さらには低価格の自企業の製品・システムを供給し（低価格化）、市場における自企業の製品・システムのシェアひいては収益を確保さらには増大すること、③市場を機能的・品質的及び／又は価格的に細分化して、当該市場に他企業の製品・システムより適合する自企業の製品・システムを供給し（ニッチトップ化）、当該市場における自企業の製品・システムのシェア及び／又は収益を確保さらには増大すること、にある。

2. 自企業保有の既存の発明その他の技術情報の把握・証拠化及びデータベース化

　上記目的の達成のために発明その他の技術情報を創造・取得する前提として、企業、特に製造業においては、先ず、自企業の既存の技術・特許（出願）・

製品・システム・その製造工程・関連サービス等及びこれらに関連する紙媒体・電子媒体・現物・人等の棚卸しを通じて、また、他企業等の既存の技術・特許（出願）・製品・システム・関連サービス等との比較対照により、自企業保有の既存の発明その他の技術情報について、その存在及び内容、その（非）公知性（なお、特許法上の特許要件としての新規性等と不正競争防止法上の営業秘密性の要件としての非公知性が異なることに留意する必要がある）・周知性・慣用性、秘匿性・ブラックボックス性、特許権その他の知的財産権の保有、自・他企業の既存の製品・システム・その製造工程・関連サービス等との関係も含めて、十分に全体像を把握し、証拠化及びデータベース化することが必要である。かかる活動には、その性質上、企業の研究開発部門のみならず、特に知的財産部門や事業部門も能動的・自律的に積極的な役割を果たすべき場合が多い。

3. 他企業等における研究開発活動・知的財産活動及び事業活動の調査・分析

　そして、企業、特に製造業においては、上記目的の達成のために発明その他の技術情報を創造・取得する前提として、次に、他企業等における研究開発活動・知的財産活動及び事業活動を調査・分析することが必要かつ有用である。

　そして、上記調査・分析においては、対象技術の成熟度に応じて、主観的な分析と客観的な分析を使い分けることが必要かつ有用である。

　この点、対象技術の成熟度が比較的低い段階において、より適合的な主観的な分析では、技術専門家へのインタビュー、学術雑誌の技術論文、展示会における技術情報、競合企業の公開技報、異業界の技術情報等を通じて、定性的な技術情報を収集し、収集した技術情報に対して自企業への影響度と自企業による実現可能性を勘案して有識者による主観的な評価を行う。かかる主観的な分析は、その性質上、企業の研究開発部門が中心的な役割を担うことが多く、特に企業における中期的・長期的な研究開発戦略の検討・決定に

必要かつ有用であることが多い。

　他方、対象技術の成熟度が比較的高い段階において、より適合的な客観的な分析では、多数の研究論文や特許情報プラットフォーム（J-PlatPat）（https://www.j-platpat.inpit.go.jp/web/all/top/BTmTopPage）・外国特許情報サービス（FOPISER）（https://www.foreignsearch.jpo.go.jp/）等を通じて特許情報を収集し、定量的な指標を算出する。例えば、研究論文に対する定量評価手法には、被引用数をベースとした手法と、Web上での言及度等の複合的な視点で影響力を評価する新たな手法であるAltmetricsとがある。一方、特許情報に対する定量評価手法には、出願数等をベースとした量的な評価指標と、被引用数等（権利化阻止・権利無効化効果、技術優位性等）による質的な評価指標がある。かかる客観的な分析は、その性質上、企業の知的財産部門が能動的・自律的により積極的な役割を果たすべき場合が多くなり、特に短期的・中期的な研究開発戦略の検討・決定に必要かつ有用であることが多い。

　また、企業の知的財産部門において、特許情報プラットフォーム（J-PlatPat）・外国特許情報サービス（FOPISER）・特許庁の特許出願技術動向調査報告等を通じて、競合企業の特許（出願）情報、特に本命技術に絞り込まれることが多い外国特許（出願）情報を調査・分析することも、当該競合企業の研究開発戦略・知的財産戦略及び事業戦略を把握した上で、自企業の研究開発戦略を検討・決定し得る点で、必要かつ有用であることが多い。

　さらに、企業の事業部門・営業部門において、技術・製品・システム及び関連サービスの市場における現存の又は潜在的な顧客・需要者の（事業活動上の）ニーズ及び同ニーズへの現存の又は潜在的な競合企業の対応状況を調査・分析することも、特に事業化に直結し易い短期的な研究開発戦略の検討・決定に必要かつ有用であることが多い。

　また、企業の研究開発部門・知的財産部門及び事業部門において、①国立研究開発法人産業技術総合研究所（産総研）の各種データベース（http://www.aist.go.jp/aist_j/aist_repository/index.html）、国立研究開発法人新エネルギー・産業技術総合開発機構（NEDO）の成果報告書データベース（http://www.nedo.go.jp/library/database_index.html）、独立行政法人工業所有権情報・研修館（INPIT）の開放特許情報データベース（https://plidb.inpit.go.jp/）、

国立研究開発法人理化学研究所（理研）の知的財産（特許）情報データベース（http://www.riken.jp/outreach/ip/）、国立研究開発法人物質・材料研究機構（NIMS）の研究者総覧データベース（https://samurai.nims.go.jp/?locale=ja）や物質・材料データベース（http://mits.nims.go.jp/）等のデータベース、②産総研等のイノベーションコーディネーター・オープンイノベーションラボラトリ・冠研究室等の「橋渡し」機能、③大学のウェブサイト、④取引先提供情報、⑤コンサルタント、⑥展示会における技術情報、⑦職能団体での人脈等の利用により、シーズ・イン候補技術・候補者等を調査・分析することも、インバウンド型オープン・イノベーションのシーズ・イン技術、相手方及び（契約）態様の検討・決定に必要かつ有用であることが多い。

　さらに、企業の研究開発部門・知的財産部門・法務部門及び事業部門において、従前の自企業による他企業等とのオープン・イノベーションの経過・結果を調査・分析することも、特に以後のインバウンド型オープン・イノベーションの相手方・（契約）態様の検討・決定に必要かつ有用であることが多い。

4. 他企業等保有の既存の発明その他の技術情報とのコンタミネーションの防止・証拠化

（1）総論

　一方、企業、特に製造業においては、上記目的の達成のために発明その他の技術情報を創造・取得する前提として、他企業等保有の既存の発明その他の技術情報とのコンタミネーションを防止し、証拠化することも必要である。

　特に、平成27年改正不正競争防止法により、他企業等保有の技術上の、特に製法の営業秘密につき、不正な開示を重過失により知らないで受けた場合、その使用及び開示（不正競争防止法2条1項5号）さらにはその使用により生じた物の譲渡等（同法2条1項10号）が侵害差止めや損害賠償の対象となり得るのみならず、その使用により生じる物の製造をした場合に、その使用自体が推定され得る（同法5条の2）ことから、かかる重過失の認定評価を回避

するための方策が重要になっている。

　また、他企業等保有の営業秘密を「示された」場合に、信義則違反との評価により、「不正の利益を得る目的で、又はその保有者に損害を加える目的で」の使用・開示として（同法2条1項7号）、侵害差止めや損害賠償の対象とされ得ることを回避するための方策も必要である。

　このような活動には、その性質上、企業の研究開発部門のみならず、知的財産部門・法務部門や事業部門・営業部門も能動的・自律的に積極的な役割を果たすべき場合が多い。

(2) 他企業等からの転職者の受入れの場合

　具体的には、例えば、他企業等から転職者を受け入れる場合、転職者が持ち込む情報が転職元保有の秘密情報であって、他企業等保有の秘密情報を意図せず取得してしまうリスクが生じ得る。

　かかるリスクへの対応策として、転職者から、採用時に、転職元に負う秘密保持義務・競業避止義務の有無やその内容を確認して面接記録等を作成するとともに、当該義務がない旨或いは当該義務にこれまで違反しておらず、今後とも違反しない旨の誓約書を取得し、採用後も、転職者の転職元及び自企業での各職務との関係で必要に応じて同誓約の順守を管理・確認することが有用である。

(3) 他企業等からの売込みの場合

　また、他企業等から技術情報の売込みを受けた場合に、漫然と放置しておくと、以後の自企業における関連する技術情報の活用・特許出願等について、独自によるものであっても、不正の利得・加害目的での売込みに係る技術情報の使用・開示として（不正競争防止法2条1項7号）、侵害差止めや損害賠償の対象とされ得るリスクが生じ得る。

　かかるリスクへの対応策として、売込者の業種・規模・経歴等を勘案しつつ、①売込みの検討自体を差し控え、②特許（公開）公報等により秘密情報でない

ことを確認できた限度でのみ検討し、或いは、③情報の出所の真正を誓約させつつ、秘密保持契約を締結して秘密保持義務等の対象・内容・期間等を明確にした上で検討する等しつつ、その対応を証拠化することが有用である。

5. 企業における研究開発戦略の検討・決定及び見直し

（1）総論

　そして、企業、特に製造業においては、上記目的の達成のために発明その他の技術情報を創造・取得するため、次に、技術・製品・システム及び関連サービスに係る市場及び法制度・運用の現状・今後やそれらに向けた他企業等の研究開発活動・知的財産活動及び事業活動の現状・今後を的確に分析・予測し、新たな技術・製品・システム及び関連サービスの事業化・市場化のために自企業に不足な技術、特にキーテクノロジーを的確に把握した上で、自企業の研究開発戦略を検討・決定及び見直しする必要がある。

　特に、かかる検討・決定に当たっては、自企業の経営戦略や知的財産戦略の基本方針に沿った、研究開発テーマの的確な選定やテーマに係る研究開発の的確な方向付けが必要である。この点、想定される市場の規模の大小・成長性及び成熟性や他企業等の先行特許（出願）の状況等が重要な判断材料となる。また、個別具体的な事情に応じて、コア技術戦略としての重点テーマの的確な選択、コア技術戦略としての重点テーマへの資源の集中、既存のコア技術の他分野への展開・応用等が必要になり得る。そして、これらのためには、(2)に述べるような近年の研究開発の変化を十分に考慮する必要がある（逆に、かかる考慮から、寧ろ現場の研究者の判断が尊重されるべき場合も十分に有り得る）。また、(3)〜(5)に述べるような、技術導入・改良戦略、クローズド・イノベーション戦略、インバウンド型オープン・イノベーション戦略等の研究開発の戦略態様（及び相手方）を的確に選定する必要がある。

　また、他企業等の先行特許（出願）等の調査・分析結果や権利化阻止・権利

無効化対応結果等の如何によっては、自企業の研究開発戦略の見直しにより、他企業等の先行特許（出願）等を設計変更により回避するか、ライセンス・イン等するか、時間・費用及び労力対効果を勘案しつつ、選択する必要がある。

そして、このような研究開発戦略の検討・決定及び見直しには、その性質上、企業の研究開発部門は勿論、事業部門を中心的な役割を担うことが多い。

特に、企業の経営企画部門・事業部門において、研究開発部門における技術の研究開発戦略を起点としたイノベーションサイクルのみならず、イノベーションのエコシステムにおける自企業のポジショニングを含めて、革新的なビジネスモデル・プラットフォーム・ソリューション等に係る事業戦略を起点としたイノベーションサイクルをも併用して、両者を戦略的に使い分けたり、組み合わせることが、オープン・イノベーションを含む近年のイノベーション・システムとして、必要かつ有用であることが多くなっている。

また、企業の研究開発部門・経営企画部門及び事業部門による立案の支援や遂行中の研究開発の追加・修正又は中止も含めた提案について特許ランドスケープ分析・特許ポートフォリオ分析・特許マップ等の知的財産情報等に基づくべき場合が少なくない。この点、例えば、知的財産部門において、自・他企業等の特許ランドスケープ分析・特許ポートフォリオ分析等に基づき、自企業の事業戦略・活用戦略に必要かつ有望な技術シーズを選定・提案するためことや、かかる技術シーズにつき技術提携・M&A等による相互補完に好適な相手方企業を選定・提案するべきことが考えられる。また、先行技術の調査・分析結果に基づき、特許法的観点から、先行技術を比較例とする他のの実施例の追加のための研究開発の追加を提案したり、自・他企業の事業を網羅する特許等知的財産（権）ポートフォリオを構築する観点から、基本発明の改良発明・代替発明・周辺発明等の研究開発の追加を提案することが考えられる。さらに、他企業等の先行特許（出願）等の調査・分析結果や権利化阻止・権利無効化対応結果等に基づき、自企業の研究開発戦略の見直しを提案したり、場合によっては、既存の研究開発の中止までをも提案することも考えられる。

(2) 近年の研究開発の変化

　先ず、企業、特に製造業における研究開発戦略の検討・決定に当たり、研究開発テーマの的確な選定やテーマに係る研究開発の的確な方向付け、特にコア技術戦略としての重点テーマの的確な選択、コア技術戦略としての重点テーマへの資源の集中、既存のコア技術の他分野への展開・応用等のためには、以下に述べるような近年の研究開発の変化を十分に考慮する必要がある。

　すなわち、近年、研究開発の性質がキャッチアップ型からフロントランナー型・マーケットリーディング型へ変化した先進国の企業、特に製造業においては、技術、製品・システム、その設計の情報化・デジタル化及びソフトウェア化により、またネットワーク化さらにはIoT、ビッグデータ、AI、ロボット等によるSociety 5.0等の第四次産業革命の進展の下で、研究開発の成果への市場ニーズがモノからソリューションやサービスをも含めたコトへ変移することが多くなり、研究開発にビッグデータを利活用することが重要であることも多くなるとともに、研究開発の対象・成果である発明その他の技術情報の性質も自然法則型又は単体系から論理体系型かつ複合系へ化学・素材・材料等を含めて相対的に変移することが多くなっている。

　また、上記企業においては、他の先進国や新興国を含むグローバル市場への対応のために、研究開発それ自体として、現地ニーズの把握や現地ニーズへの対応さらには特に新興国市場向けの低価格化等が、必要不可欠になることが多くなっている。

　さらに、上記企業においては、新興国の製造業が台頭した結果、研究開発のターゲット設定（特に高付加価値化又は低価格化）が難しくなるとともに、かかる研究開発の成果自体も出し難くなっている。

　そして、以上の近年の研究開発の変化の下で、先進国の企業、特に製造業においては、かかる研究開発の在り方として、例えばグリーン・イノベーション（環境・エネルギー分野革新）、ライフ・イノベーション（医療・介護・健康分野革新）、モビリティ・イノベーション（自動車分野革新）等において、産業構造審議会産業技術分科会・基本問題小委員会報告書（平成22年5月）8頁に指摘される

ように、「技術を価値につなげるため、企業においては、新製品の開発を行うだけでなく、社会のニーズに対応するための新たなサービスの提供や販売方式の活用などを含む競争力あるビジネスモデルを開発・導入していくとともに、標準化戦略に基づく事業展開が必要となる。また、社外の技術資源も活用して必要な技術を適切に組み合わせることにより、社会ニーズに適切に対応した新しい製品やシステムを組み上げていくことが重要となる場合が多い。技術から出発して開発した製品を社会に提供するというアプローチではなく、社会が求めるものを多様な技術を組み合わせて開発するという、課題解決から出発する視点が必要である。このような取組は、国内市場だけでなく、新興国のボリューム・ゾーンの需要を取り込むためにも重要となっている」。すなわち、従来の技術起点型サイクルモデルではなく、ビッグデータを踏まえた顧客・社会基点の事業起点型サイクルモデルをより重視することが必要となっている。

　さらに、先進国の企業、特に製造業においては、製品・システムのコモディティ化・ライフサイクルの短期化やモノからコトへの市場ニーズの変移の下で、技術・製品・システム及び関連サービスの研究開発戦略として、同研究開発の成果の保護・活用において営業秘密・実用新案権・著作権・意匠権・商標権等を含む知的財産（権）ミックス戦略を採用・遂行できるよう、ソフトウェア・ユーザーインターフェース・形態・デザイン・商品パッケージ・関連サービス・技術ブランド等を含めて差別化・付加価値要素を研究開発することも重要となっている。

（3）技術導入・改良戦略

　次に、企業、特に製造業における研究開発戦略の検討・決定に当たり、研究開発の戦略態様（及び相手方）を的確に選定するためには、技術導入・改良戦略、クローズド・イノベーション戦略、インバウンド型オープン・イノベーション戦略等を的確に理解する必要があるところ、先ず、技術導入・改良戦略は、技術援助・指導契約、ノウハウ・ライセンス契約等の契約に基づき他企業等保有の技術を自企業に導入した上で、自企業による同技術の改良を企図する

戦略である。かかる戦略は、一般に、従来、日本の企業、特に製造業において、自企業の技術水準が不十分な場合に、キャッチアップ型の研究開発戦略として、技術・製品・システム等の研究開発の遂行に自企業が投下すべき時間・費用及び労力を節減しつつ、同研究開発の成果をより確実に享受するとともに、他企業等保有の知的財産（権）の侵害を回避するために、多用されていた。また、かかる戦略は、近年、新興国の企業、特に製造業において、多用されている。かかる戦略の取得戦略としての戦術的ポイントは、導入技術の改良の成果に係る知的財産（権）の帰属、保護、特に事業化における活用の自由度とその条件にあり、かかる点を契約にて如何に規定するかにある。そして、かかる観点からは、逆に、例えば新幹線に係る日本側の供与技術に関する中国側の「改良」の成果が中国側保有の技術・知的財産として保護・活用され得る現状について、同供与に係る契約の不備を一切捨象して一律に冒認や模倣等であるとは俄かに断じ難いであろう。

（4）クローズド・イノベーション戦略

　次に、クローズド・イノベーション戦略は、自企業の技術水準が相応な場合に、自企業にて技術・製品・システム等の研究開発を遂行する自前主義の戦略である。かかる戦略は、研究開発の遂行や研究開発の成果の獲得・帰属・保護及び活用に関する自企業の予測性・自由度が比較的高いために、一般に、日本の企業、特に製造業において、従来より、非キャッチアップ型の研究開発戦略として、多用されてきた。また、近年、フロントランナー型・マーケットリーディング型の研究開発戦略としても、自企業に必須なコア・イノベーション領域等において、なお多用されている。

　もっとも、かかる戦略によると、特に先進国の企業においては、自企業にて研究開発する技術・製品・システム等が機能・品質等において過剰・高コストに陥り易い。このこともあり、上述のとおり、近年のエレクトロニクス産業等を始めとして、同一の製品・システムの製造業内において、先進国・新興国の他企業間で、比較優位の大規模な国際分業化・協業化が進展する、というグローバルなビジネス・エコシステムが構築され、稼働している状況の下

で、特に先進国の製造業において、同戦略のみを広く採用し過ぎると、下記図1に示されるような日本企業の例のように、研究開発の投資効率が低くなり易く、第1章の図2に示されるような近年のエレクトロニクス産業等における日本企業の失敗例のように、グローバル市場でのシェア・価格を維持し難くなる結果、営業利益率が極めて低くなり易くなるとともに、当該市場からの撤退をも余儀なくされ易くなる。

図1　各国における企業の研究開発効率の推移【産業構造審議会産業技術分科会基本問題小委員会報告書（平成22年5月）13頁より引用】

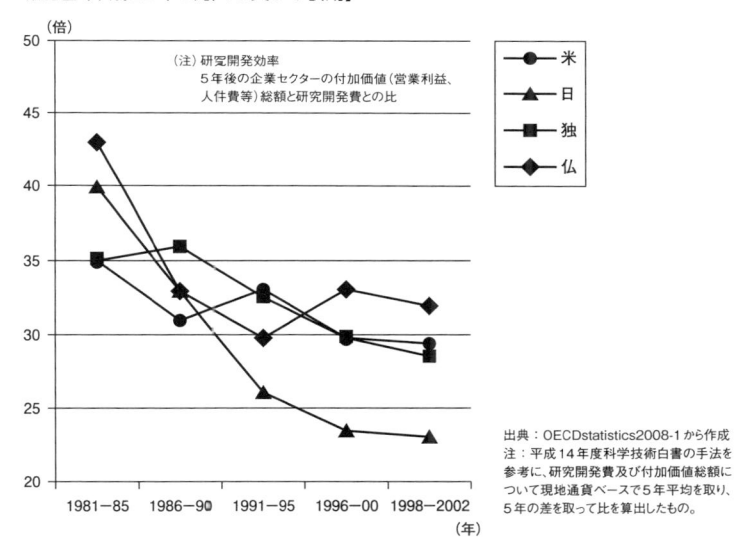

かかる問題点は、下記図2に示されるように、主要国の企業部門における営業利益の累積値（2009～13年）と研究開発費の累積値（2004～08年）の分布を製造業、非製造業別にみると、我が国では、いずれも、欧米と比較して、累積研究開発費が大きいにもかかわらず累積営業利益が低い傾向が示されることからも窺われる。

図2　研究開発効率の国際比較【内閣府平成27年度年次経済財政報告134頁より引用】

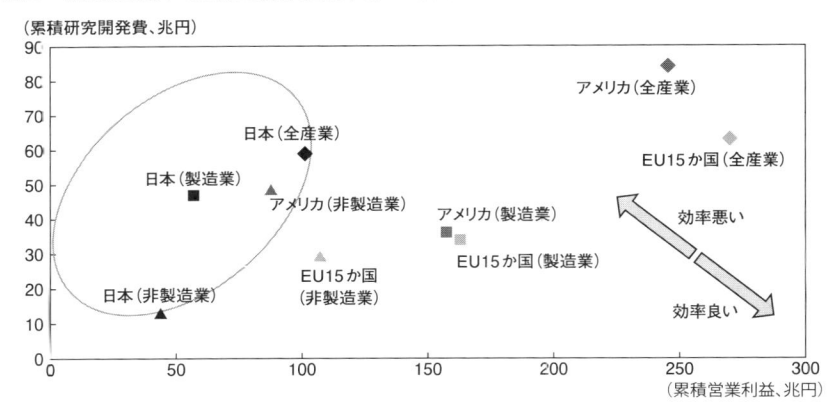
（累積研究開発費、兆円）

アメリカ（全産業）
日本（全産業）
EU15か国（全産業）
日本（製造業）
アメリカ（非製造業）
アメリカ（製造業）
効率悪い
EU15か国（製造業）
EU15か国
（非製造業）
日本（非製造業）
効率良い
（累積営業利益、兆円）

　また、国際競争の激化、資本市場の圧力、短期成果志向等も相俟って、下記図3に示される企業の研究開発期間の短期化の傾向に示唆されるように、企業の事業活動に中期的・長期的に必要になり得る基礎・応用研究活動が不十分になりがちになる。

図3　企業の研究開発期間の短期化【株式会社テクノリサーチ研究所「平成22年度産業技術調査　我が国企業の研究開発投資効率に係るオープン・イノベーションの定量的評価等に関する調査」報告書（平成23年2月）82頁に基づき作成】

研究開発内容の変化

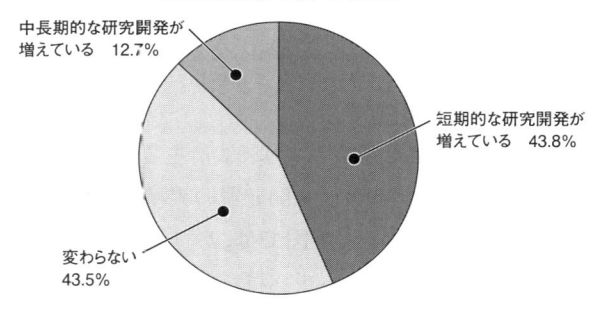

中長期的な研究開発が
増えている　12.7%

短期的な研究開発が
増えている　43.8%

変わらない
43.5%

　よって、近年、特に先進国の企業において、特にフロントランナー型・マーケットリーディング型の研究開発戦略として、クローズド・イノベーション戦略を採用するに当たっては、その分野・領域を自企業に必須なコア・イノベー

ション領域に限定することが、必要かつ有用であることが多くなっている。

また、研究開発の成果が活用されるべき、新興国等の海外を含む技術・製品・システム等の市場における、現存の又は潜在的な需要者・顧客の（事業活動上の）ニーズを調査・分析した上で、当該ニーズの充足に必要十分な限度で技術・製品・システム等の研究開発を遂行すること（適地適品・グローカル化）も、必要かつ有用であることが多くなっている。この点、特に、現在急速に拡大しつつある新興国等の中間所得者層が求める製品・システム等（いわゆるボリューム・ゾーン）については、低価格帯における相対的な品質の高さが求められる傾向があり、例えば、新興国市場をターゲットにしたトヨタ自動車の世界戦略車IMV（Innovative International Multi-purpose Vehicle）は、1つの共有プラットフォームから3つのボディタイプで5車種が国外の複数拠点において世界規模で最適に生産・供給されるよう、当初の企画・設計以降の開発等を国外で実施し、大きな成功を収めた。

さらに、第四次産業革命の進展の下で、製造業において、自企業の製品・システム及び関連サービスについて、IoT・AI等により、その開発・製造・販売及び使用に関する各種のビッグデータ（産業データ・パーソナルデータ等）を取得・利活用して、機能追加・改良、品質改善、生産プロセス改善、業務効率化、コスト削減、顧客満足度向上等を企図することが、必要かつ有用であることが多くなっている。この点、パーソナルデータの取得・利活用の場合、消費者契約法等の消費者保護法制に留意する必要がある。また、平成27年改正個人情報保護法の下で、企業一般において、個人情報に関して、利用目的の公表又は本人通知、安全管理、（外国）第三者提供の際の本人同意の原則取得等のルール、本人の開示等請求への対応、匿名加工情報化（経済産業省「事業者が匿名加工情報の具体的な作成方法を検討するにあたっての参考資料Ver1.0」（平成28年8月）・個人情報保護委員会「個人情報の保護に関する法律についてのガイドライン（匿名加工情報編）」（平成28年11月（平成29年3月一部改正））参照）・統計情報化等について、留意する必要がある。特に、例えばインターネット上のサービス等におけるグローバルなパーソナルデータの取得・利活用の場合、さらに、各国・地域におけるデータ・ローカライゼーション規制（中国サイバーセキュリティ法等）や個人情報の越境移転規制（EU一般データ保

護規則等)について、留意する必要がある。また、製造業において、自企業の製品・システム及び関連サービスについて、販売業者・ユーザー企業との取引に関連して発生する、その販売・使用に関するビッグデータを取得・利活用する場合、例えば経済産業省「AI・データの利用に関する契約ガイドライン―データ編―」(平成30年6月)を参照しつつ、当該取引に付随して当該ビッグデータや派生データの利用権限や利用条件について合意する必要がある。

　また、(5)に述べるインバウンド型オープン・イノベーション戦略により自企業のクローズド・イノベーション戦略を補完することが、必要かつ有用であることも多くなっている。特に自企業の事業活動に中期的・長期的に必要になり得る基礎・応用研究活動等については、日本版バイ・ドール条項の下で国(国の資金により研究開発を委託するNEDO等を含む)の研究開発委託プロジェクト(国プロ)に、国の知財方針に従い、技術分野・ステージ・メンバー組成等の個別プロジェクトの事情に基づき、事業環境変化にも対応可能な、適切な知財合意書を締結して、他の企業等とともに参加し、公的資金を導入しつつ、成果に係る知的財産(権)を少なくとも自己実施予定及び第三者実施許諾予定の各事業分野において所定の条件の下で留保することが、必要かつ有用であることが多くなっている(この点、近年、米国バイ・ドール法を参考として、日本版バイ・ドール条項の導入(産業活力再生特別措置法30条)さらには対象拡大・恒久措置化(産業技術力強化法19条)により、日本においても、技術に関する研究開発活動を活性化し、その成果を事業活動において効率的に活用することを促進するために、国が公的資金による技術に関する委託研究開発等の成果に係る知的財産(権)を所定の条件の下で民間企業等から譲り受けないことを可能にするようにされている)。

(5) インバウンド型オープン・イノベーション戦略

ア．意義

　さらに、インバウンド型オープン・イノベーション戦略は、近年、技術・製品・システム等に係る研究開発の高度化・複雑化・大規模化及び業際化の

進展や、その市場ニーズの早期化・短期化の状況の下で、好適な他企業等との相互補完により、増大する研究開発に必要な時間・費用及び労力を節減し、そのリスクを分散しつつ、研究開発の成果をより確実・迅速及び持続的に享受・事業化するために、下記**図4**に示されるように、特に欧米等の先進国の企業、特に製造業の研究開発戦略において、高水準の技術蓄積や新たな技術・製品・システム等の開発・事業化及び市場化の比較優位性の下で、特に従来からの自前主義のクローズド・イノベーション戦略との併用による、フロントランナー型・マーケットリーディング型の研究開発戦略、特にイノベーションのエコシステムにおける自企業のポジショニング戦略として、多用されるようになっている。

図4 欧米・日本企業のオープン・イノベーションの実施【米山茂美外「日・米・欧企業におけるオープン・イノベーション活動の国際比較」(科学研究費助成事業 研究成果報告書 (基盤研究 (A) 課題番号 25245053)) 2頁より引用】

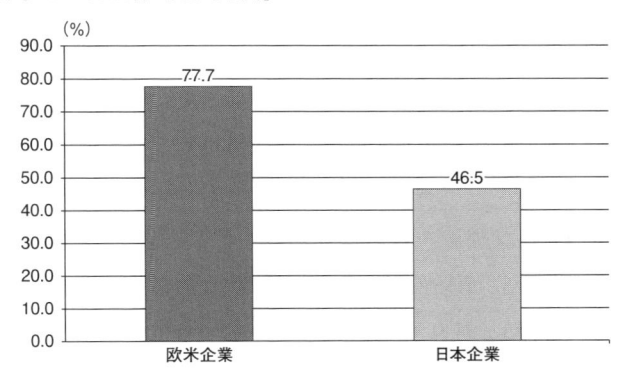

かかる戦略により、例えば、米国のP＆Gは、コネクト・アンド・ディベロップ戦略として、イノベーションの50％を外部連携で実現することを目標とし、下記**図5**に示されるように、研究開発費を一定に抑えつつも、純利益を大きく増やすことに成功している。

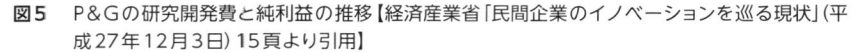

図5　P&Gの研究開発費と純利益の推移【経済産業省「民間企業のイノベーションを巡る現状」(平成27年12月3日) 15頁より引用】

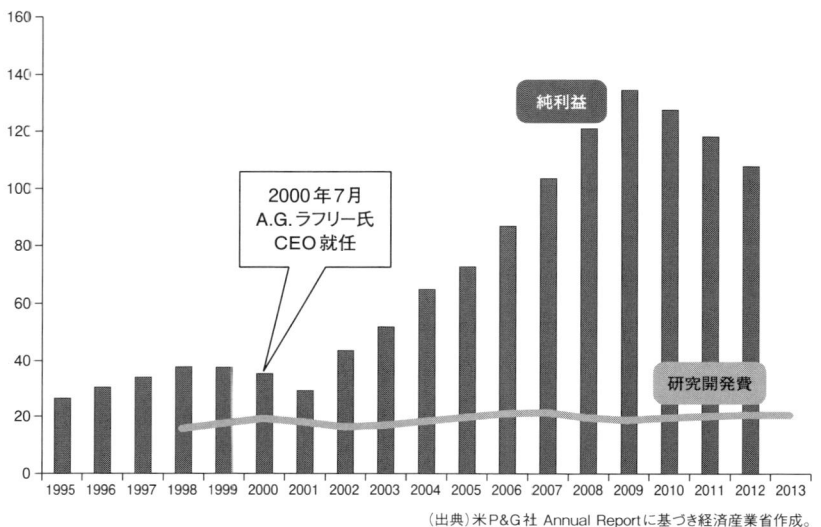

（出典）米P&G社 Annual Reportに基づき経済産業省作成。

　また、かかる戦略は、マーケットリーディング型の研究開発戦略として、その性質上、事業戦略としてのアウトバウンド型オープン・イノベーション戦略やオープン・クローズ戦略と併用され得べきことが多い。例えば、テスラ・モーターズは、優れた商品企画力により、二次電池等の基幹部品を市場取引により外部から調達しつつ、高性能・高価格な電気自動車（EV）を開発・製品化して新規参入する一方、自己保有のEV関連特許の実施権を外部に無償提供すること等により、急成長した。

イ．オープン・イノベーションの成功要因

　ここで、国内外の推進事例の調査・分析の結果、オープン・イノベーションの主な成功要因は、下記図6に示されるような点にあるものとされていることに留意する必要がある。

図6　オープン・イノベーションの成功要因の分析【オープンイノベーション協議会 (JOIC)、国立研究開発法人新エネルギー・産業技術総合開発機構 (NEDO) 編「オープンイノベーション白書」(平成28年7月) 242頁より引用】

要因	大項目	小項目
組織戦略	戦略・ビジョン	・全体戦略・経営戦略の明確化
		・自社のケイパビリティを越えた目標設定
		・全体戦略におけるオープンイノベーション戦略の位置づけ
	仕組み	・オープンイノベーションツールの開発・活用
		・ステージゲートにおける徹底管理
		・外部連携を促進するためのインセンティブ制度の設定
オペレーション	組織	・オープンイノベーション専門組織の設置
	外部ネットワーク	・外部ネットワークの構築
		・外部仲介業者の活用
ソフト	人材	・トップ層の理解・コミットメント
		・ミドルの「コーディネーター人材」としての機能
		・現場における「イノベーター人材」
	文化・風土	・組織文化・風土の醸成
		・成功体験の付与

ウ．インバウンド型オープン・イノベーションの前提

　そして、インバウンド型オープン・イノベーション戦略において、技術・製品・システム等に係る、自企業のニーズをアウトして、他企業等のシーズをインするに当たっては、その前提として、2に述べたように、自企業保有の既存の発明その他の技術情報を把握し、証拠化及びデータベース化すること、並びに、4に述べたように、相手方以外の他企業等保有の既存の発明その他の技術情報とのコンタミネーションを防止し、証拠化することが、特に必須である。

　また、上記オープン・イノベーションの成功要因に鑑み、そもそも、①顧客の要求に応えることが最優先のため、新たなものを生み出すよりも、既存の技術・製品・システム等を改良することに注力する必要があるというような閉鎖的な視点、②企業は四半期毎に一定水準の利益を要求されており、このプレッシャーから、既存の技術・製品・システム等の改良を優先せざるを得ないというような短期的利益の偏重、③アイデアをコンセプトから実現まで持っていくことは容易ではない・自企業が内向き過ぎるためイノベーションに向かな

い・イノベーションを創出する方法が分からない等のリスク回避の文化、④小規模な新興市場への新規参入では既存の大企業全体の成長ニーズを充足できない等の大企業病、といった(破壊的)イノベーションの障壁(いわゆるイノベーションのジレンマ)となり得るポイントを可及的に除去することが望ましい。

エ．シーズ・イン技術の選定

そして、インバウンド型オープン・イノベーション戦略における技術・製品・システム等に係る自企業によるニーズ・アウト及び他企業等からのシーズ・インの準備としては、3に述べた調査・分析の結果により、さらに、必要に応じてNineSigma、InnoCentive、yet2.com、Your Anchor等の外部仲介組織を利用して、研究開発部門・知的財産部門及び事業部門において、シーズ・イン候補技術を把握した上で技術的・知的財産法的及び経済的に的確に評価することが必要である。

特に、同経済的評価に当たっては、EUにおいてオープン・イノベーション政策を担当するオープン・イノベーション戦略・政策グループ(The Open Innovation Strategy and Policy Group: OISPG)が、新たなオープン・イノベーションの動きを、Quadruple Helix Modelという産学官に一般市民を取り込んだユーザー中心の新たなイノベーションモデルに当てはめ、「オープン・イノベーション2.0」として定義したことにも見られるように、ユーザーの視点を取り込むことも重要になっている。

また、シーズ・イン技術が自企業の製品・システム等の開発に係るものである場合は格別、自企業の技術等の基礎・応用研究に係るものである場合には、自企業の既存の技術等の変革が必要となることが多いことにも留意する必要がある。

オ．ニーズ・アウト及びシーズ・インの相手方の選定

(ア) はじめに

次に、上記準備としては、上記調査・分析の結果により、さらに必要に応じて上記外部仲介組織を利用して、研究開発部門・知的財産部門及び事業部門において、自企業との相互補完に好適な他企業等として、グループ企

業・顧客企業・サプライヤー企業・革新的中小企業・ベンチャー企業・研究開発機関・TLO（Technology Licensing Organization）・大学等の相手方を的確に選定することが重要である。

（イ）インバウンド型オープン・イノベーションの経験値との関係

　この点、例えば、特にインバウンド型オープン・イノベーションに不慣れな企業においては、先ずは自企業の製品・システム等の開発についてグループ企業・顧客企業・サプライヤー企業等から相手方を選定する方が目的適合的であることが少なくない。

　他方、インバウンド型オープン・イノベーションに習熟した（国際的）企業においては、寧ろ自企業の技術等の基礎・応用研究について（欧米の）（革新的中小企業・）（大学発）ベンチャー企業・研究開発機関・TLO・大学等から相手方を選択する方がより目的適合的である場合も少なくない。

（ウ）企業間の共同研究開発の留意点

　また、企業間の垂直型共同研究開発の場合、一般に、川上企業は、消費者等の市場ニーズを熟知する川下企業が重要顧客である反面、原材料・素材若しくは部品を相手方に独占的に販売し、及び／又は、他の多くの川下企業にも自由に販売したい（その意味で、川上企業にとって、川下企業との共同研究開発は、自企業の原材料・素材若しくは部品の市場の形成・拡大のためのアウトバウンド型オープン・イノベーションの一環でもある）。一方、川下企業は、同ニーズを充足し得る技術シーズを保有する川上企業が重要サプライヤーである反面、原材料・素材若しくは部品を相手方から独占的に購入し、及び／又は、他の多くの川上企業からも自由に購入したい。そして、かかる利害関係は垂直型共同研究開発の成果が原材料・素材又は部品に係る用途発明の場合に特に先鋭化する。かかる点について、特許法・実用新案法及び意匠法上、各共有者による共有特許権・実用新案権及び意匠権の自己実施（下請け製造委託を含む）は自由である（特許法73条2項・実用新案法26条・意匠法36条）一方、著作権法上、共有者による共有著作権の行使は原則として全員の合意によらなければならないこと（著作権法65条2項・3項）、さらには、外国法上、かかる規定内容が異なり得る（例えば、米国著作権法上、各共有者による共有著作権の自己利用は自由である（H.R. Rep.No. 94-1476, 94th

Cong., 2d Sess. 121 (1976)))こと、を勘案しつつ、特に成果に係る契約上の実施・利用条項等において、留意すべきである。

　他方、企業間の水平型共同研究開発の場合、一般に、共同研究開発の成果の実施において、各当事者の技術・製品・システム及び関連サービスの市場が重なり合い易い。かかる点について、特許法・実用新案法及び意匠法上、各共有者による共有特許権・実用新案権及び意匠権の自己実施（下請け製造委託を含む）は自由である（特許法73条2項・実用新案法26条及び意匠法36条）一方、著作権法上、共有者による共有著作権の行使は原則として全員の合意によらなければならないこと（著作権法65条2項・3項）、さらには、外国法上、かかる規定内容が異なり得る（例えば、米国著作権法上、各共有者による共有著作権の自己利用は自由である（H.R. Rep.No. 94-1476, 94th Cong., 2d Sess. 121 (1976)））こと、を勘案しつつ、特に成果に係る契約上の実施・利用条項等において、各当事者の事業分野・地域を明確に限定・住み分けることについて、留意すべきである。

（エ）大学・公的研究開発機関への研究委託等の留意点

　さらに、企業において、外部に研究委託する場合で、例えば日本の私立大学を研究委託の相手方とするとき、同大学が例えば文部科学省通知（平成14年4月4日私学課長通知14文科高第26号）に係る受託研究契約書（例）によるとすれば、私企業を研究委託の相手方とするときと比較して、特に、研究成果の公表等が原則必要とされる。また、研究成果に係る知的財産権の帰属が原則共有とされる。さらに、自企業の実施に同大学への実施料支払いを要する。また、自企業が不実施の場合等に同大学が第三者に対し実施許諾できる。かかる点について、知的財産法上の原則の下での契約内容の自由が実際上制限され得ることに留意すべきである。

　また、例えば日本の国立大学を研究委託の相手方とするとき、従前、特に研究成果に係る知的財産権の帰属や実施許諾について、国有財産法により、同大学に帰属し、無償では実施許諾され得ないものとして、特許法上の原則の下での契約内容の自由が制限されていたところ、近年、研究交流促進法さらには研究開発力強化法の下で、研究成果の国外流出の防止や未利用研究成果の積極的な活用等の制限は格別、国からの受託研究の成

果に係る国有の特許権等の一部の譲与が可能とされた。もっとも、同譲与が可能な特許権等の範囲はその一部に留まっているとともに、同大学が例えば文部科学省通知（平成14年3月29日研究開発局研究環境・産学連携課技術移転推進室長・大臣官房会計課庶務班主査通知13振環産第59号）に係る受託研究契約書（様式参考例）によるとすれば、私企業を研究委託の相手方とするときと比較して、特に、研究成果の公表等が原則必要とされる。また、自企業の優先的実施・その期間等を同大学が有償で許諾することになる。さらに、自企業が不実施の場合に同大学が第三者に対し実施許諾できる。かかる点について、知的財産法上の原則の下での契約内容の自由が実際上制限され得ることに留意すべきである。

　さらに、例えば、公的研究開発機関のうち、産総研を研究委託の相手方とするとき、産総研の受託研究規程（制定：平成13年4月1日13規程第21号、最終改正：平成30年3月27日29規程第40号）によれば、特に、研究成果の公表等が原則必要とされる。また、研究成果に係る知的財産権の帰属が原則として産総研とされる。さらに、自企業による不実施等の解除条件付の一定期間の独占的実施権を産総研が原則として有償で付与することになる。また、かかる独占的実施権の付与がない限り共有知的財産権の第三者への非独占的実施許諾を産総研が原則として単独で行い得る。かかる点について、知的財産法上の原則の下での契約内容の自由が実際上制限され得ることに留意すべきである。

　さらに、企業においては、外部と共同研究する場合で、日本の大学・公的研究開発機関を相手方とするときにも、以上と同様の各点につき、留意すべきである。

（オ）大企業によるベンチャー企業との連携の留意点

　また、特に大企業においては、自企業が未知・不得手な、革新的なビジネスモデル・プラットフォーム・ソリューション等を含み得る、研究開発の先端分野において、自企業に将来役立ち得る、次世代の先端技術・そのテーマ・方向性等を把握するとともに、人脈を構築するために、ベンチャー企業と連携することが考えられる。

　この点、大企業によるベンチャー企業のM＆Aの動向は、下記**図7**に示

　されるように、近年、増加傾向から横這い傾向になっている。

　さらに、大企業によるベンチャー企業との事業提携の動向は、下記**図8**に
示されるように、近年、増加傾向になっている。

図7　大企業によるベンチャー企業のM&A動向【オープンイノベーション協議会 (JOIC)、国立研
究開発法人新エネルギー・産業技術総合開発機構 (NEDO) 編「オープンイノベーション白書」
(平成28年7月) 79頁より引用】

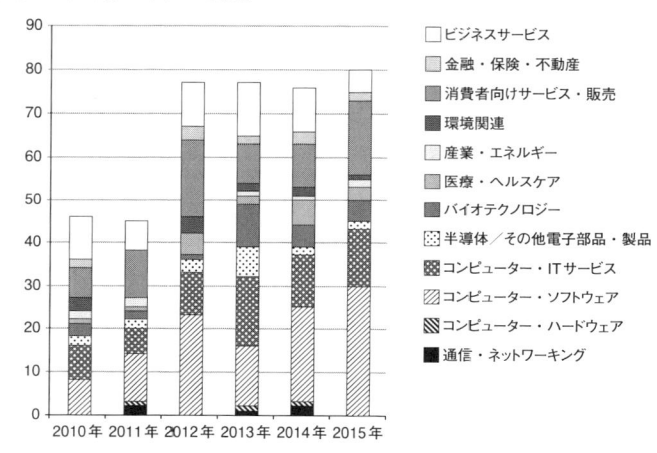

図8　大企業とベンチャー企業との事業提携動向【オープンイノベーション協議会 (JOIC)、国立研
究開発法人新エネルギー・産業技術総合開発機構 (NEDO) 編「オープンイノベーション白書」
(平成28年7月) 76頁より引用】

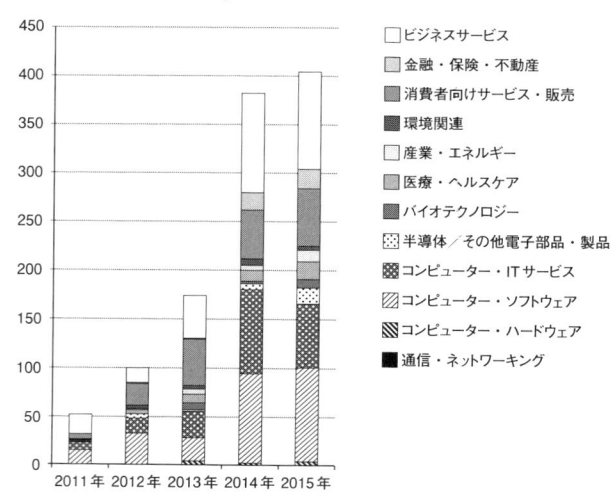

　また、大企業によるベンチャー企業との資本提携の動向は、下記**図9**に示されるように、近年、増加傾向になっている。

図9　大企業とベンチャー企業との資本提携動向【オープンイノベーション協議会（JOIC）、国立研究開発法人新エネルギー・産業技術総合開発機構（NEDO）編「オープンイノベーション白書」（平成28年7月）77頁より引用】

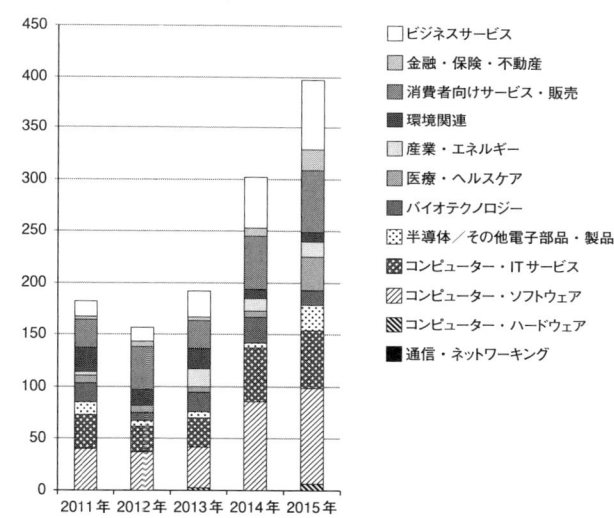

　このような大企業とベンチャー企業との連携について、下記**図10**に示されるように、2014年の実績は国内26．6％、国外16．2％であったのに対し、下記**図11**に示されるように、今後の連携意向は国内56．8％、国外40．1％といずれも2倍以上となっている。

図10 大企業とベンチャー企業との2014年の連携実績【オープンイノベーション協議会（JOIC）、国立研究開発法人新エネルギー・産業技術総合開発機構（NEDO）編「オープンイノベーション白書」（平成28年7月）32頁より引用】

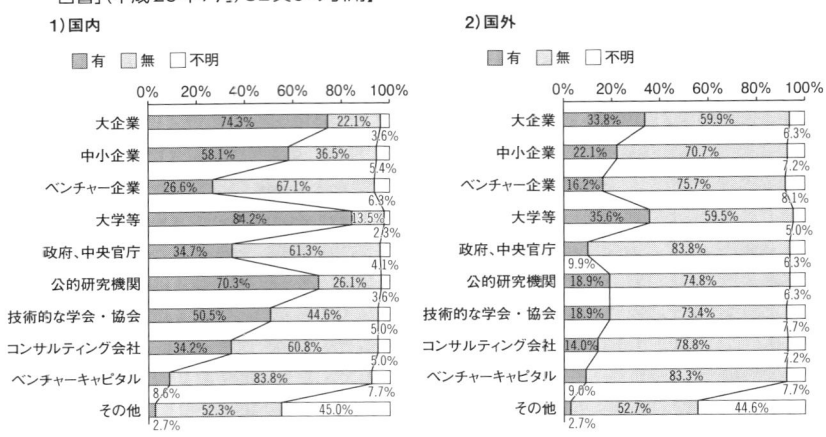

図11 大企業とベンチャー企業との今後の連携推進意向【オープンイノベーション協議会（JOIC）、国立研究開発法人新エネルギー・産業技術総合開発機構（NEDO）編「オープンイノベーション白書」（平成28年7月）33頁より引用】

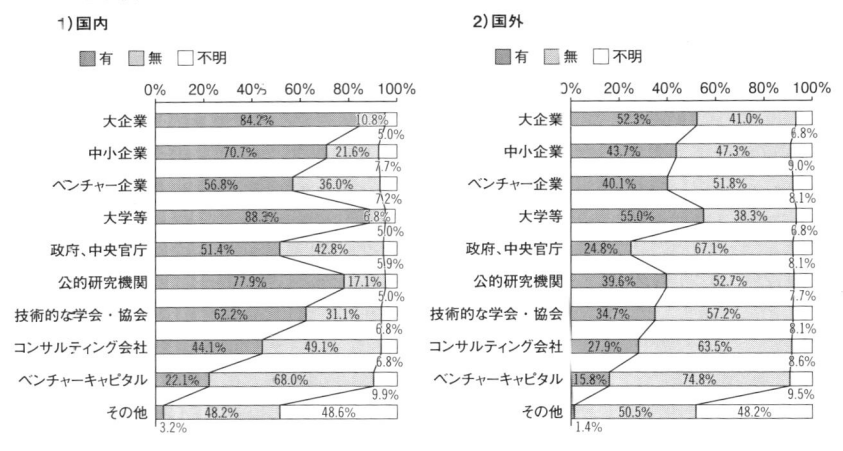

　但し、大企業等の事業会社による（研究開発型）ベンチャー企業との（研究開発における）連携は、大学・公的研究開発機関との場合と比較すると、下記**図12**及び**13**に示されるように、有意に低く、経済産業省「事業会社と研究開発型ベンチャー企業の連携のための手引き（初版）」（平成29年5月）に

示されるように、特有の諸課題を様々な取組みにより解決すべき場合が多いことにも留意する必要がある。

図12 事業会社による研究開発の実施状況【経済産業省「事業会社と研究開発型ベンチャー企業の連携のための手引き（初版）」(平成29年5月) 13頁より引用】

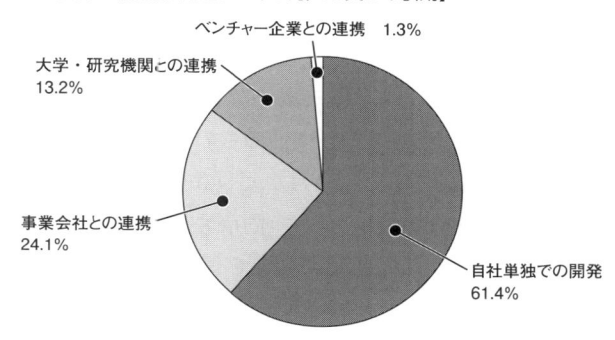

図13 事業会社の社外連携の経験【経済産業省「事業会社と研究開発型ベンチャー企業の連携のための手引き（初版）」(平成29年5月) 15頁より引用】

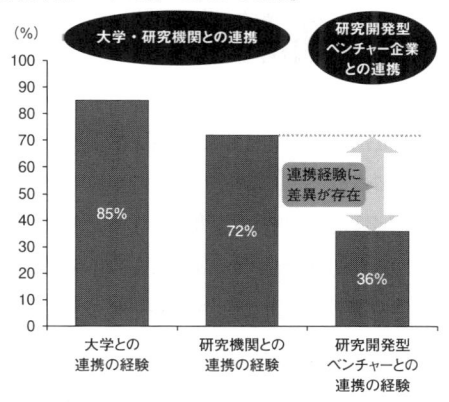

カ. ニーズ・アウト及びシーズ・インの（契約）態様の選定

（ア）はじめに

　さらに、上記準備としては、上記調査・分析の結果により、自企業・他企業等における、技術・製品・システム等に関する、各技術水準や、研究開発戦略・知的財産戦略及び事業戦略の各動向等を、有力な判断材料としつ

つ、自企業と他企業等との好適な相互補完関係として、研究開発委託、共同研究開発、技術提携、ライセンス・イン、M＆A、ビッグデータの取得・利活用、部品・素材の外部調達、ベンチャー企業への投資その他のインバウンド型オープン・イノベーションの(契約)態様を的確に選定することが重要である。

(イ) 研究開発委託が必要かつ有用な場合

　この点、例えば、製品・システム市場の先行企業としてブランド力・資金力を有し、同市場のニーズも熟知しているものの、同ニーズを充たす新たな技術・製品・システムの研究開発力が足りない企業と、同市場の後行企業等としてブランド力・資金力に乏しく、同市場のニーズも熟知していないものの、同技術及び／又は同研究開発力を保有する企業等、特に更に同先行企業への同製品・システムのOEM供給を企図する企業とでは、インバウンド型オープン・イノベーションの契約態様として研究開発委託が必要かつ有用であることが多い。かかる契約態様選定における取得戦略としての戦術的ポイントは、他企業等保有の既存の発明その他の技術情報・その権利に係る特に事業化におけるライセンス・インの可能性並びにその態様及び条件や、研究開発委託の成果に係る知的財産(権)の帰属、保護、特に事業化における活用の自由度とその条件にあり、かかる点を契約にて如何に規定するかにある。

(ウ) 共同研究開発が必要かつ有用な場合

　また、例えば、国プロへの参加も含めて、新たな技術・製品・システム等の研究開発・事業化に相異又は類似する技術・製品及びシステム分野における発明その他の技術情報等の垂直又は水平統合が必要かつ有用で、自企業及び他企業等が同各分野において同統合に必要かつ有用な独自の発明その他の技術情報等・その権利を各保有する場合には、インバウンド型オープン・イノベーションの契約態様として共同研究開発が必要かつ有用であることが多い。かかる契約態様選定における取得戦略としての戦術的ポイントは、他企業等保有の既存の発明その他の技術情報・その権利に係る特に事業化におけるライセンス・インの可能性並びにその態様及び条件や、共同研究開発の成果に係る知的財産(権)の帰属、保護、特に事

業化における活用の自由度とその条件にあり、かかる点を契約にて如何に規定するかにある。

（エ）ライセンス・インやM＆Aが必要かつ有用な場合

さらに、例えば、新たな技術・製品・システム等の研究開発・事業化に（異業種である）他企業等保有の発明その他の技術情報等が必要かつ有用であるものの、他企業等自身は（異業種である）同技術・製品・システム等に係る更なる研究開発や事業化までは企図しておらず、寧ろ当該発明その他の技術情報等又はそれを含む既存の事業の収益化を企図している場合には、インバウンド型オープン・イノベーションの契約態様として当該発明その他の技術情報・その権利に係るライセンス・インやM＆Aが必要かつ有用であることが多い。かかる契約態様選定における取得戦略としての戦術的ポイントは、当該発明その他の技術情報・その権利に係るM＆Aの条件、ライセンス・インの態様及び条件、特にライセンス・インにおける改良の成果に係る知的財産（権）の帰属、保護、特に事業化における活用の自由度とその条件にあり、かかる点を契約にて如何に規定するかにある。

この点、日本企業は、直近10年間のライセンス・インやM＆Aの傾向において、下記図14に示されるように、欧米企業と比較して、一般に、低調である。

図14 ライセンス・イン及びM＆Aの傾向（直近10年間）【経済産業省「民間企業のイノベーションを巡る現状」（平成27年12月3日）20頁より引用】

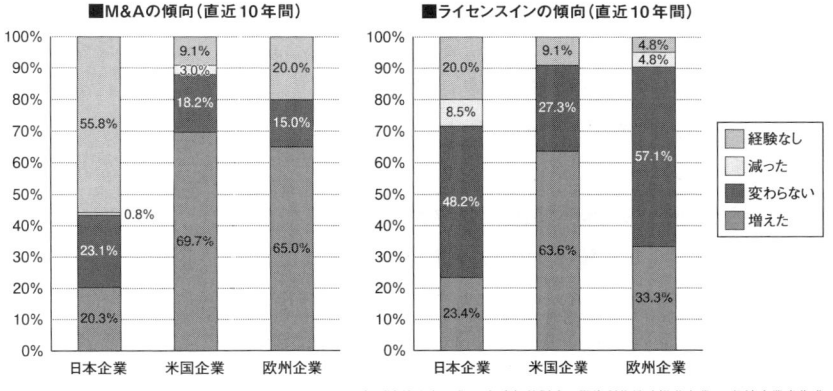

（出典）特許庁平成24年度知的財産国際権利化戦略推進事業から経済産業省作成

　特に、日本企業は、ベンチャー企業のM&Aにおいて、下記**図15**に示されるように、米国企業と比較して、低調であることが窺われる。

図15　ベンチャー企業のIPOとM&Aの日米比較（2014年）【オープンイノベーション協議会（JOIC）、国立研究開発法人新エネルギー・産業技術総合開発機構（NEDO）編「オープンイノベーション白書」（平成28年7月）78頁より引用】

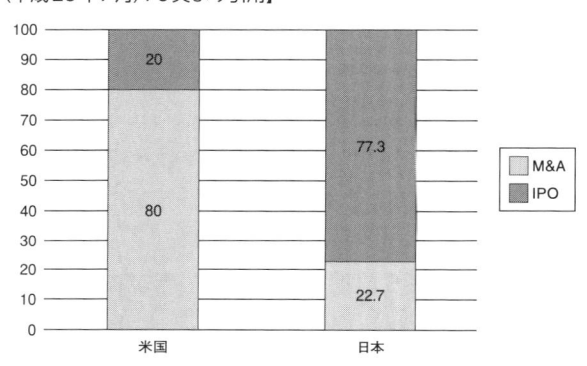

（オ）ビッグデータの取得・利活用が必要かつ有用な場合

　また、例えば、企業、特に製造業において、市場ニーズの的確な把握、研究開発テーマに係る研究開発の的確な方向付け等のために、又は、他企業等提供のビッグデータを使用する製品・システム及び関連サービスの研究開発のために、他企業等からのビッグデータの取得・利活用が必要かつ有用であることが多くなっている。かかる契約態様選定における取得戦略としての戦術的ポイントは、ビッグデータの提供形態（譲渡又は（独占的）利用許諾）、譲渡の条件、利用許諾の態様及び条件、特に利用許諾における派生データ・その権利の帰属先・利用権限、ビッグデータの利活用によって生じた研究開発の成果・その権利の自企業帰属、特に事業化における活用の自由度とその条件にあり、かかる点を契約にて如何に規定するかにある。

（カ）部品・素材の外部調達が必要かつ有用な場合

　さらに、例えば、資本力・技術開発力が十分ではない企業が、優れた商品・サービス企画力により、新興国企業等から市場取引により発明その他の技術情報が化体したモジュール部品を安価に調達しつつ、需要者のニーズに適合する新規かつ高付加価値なモジュラー型製品・システム及び関

連サービスを開発して新規参入するような場合には、インバウンド型オープン・イノベーションの契約態様として当該部品の外部調達が必要かつ有用であることが多い。かかる契約態様選定における取得戦略としての戦術的ポイントは、部品・素材の調達先の多様化、部品・素材の改良可能性の確保、部品・素材の改良の成果に係る知的財産（権）の帰属、保護、特に事業化における活用の自由度とその条件にあり、かかる点を契約にて如何に規定するかにある。

（キ）ベンチャー企業への投資が必要かつ有用な場合

　また、例えば、自企業が未知・不得手な、革新的なビジネスモデル・プラットフォーム・ソリューション等を含み得る、研究開発の先端分野において、自企業に将来役立ち得る、次世代の先端技術・そのテーマ・方向性等を把握するとともに、人脈を構築するために、インバウンド型オープン・イノベーションの契約態様としてベンチャー企業への投資が必要かつ有用である場合もある。

（ク）その他

　さらに、例えば、自企業が未知・不得手な、革新的なビジネスモデル・プラットフォーム・ソリューション等に関するアイデア等を把握するとともに、人脈を構築するために、近年、ビジネスコンテスト、ハッカソン・アイデアソン、インキュベーションプログラム・アクセラレーションプログラム等が注目されている。

キ．ニーズ・アウト及びシーズ・インの相手方・契約態様と独占禁止法との関係

（ア）はじめに

　また、上記ニーズ・アウト及びシーズ・インの相手方・契約態様の選定に当たっては、公正取引委員会「共同研究開発に関する独占禁止法上の指針」（平成5年4月20日、改定：平成29年6月16日）、同「役務の委託取引における優越的地位の濫用に関する独占禁止法上の指針」（平成10年3月17日、改正：平成23年6月23日）、同「知的財産の利用に関する独占禁止法上の指針」（平成19年9月28日、改正：平成28年1月21日）等により、独占禁止法との

関係を考慮することも必要かつ有用である。

(イ)「共同研究開発に関する独占禁止法上の指針」

　この点、上記「共同研究開発に関する独占禁止法上の指針」においては、「研究開発の共同化に対する独占禁止法の適用」について、例えば、

・「寡占産業における複数の事業者が又は製品市場において競争関係にある事業者の大部分が、各参加事業者が単独でも行い得るにもかかわらず、当該製品の改良又は代替品の開発について、これを共同して行うことにより、参加者間で研究開発活動を制限し、技術市場又は製品市場における競争が実質的に制限される場合」に、「例外的に問題となる」

とされており、また、「共同研究開発の実施に伴う取決めに対する独占禁止法の適用」について、以下の各事項が一般指定第12項所定の拘束条件付取引として「不公正な取引方法に該当するおそれが強い」とされている。

・「共同研究開発の成果について争いが生じることを防止するため又は参加者を共同研究開発に専念させるために必要と認められる場合に、共同研究開発のテーマと極めて密接に関連するテーマの第三者との研究開発を共同研究開発実施期間中について制限すること」や「(同)場合に、共同研究開発終了後の合理的期間に限って、共同研究開発のテーマと同一又は極めて密接に関連するテーマの第三者との研究開発を制限すること」を除き、「共同研究開発のテーマ以外のテーマの研究開発を制限すること」

・「(上記)場合に、共同研究開発終了後の合理的期間に限って、共同研究開発のテーマと同一又は極めて密接に関連するテーマの第三者との研究開発を制限すること」を除き、「共同研究開発のテーマと同一のテーマの研究開発を共同研究開発終了後について制限すること」

・「既有の技術の自らの使用、第三者への実施許諾等を制限すること」

・「共同研究開発の成果に基づく製品以外の競合する製品等について、参加者の生産又は販売活動を制限すること」

・「成果を利用した研究開発を制限すること」

・「成果の改良発明等を他の参加者へ譲渡する義務を課すこと又は他の参加者へ独占的に実施許諾する義務を課すこと」

・「成果に基づく製品の第三者への販売価格を制限すること」

（ウ）「役務の委託取引における優越的地位の濫用に関する独占禁止法上の指針」

　また、上記「役務の委託取引における優越的地位の濫用に関する独占禁止法上の指針」においては、「情報成果物が取引対象となる役務の委託取引において、取引上優越した地位にある委託者が、当該成果物を作成した受託者に対し、次のような行為を行う場合には、正常な商慣習に照らして不当に不利益を受託者に与えることとなり、不公正な取引方法に該当し、違法となる」とされている。

・「受託者に権利が発生するにもかかわらず、当該成果物が委託者との委託取引の過程で得られたこと又は委託者の費用負担により作成されたことを理由として、一方的に当該成果物に係る著作権、特許権等の権利を委託者に譲渡させる場合」

・「受託者に権利が発生する場合において、二次利用による収益配分を条件として、著作権等の権利を委託者に譲渡したにもかかわらず、二次利用の管理を行う委託者が受託者からの二次利用の要請・提案に対して、合理的な理由がないのに応じない場合」

・「受託者に権利が発生し、委託者には権利が発生しないにもかかわらず、委託者が、自らに又は自らにも権利が発生すると主張しこれを前提として、受託者との間で、一方的に当該成果物の二次利用の収益配分などの取引条件を取り決める場合、又は二次利用を制限する場合」

・「受託者に権利が発生する場合において、委託者が、当該成果物が委託者との委託取引の過程で得られたこと又は委託者の費用負担により作成されたことを理由として、受託者に対し、一方的に当該成果物の二次利用の収益配分などの取引条件を取り決める場合、又は二次利用を制限する場合」

・「受託者に権利が発生する場合において、受託者が、委託者が提示する成果物作成の対価に加えて、当該成果物の二次利用による収益配分の条件も考慮して当該成果物の作成を受託したにもかかわらず、二次利用の管理を行なう委託者が受託者からの二次利用の要請・提案に対して、合理的な理由がないのに応じない場合」

・「受託者が取引対象である情報成果物を作成する過程で生じた当該成果物以外の成果物等について、受託者に権利が発生する場合において、委託者が上記……と同様の行為を行う場合」

（エ）「知的財産の利用に関する独占禁止法上の指針」

さらに、上記「知的財産の利用に関する独占禁止法上の指針」においては、「私的独占の観点からの考え方」として、例えば、

・「製品の規格に係る技術又は製品市場で事業活動を行う上で必要不可欠な技術（必須技術）について、当該技術に権利を有する者が、他の事業者にライセンスをする際、当該技術の代替技術を開発することを禁止する行為は、原則として、ライセンシーの事業活動を支配する行為に当たる。また代替技術を採用することを禁止する行為は、原則として、他の事業者の事業活動を排除する行為に当たる」、それ故、「一定の取引分野における競争を実質的に制限する場合には、私的独占に該当することになる」

とされている。また、「不公正な取引方法の観点からの考え方」として、例えば、「権利消滅後の制限」について、

・「ライセンサーがライセンシーに対して、技術に係る権利が消滅した後においても、当該技術を利用することを制限する行為、又はライセンス料の支払義務を課す行為」は、「ライセンス料の分割払い又は延べ払いと認められる範囲内であれば」格別、「一般に技術の自由な利用を阻害するものであり、公正競争阻害性を有する場合には、不公正な取引方法に該当する（一般指定第12項）」

とされ、「一括ライセンス」について、

・「ライセンサーがライセンシーに対してライセンシーの求める技術以外の技術についても、一括してライセンスを受ける義務を課す行為」は、「技術の効用を発揮させる上で必要ではない場合又は必要な範囲を超えた技術のライセンスが義務付けられる場合は、ライセンシーの技術の選択の自由が制限され、競争技術が排除される効果を持ち得ることから、公正競争阻害性を有するときには、不公正な取引方法に該当する（一般指定第10項、第12項）」

とされ、「非係争義務」について、

・「ライセンサーがライセンシーに対し、ライセンシーが所有し、又は取得することとなる全部又は一部の権利をライセンサー又はライセンサーの指定する事業者に対して行使しない義務……を課す行為は、ライセンサーの技術市場若しくは製品市場における有力な地位を強化することにつながること、又はライセンシーの権利行使が制限されることによってライセンシーの研究開発意欲を損ない、新たな技術の開発を阻害することにより、公正競争阻害性を有する場合には、不公正な取引方法に該当する(一般指定第12項)」

とされ、「研究開発活動の制限」について、

・「ライセンサーがライセンシーに対し、ライセンス技術又はその競争技術に関し、ライセンシーが自ら又は第三者と共同して研究開発を行うことを禁止するなど、ライセンシーの自由な研究開発活動を制限する行為は、一般に研究開発をめぐる競争への影響を通じて将来の技術市場又は製品市場における競争を減殺するおそれがあり、公正競争阻害性を有する……。したがって、このような制限は原則として不公正な取引方法に該当する(一般指定第12項)」

とされ、「改良技術の譲渡義務・独占的ライセンス義務」について、

・「ライセンサーがライセンシーに対し、ライセンシーが開発した改良技術について、ライセンサー又はライセンサーの指定する事業者にその権利を帰属させる義務、又はライセンサーに独占的ライセンス……をする義務を課す行為は、技術市場又は製品市場におけるライセンサーの地位を強化し、また、ライセンシーに改良技術を利用させないことによりライセンシーの研究開発意欲を損なうものであり、また、通常、このような制限を課す合理的理由があるとは認められないので、原則として不公正な取引方法に該当する……(一般指定第12項)」

とされている。

ク．ニーズ・アウトのリスク軽減

さらに、上記準備としては、ニーズ・アウトのリスクを軽減するために、①自企業のニーズやその周辺技術を可及的に知的財産(権)として予め保護し

ておくこと、②信頼できる相手方を慎重に選定すること、③相手方に開示する自企業のニーズを必要最小限に限定すること、④相手方に開示する自企業のニーズについてNineSigma、InnoCentive、yet2.com、Your Anchor等の外部仲介組織を利用して匿名化すること、⑤開示した自企業のニーズを明確に特定して上記各契約又はその過程での別契約により相手方に秘密保持義務・他目的流用禁止義務を負わせること、等が必要かつ有用であることが多い。かかる活動には、その性質上、企業の研究開発部門・事業部門のみならず、知的財産部門・法務部門が能動的・自律的に積極的な役割を果たすべき場合が多い。

(6) 研究開発税制

そして、このような技術・製品・システム及び関連サービスの研究開発において、企業としては、研究開発税制を活用することが有用である。この点、日本の研究開発税制は、所得の計算上損金の額に算入される試験研究費の額がある場合、その事業年度の法人税額（国税）から、試験研究費の額に税額控除割合を乗じて計算した金額を控除できる制度であり、①試験研究費総額に係る控除制度である総額型、②総額型のうち特に中小企業の技術基盤の強化のための控除制度である中小企業型、③大学・国の研究機関・企業等との共同・委託研究等の費用総額に係る控除制度であるオープン・イノベーション型等がある。

6. 企業における技術導入・改良、クローズド・イノベーション、インバウンド型オープン・イノベーション等の遂行

(1) 経緯・成果の書面化・証拠化

そして、企業、特に研究開発部門においては、上記目的の達成のために発明その他の技術情報を創造・取得するため、技術導入・改良、クローズド・

イノベーション、インバウンド型オープン・イノベーション等を遂行するに当たっては、自然人により個人的に創造されるよりも、企業において組織的に創造されることが多くなっている発明その他の技術情報の創造者・創造時期・内容等を特定・証明し得るよう、同遂行の経緯・成果を書面化・証拠化することが必要であり、特にニーズ・アウト及びシーズ・インに相手方が関与するインバウンド型オープン・イノベーションの遂行に当たっては、その性質上、同遂行の経緯・成果を書面化・証拠化する必要性が高い。

(2) 成果の評価・拡充・改良

　また、企業、特に研究開発部門においては、上記目的の達成のために発明その他の技術情報を創造・取得するため、技術導入・改良、クローズド・イノベーション、インバウンド型オープン・イノベーション等を遂行した際には、同遂行の成果を評価し、必要に応じて更に拡充・改良することになるところ、特にニーズ・アウト及びシーズ・インに相手方、特に大学・公的研究開発機関が関与するインバウンド型オープン・イノベーションを遂行した際には、その性質上、特に大学・公的研究開発機関での研究開発の成果がベストモードに偏りがちであることも含めて、研究開発委託の成果、共同研究開発の成果、提携技術、M＆A技術、ライセンス・イン技術等のインバウンド型オープン・イノベーションの成果について、研究開発部門・事業部門において、改めて、自企業の新たな製品・システム及び関連サービス向けのものとして、技術的・経済的に評価するとともに、必要に応じて、研究開発部門において、更に拡充・改良することが必要かつ有用であることが少なくない。また、シーズ・イン技術が自企業の製品・システム等の開発に係るものである場合は格別、自企業の技術等の基礎・応用研究に係るものである場合には、寧ろ併せて自企業の既存の技術等の変革が必要となることも多い。

(3) 研究開発担当者への知的財産教育・研修

　さらに、企業、特に研究開発部門においては、デザイン思考の教育・研修

の実施、先行技術調査・分析等の知的財産(法)の教育・研修の実施、トレーナー・トレーニー制度の実施、訴訟対応体験、ITエンジニア等へのデータサイエンティスト教育・研修の実施等により、研究開発担当者自身における新たな発明その他の技術情報の創造力を向上させることが有用である。また、特にニーズ・アウト及びシーズ・インに相手方が関与するインバウンド型オープン・イノベーションの遂行に当たっては、その性質上、研究開発委託、共同研究開発、技術提携、ライセンス・イン、M&A、ビッグデータの取得・利活用、部品・素材の外部調達、ベンチャー企業への投資その他の(契約)態様に係る知的財産契約法教育・研修の実施、OJT等により、研究開発担当者における相手方からの新たな発明その他の技術情報の取得力を向上させることが有用である。

7. 企業における創造された発明その他の技術情報の把握・発掘・証拠化及びデータベース化

(1) 総論

　さらに、特に企業が巨大化する19世紀後半からの第二次産業革命以降においては、発明その他の技術情報は、自然人により個人的に創造されるよりも、企業において組織的に創造されることが多くなっている。よって、企業、特に製造業においては、自企業において創造された技術・製品・システム・その製造工程・関連サービス等及びこれらに関連する紙媒体・電子媒体・現物・人等の精査等を通じて、また、自・他企業等の既存の技術・特許(出願)・製品・システム・その製造工程・関連サービス等との比較対照により、自企業において創造された発明その他の技術情報について、その存在及び内容、その(非)公知性(なお、特許法上の特許要件としての新規性等と不正競争防止法上の営業秘密性の要件としての非公知性が異なることに留意する必要がある)・周知性・慣用性、自・他企業の製品・システム・その製造工程・関連サービス等との関係等も含めて、その技術的・経済的価値(なお、特許法上の特許要件としての

進歩性等と不正競争防止法上の営業秘密性の要件としての有用性が異なることに留意する必要がある)を、十分に把握し、証拠化及びデータベース化することが必要である。

(2) 研究開発部門における創作された発明・考案・意匠等について

特に、企業、特に研究開発部門においては、自企業・自部門において創作された発明・考案・意匠等については、発明その他の技術情報一般の創造一般に係る報告義務の負荷・励行、発明・考案・意匠等の職務創作に係る届出制度や報奨・表彰制度の活用、同職務創作の届出書・明細書等の起案等に係る研究開発担当者への知的財産(法)教育・研修の実施、知的財産部門の知的財産担当者との連携・協働、当該諸活動の人事考課上の評価等を通じて、より積極的に発掘・証拠化及びデータベース化できるようにすべきである。

(3) 製造部門における創造された製造工程に係る技術情報について

他方、企業においては、特に製造部門において創造された製造工程に係るカイゼン(改善)等の技術情報については、その性質上、研究開発部門において意識的に創作された発明・考案・意匠等と比較して、製造部門における知的財産部門とのより緊密な連携・協働により、より意識的に把握・証拠化及びデータベース化しなければ、製造現場に埋没してしまう恐れが高いことに留意すべきである。

(4) 役割分担

かかる活動には、その性質上、企業の研究開発部門・製造部門のみならず、知的財産部門・事業部門も能動的・自律的に積極的な役割を果たすべき場合が多い。特に、知的財産部門の知的財産担当者においては、研究開発担当者への日常的なインタビューや発明・考案・意匠等の職務創作に係る届出への助言・支援等を通じて、研究開発部門において創造された発明その他の技術

情報のより早期かつ効果的な発掘・拡充・展開等について、知的財産法的観点から、積極的な役割を果たすことが望まれる。この点、例えば、知的財産部門において、先行技術の調査・分析結果に基づき、特許法的観点から、先行技術を比較例とする他の実施例の追加のための研究開発の追加を提案したり、自・他企業の事業を網羅する特許等知的財産（権）ポートフォリオを構築する観点から、基本発明の改良発明・代替発明・周辺発明等のための研究開発の追加を提案することが考えられる。他方、当該発明その他の技術情報の拡充・展開及び証拠化、迅速かつ的確な保護戦略の検討・決定・実行等のため、発明等発掘段階での特許事務所・外部弁理士の参画が有用である場合も多い。

(5) 相手方の状況の確認・担保

　なお、インバウンド型オープン・イノベーション戦略により、研究開発委託の成果、共同研究開発の成果、提携技術、Ｍ＆Ａ技術、ライセンス・イン技術等のインバウンド型オープン・イノベーションの成果が、相手方、特に大学・公的研究開発機関にて創造されるものである場合には、特に大学・公的研究開発機関での研究開発の成果がベストモードに偏りがちであることも含めて、自企業においては、取得すべき発明その他の技術情報を、相手方、特に大学・公的研究開発機関にて、特許法的観点から、十分に把握・発掘・拡充・展開等できるようになっているかどうかについて、事前に確認し、必要に応じて契約にて研究開発の範囲・内容等をより具体化・明確化する等により担保すべきである。

8. 企業における発明その他の技術情報に係る権利の確保・保全

(1) はじめに

　また、発明その他の技術情報が研究開発の遂行により組織的に創造される

場合、企業においては、かかる発明その他の技術情報について、同遂行の経緯・成果に係る書面・証拠により、創造者・創造時期・内容等を特定・証明し得るようにしつつ、創造者・権利取得者との関係において権利の確保・保全を図ることが必要であり、特にニーズ・アウト及びシーズ・インに相手方が関与するインバウンド型オープン・イノベーションによるときには、その性質上、その必要性が高い。そして、企業が創造者・権利取得者との関係において権利の確保・保全を図る方策は、企業における研究開発の戦略態様の如何により、以下のとおり、様々である。

(2) 自企業遂行の研究開発における従業者等の職務創作等の場合

ア．秘密保持・他目的流用禁止

すなわち、先ず、自企業遂行の研究開発において従業者が職務創作等する場合には、使用者である企業において、職務創作等について、権利の確保・保全のために、先ず、創作者等である従業者に対し、就業規則・情報管理規程・誓約書等により、秘密保持義務や他目的流用禁止義務を負担・順守させることが必要である。

イ．職務発明・考案又は意匠の場合

次に、自企業遂行の研究開発における従業者の職務創作等が職務発明・考案又は意匠の場合、平成16年改正法（特許法35条2項・3項・4項、実用新案法11条3項、意匠法15条3項）の下では、一般に、使用者である企業において、職務発明・考案又は意匠について、権利の確保・保全のために、職務発明規程等により、主に手続的に合理的に創作者である従業者に対し出願報奨・登録報奨・実績報奨等の相当の対価を支払うこととしつつ、同従業者より同従業者が原始取得した特許・実用新案登録又は意匠登録を受ける権利の予約承継を受けることが多かった。

もっとも、平成16年改正法の下では、企業において、従業者から、職務発明・考案又は意匠について、特許・実用新案登録又は意匠登録を受ける権利を予約承継した場合でも、従業者が同権利を更に第三者に譲渡し、同権利に

基づき第三者が先に特許出願・実用新案登録出願又は意匠登録出願したとき
には、第三者が背信的悪意者でない限り（知財高判平22・2・24判時2102号98
頁〔加工工具事件〕）、特許権・実用新案権又は意匠権を取得できなくなるばか
りか、第三者から特許権・実用新案権又は意匠権の行使をも受け得る（特許
法34条1項、実用新案法11条2項、意匠法15条2項）、という問題があった。

　また、平成16年改正法の下では、共同研究開発において各企業等の各研
究開発担当者が共同で職務発明・考案又は意匠を創作した場合、一方企業に
おいて、自企業の研究開発担当者から、職務発明・考案又は意匠について、特
許・実用新案登録又は意匠登録を受ける権利の持分を予約承継するに当たり、
更に他方企業等における研究開発担当者の同意までも別途必要とされる（特
許法33条3項、実用新案法11条2項、意匠法15条2項）、という問題があった。

　かかる権利帰属の不安定性の問題等に対応した平成27年改正法（特許法
35条2項・3項・4項、実用新案法11条3項、意匠法15条3項）の下では、使用者
である企業において、職務発明・考案又は意匠について、権利の確保・保全
のために、職務発明規程等により、経済産業大臣「特許法第35条第6項に基
づく発明を奨励するための相当の金銭その他の経済上の利益について定め
る場合に考慮すべき使用者等と従業者等との間で行われる協議の状況等に
関する指針」（経済産業省告示第131号）（平成28年4月22日）に沿って主に手続
的に合理的に従業者である創作者に対し相当の金銭その他の経済上の利益
を与えることとしつつ、特許・実用新案登録又は意匠登録を受ける権利を自
企業に予約原始帰属させることも可能になっており、企業を中心に原始使用
者等帰属を選択する使用者等が増加している。

　なお、日本では、外国の特許・実用新案登録又は意匠登録を受ける権利の
原始帰属等に関する準拠法は、同権利に基づいて特許権・実用新案権又は意
匠権が登録される外国の法律と解される可能性が高い（傍論に係る最三小判
平18・10・17民集60巻8号2853頁〔日立製作所光ピックアップ事件〕参照）。他
方、外国法において、職務発明・考案又は意匠に関する特許・実用新案登録
又は意匠登録を受ける権利の原始帰属等は、様々に規律されている（例えば、
独国では、発明に係る特許を受ける権利は発明者が保有する（独国特許法6条）も
の、職務発明に係る権利は従業者への請求により使用者に移転する（独国従業者

発明法6条1項・7条1項）ものとされ、米国では、発明者は発明に係る特許を取得し得る（米国特許法101条）ものの、従業者の職務発明に係る権利は、使用者との契約に従うとともに、判例法上、同契約がなくとも、一定の場合には、使用者への譲渡義務の対象となるものとされ、英国では、従業者の職務発明は使用者に帰属する（英国特許法39条1項）ものとされ、中国では、従業者の職務発明に係る特許出願権は使用者に帰属する（中国専利法6条1項）ものとされる）。よって、使用者である企業において、従業者の職務発明・考案又は意匠について、外国でも確実に権利を確保・保全するためには、職務発明規程等をかかる外国法の規律にも整合したものとすることが望ましい。

ウ．プログラム・データベース・応用美術等の職務著作の場合

また、自企業遂行の研究開発における従業者の職務創作等がプログラム・データベース・応用美術等の職務著作の場合、職務著作に係るプログラム・データベース・応用美術等について、著作権法15条により、作成者である従業者ではなく、使用者である企業が、別段の定めがない限り、著作者とされ、その結果、いかなる方式の履行をも要さず、著作者人格権及び著作権を原始取得することになる（著作権法17条）。それ故、同企業においては、同従業者の職務著作に係るプログラム・データベース・応用美術等について、創作奨励・発掘促進のためであれば格別、権利の確保・保全のために、職務著作規程等により、同従業者に対し報奨することとしつつ、著作者人格権及び著作権を同従業者から予約承継又は同企業にて予約原始取得することは、特に要しない。

なお、日本では、外国の著作権等の原始帰属等を含む職務著作に関する規律は、使用者と従業者との雇用契約等の準拠法国における著作権法によるものと解される可能性が高い（東京高判平13・5・30判時1797号131頁［キューピー事件］）。よって、使用者である企業においては、従業者との雇用契約等の準拠法が日本法である場合には、従業者によるプログラム・データベース・応用美術等の職務著作に係る外国の著作権の原始帰属等についても、上記規律を受け得る可能性が高い。

エ．技術情報の職務創造一般の場合

さらに、自企業遂行の研究開発における従業者の職務創作等が技術情報の職務創造一般の場合、使用者である企業における権利の確保・保全の観点から、特に、従業者において、自身が職務創造し、使用者にて秘匿化された技術情報を、特に退職後に図利加害目的で使用・開示する行為が不正競争防止法2条1項7号に該当するかどうかが、同技術情報に係る権利の原始帰属先、同技術情報の「保有者」（不正競争防止法2条1項7号）の意義、同技術情報を「示された」（同号）の意義等と関連しつつ、問題とされており、裁判例及び学説は、様々である。

この点、かかる裁判例及び学説を暫く措き、少なくとも実務上、使用者である企業において、その遂行に係る研究開発の成果として、自身が秘匿化する技術情報について、職務創造した従業者との関係でも可及的に権利を確保・保全するためには、同技術情報を具体的かつ明確に特定した上で、従業者に自身の秘密管理意思を書面で通知し、就業規則・職務創作規程・情報管理規程・覚書・誓約書等により、自身の権利取得を従業者と合意ないし確認しつつ、従業者に退職後も含めて秘密保持義務や他目的流用禁止義務を負担させることにより、特に、退職後の（図利加害目的での）無断使用・開示について、元従業者に対し、可及的に不正競争防止法2条1項7号該当性や少なくとも同各義務違反を追及し得るようにすることが必要かつ有用である。

オ．従業者の職務性の書面化・証拠化

そして、イないしエに述べた従業者の職務創作等に関する使用者である企業による権利の確保・保全のための方策のいずれにおいても、従業者の創作等が従業者の職務に係るものであることがポイントになる。よって、使用者である企業においては、6（1）に述べた従業者による研究開発の遂行の経緯・成果の書面化・証拠化に当たり、上司の命令・指示、従業者の現在又は過去の地位・職種・職務内容、企業の資金・設備の利用、他の従業者の補助・支援等、従業者の職務性を基礎付け得る事実を併せて書面化・証拠化することが必要かつ有用である。

カ．出向・派遣・業務委託等の場合

　また、出向社員・派遣社員・受託業務遂行者等が出向先企業・派遣先企業・業務委託企業等により遂行される研究開発において発明その他の技術情報を職務創造した場合、従業者等と使用者等の関係性が肯認され、職務発明・考案又は意匠についてイに述べた権利帰属の規律が適用される余地がある（東京地判平20・1・29（平19（ワ）18805号）〔香り供給装置事件〕）。また、プログラム・データベース・応用美術等の職務著作についてウに述べた権利帰属の規律が適用される余地がある（東京高判平10・2・12判時1645号129頁〔四進レクチャー事件〕）。

　もっとも、実務上、より確実な権利の確保・保全のために、出向先企業・派遣先企業・業務委託企業等においては、その遂行に係る研究開発において出向社員・派遣社員・受託業務遂行者等による発明その他の技術情報の職務創造が想定される場合には、出向元企業・派遣元企業・業務受託企業等との契約書で自身の権利取得を合意ないし確認しつつ、就業規則・職務創作規程・覚書等により、出向社員・派遣社員・受託業務遂行者等とも自身の権利取得を合意ないし確認することが望ましい。

　また、実務上、出向先企業・派遣先企業・業務委託企業等においては、その遂行に係る研究開発の成果として、自身が秘匿化する技術情報について、職務創造した出向社員・派遣社員・受託業務遂行者等との関係でも可及的に権利を確保・保全するためには、同技術情報を具体的かつ明確に特定した上で、出向社員・派遣社員・受託業務遂行者等に自身の秘密管理意思を書面で通知し、就業規則・職務創作規程・情報管理規程・覚書・誓約書等により、自身の権利取得を出向社員・派遣社員・受託業務遂行者等と合意ないし確認しつつ、出向社員・派遣社員・受託業務遂行者等に出向・派遣・業務委託等終了後も含めて秘密保持義務や他目的流用禁止義務を負担させることにより、特に、出向・派遣・業務委託等終了後の（図利加害目的での）無断使用・開示について、元出向社員・元派遣社員・元受託業務遂行者等に対し、可及的に不正競争防止法2条1項7号該当性や少なくとも同各義務違反を追及し得るようにすることが望ましい。

キ．役割分担

　かかる活動には、その性質上、企業の研究開発部門のみならず、知的財産部門や法務部門も能動的・自律的に積極的な役割を果たすべき場合が多い。また、企業における発明等の創作・発掘の段階・現場への日常的な関与による技術的・産業財産権法的な知識・経験に基づいた特許事務所・外部弁理士の参画や、会社法・労働法・契約法・知的財産（契約）関連紛争等の知識・経験に基づいた法律事務所・外部弁護士の参画が、いずれも有用である場合が多い。

（3）他企業等からの発明その他の技術情報・その権利のＭ＆Ａの場合

ア．知的財産デューデリジェンス

　さらに、企業においては、他企業等から発明その他の技術情報・その権利をＭ＆Ａする場合、秘密保持契約・オプション契約の下で、対象知的財産（権）の範囲・内容を特定した上で、対象知的財産（権）について、権利の確保・保全のために、独自調査、相手方企業等への資料開示請求・Ｑ＆Ａ等により、以下の各事項に係る知的財産デューデリジェンスを、時間・費用及び労力対効果を勘案しつつ、必要十分な範囲・程度で、実施する必要がある。なお、対象知的財産権が外国の権利、特に意匠登録（出願）に係る権利である場合には、かかる知的財産デューデリジェンスを外国の専門家において実施する必要があるときが多いため、さらに時間・費用及び労力を要することも、勘案する必要がある。

イ．特許（出願）・実用新案登録（出願）又は意匠登録（出願）の場合

　この点、先ず、対象知的財産（権）が特許（出願）・実用新案登録（出願）又は意匠登録（出願）に係るものの場合、①第三者との契約書・相手方企業等の職務発明規程・願書・特許（出願公開）公報・従業者等からの譲渡証・特許登録原簿謄本・Ｑ＆Ａ等の検討により、対象特許（出願）等に係る特許を受ける権利・特許権等が相手方企業等に帰属することを確認する必要がある。この点、平成27年改正法（特許法35条2項・3項・4項、実用新案法11条3項、意匠法

15条3項）の下では、使用者等である企業等において、従業者等の職務発明等について、職務発明規程等により、特許等を受ける権利を自企業等に予約原始帰属させることも可能になっており、企業を中心に原始使用者等帰属を選択する使用者等が増加している一方、大学等においては引き続き原始従業者等帰属を維持するケースが多い。また、対象特許（出願）等に係る特許を受ける権利・特許権等が共有の場合、一方は、他方の同意なく、その持分を譲渡できないものとされている（特許法33条3項・73条1項、実用新案法11条2項・26条、意匠法15条2項・36条）。なお、対象特許（出願）等が外国に係るものの場合、例えば、米国の特許権が共有のとき、一方は、他方の同意なく、その持分を譲渡できる（米国特許法261条参照）のみならず、持分権者であれば、自己実施は勿論（米国特許法262条）、非独占的ライセンスも（Schering Co. v. Roussel-UCLAF SA v. Zeneca Inc., 104 F. 3d 341 (Fed. Cir. 1997))、他の持分権者の同意なく、できるものとされている等、外国法の規律が相違し得ることにも留意する必要がある。

　また、②願書、特許（出願公開）公報、出願経過、審判・訴訟等の有無・経過、引用例その他の参考文献、相手方企業による既存の又は自企業による必要に応じた新規の独自調査結果での先行技術、裁判例等の検討・分析により、対象特許出願等に係る発明等が特許性・登録性を有し、或いは、対象特許等が有効であることを、必要に応じて段階的に、確認する必要がある。特に、無審査登録主義に係る実用新案権の場合は、一般に有効性を確認する必要があり、特に技術評価請求の有無及び技術評価書の内容を確認する必要性が高い。なお、対象特許（出願）等が米国特許（出願）等の場合、さらに必要に応じて、情報開示陳述書（IDS）等の検討・分析により、対象米国特許等の権利行使可能性をも確認する必要がある。また、対象特許（出願）等が無審査登録主義に係る欧州共同体意匠登録（出願）や中国意匠登録（出願）の場合、一般に有効性、特に少なくとも新規性を確認する必要がある。

　さらに、③願書・特許（出願公開）公報・特許登録原簿謄本等の確認により、対象特許（出願）等に係る特許権等の存続期間（特許権：出願日から20年（特許法67条1項）、実用新案権：出願日から10年（実用新案法15条）、意匠権：登録日から15年（出願日が平成19年3月31日以前の場合）（旧意匠法21条1項）又は20年（出

願日が平成19年4月1日以降の場合）（意匠法21条1項））・年金納付状況を確認する必要がある。なお、対象特許（出願）等が外国に係るものの場合、例えば、中国の意匠権の存続期間は出願日から10年とされている（中国専利法42条）等、外国の特許権等の存続期間が相違し得ることにも留意する必要がある。

また、④願書、特許（出願公開）公報、出願経過、審判・訴訟等の有無・経過、引用例その他の参考文献、裁判例等の検討・分析により、対象特許（出願）等に係る特許権等の権利範囲を確認する必要がある。この点、例えば、日本特許権の権利範囲と対応外国特許権の権利範囲とがクレームの相違により相違することも少なくないことに留意する必要がある。

さらに、⑤第三者との契約書・Q＆A等により相手方企業等における研究開発委託、共同研究開発、技術提携、ライセンス・イン等の有無・態様・経過を検討・分析し、基本発明等に係る第三者保有の特許権等との関係において、対象特許（出願）等に係る発明等の実施による侵害可能性を確認する必要がある。この点、一般に、利用発明等の実施は基本発明等に係る特許権等を侵害するものと解されている（特許法72条、大阪地判昭63・3・17判時1300号114頁〔芯地事件〕、実用新案法17条、東京高判平13・5・24判時1789号134頁〔屋根雪止め金具事件〕、意匠法26条、大阪地判昭46・12・22無体集3巻2号414頁〔学習机事件〕）。

また、⑥警告書・訴状・Q＆A等により第三者による相手方企業等への特許権等侵害警告・訴訟の有無・経過等を検討・分析し、第三者保有の特許権等との関係において、対象特許（出願）等に係る発明等の実施による侵害可能性を確認する必要がある。

さらに、⑦第三者との契約書・特許登録原簿謄本・Q＆A等により相手方企業等による第三者への専用実施権設定・（独占的）通常実施権許諾等のライセンス・アウトの有無・態様、FRAND宣言（標準規格必須特許等を公平、合理的かつ非差別的（Fair、Reasonable and Non-discriminative）条件でライセンス・アウトする意思を表明すること）の有無等を検討し、対象特許（出願）等に係る発明等の（独占的）実施可能性を確認する必要がある。この点、専用実施権設定の場合、設定範囲で、特許権等の承継人は、特許発明等を実施できないものとされている（特許法77条2項、実用新案法18条2項、意匠法27条2項）。また、（独

占的）通常実施権許諾の場合、許諾範囲で、特許権等の承継人は、特許発明等を独占的には実施できないものとされている（特許法99条、実用新案法19条3項、意匠法28条3項）。なお、対象特許（出願）等が外国に係るものの場合、例えば、英国・仏国では、特許権の承継人は、ライセンスが登録され、又はライセンスに悪意のとき、ライセンスを対抗されるものとされている（英国特許法33条・仏国知的財産法L613−9条）等、外国法の規律が相違し得ることにも留意する必要がある。また、譲渡人のFRAND宣言が、標準規格必須特許等の譲渡の場合に、譲受人にも同様に妥当するかどうかは、各国において、必ずしも明らかではないこと（例えば、日本では、独占禁止法の適用との関係において、公正取引委員会「知的財産の利用に関する独占禁止法上の指針」（平成19年9月28日、改正：平成28年1月21日）により、肯定されているものの、侵害訴訟に係る裁判例はない）にも留意する必要がある。

　また、⑧第三者との契約書・特許登録原簿謄本・Q＆A等により相手方企業等による第三者への質入れ・譲渡担保化等の担保化の有無・態様等を検討し、対象特許（出願）等に係る特許権等に係る担保権の実行による権利喪失可能性を確認する必要がある。

　なお、特許庁により公開・書類等交付されない出願中の意匠（意匠法63条1項1号）や登録から一定期間秘匿され得る秘密意匠（意匠法14条）については、上記各事項の確認を相手方企業等への資料開示請求・Q＆A等による必要性が高い。また、意匠については、意匠登録原簿謄本等の検討により、関連意匠の有無さらには内容等も確認する必要がある。

ウ．プログラム・データベース・応用美術等の場合

　次に、対象知的財産（権）がプログラム・データベース・応用美術等に係るものの場合、①先行プログラム・データベース・応用美術等、裁判例等の検討・分析により、対象プログラム・データベース・応用美術等が著作物性（著作権法2条1項1号）を有することを確認する必要がある。この点、応用美術一般の著作物性を肯認した近年の裁判例がある（知財高判平27・4・14判時2267号91頁［TRIPP　TRAPP事件］）。なお、対象プログラム・データベース・応用美術等が外国法に係るものの場合、例えば、EUでは、著作物性（創作性）のないデー

タベースも、スイ・ジェネリス権により保護されるものとされ（データベースの法的保護に関するEU指令7条）、また、仏国では、応用美術一般の著作物性がより一般的に肯認されるものとされている（仏国知的財産法L513−2条参照）等、外国法の規律が相違し得ることにも留意する必要がある。

　また、②第三者との契約書、対象プログラム・データベース・応用美術等の作成の経緯、相手方企業等の職務著作規程、対象プログラム・データベース・応用美術等への著作者表示・著作権表示、Q＆A等の検討・分析により、対象プログラム・データベース・応用美術等に係る著作権（各支分権）が相手方企業等に帰属することを確認する必要がある。この点、プログラム・データベース・応用美術等に係る著作権が共有の場合、一方は、他方の同意なく、その持分を譲渡できないものとされている（著作権法65条1項）。なお、かかる共有著作権の持分譲渡に関する規律は、外国著作権法でも、一般に同様である。

　さらに、③第三者との契約書、相手方企業等の職務著作規程、対象プログラム・データベース・応用美術等の作成の経緯、対象プログラム・データベース・応用美術等への著作者表示・著作権表示、Q＆A等の検討・分析により、対象プログラム・データベース・応用美術等に係る著作権の存続期間（原則著作者の死後50年（著作権法51条2項）、団体著作名義の場合には公表（又は創作）後50年（著作権法53条1項）等）を確認する必要がある。なお、対象プログラム・データベース・応用美術等が外国法に係るものの場合、例えば、EUでのスイ・ジェネリス権によるデータベースの保護期間は15年とされ（データベースの法的保護に関するEU指令10条）、応用美術に係る著作権の存続期間は各国の国内法の定めによるものとされている（ベルヌ条約2条7項）等、外国法の規律が相違し得ることにも留意する必要がある。

　また、④先行著作物、裁判例等の検討・分析により、対象プログラム・データベース・応用美術等に係る著作権の権利範囲を確認する必要がある。なお、対象プログラム・データベース・応用美術等が外国法に係るものの場合、例えば、英国法系では、直接利用のみならず、直接利用に係る市場の管理等も、オーソライゼーション法理の下で、本来的な直接侵害になり得ること、模倣品が真正品に係る図面の著作権の侵害になり得ること等、外国法の規律が相違し得ることにも留意する必要がある。

　さらに、⑤第三者との契約書・Q＆A等により相手方企業等における制作委託、共同制作、ライセンス・イン等の有無・態様・経過を検討・分析し、原著作物に係る第三者保有の著作権等との関係において、対象プログラム・データベース・応用美術等の利用による侵害可能性を確認する必要がある。この点、原著作物の翻案等及び二次的著作物の利用は、原著作物に係る著作権を侵害し得るものとされている（著作権法27条及び28条）。

　また、⑥警告書・訴状・Q＆A等により第三者による相手方企業等への著作権等侵害警告・訴訟の有無・経過等を検討・分析し、第三者保有の著作権等との関係において、対象プログラム・データベース・応用美術等の利用による侵害可能性を確認する必要がある。

　さらに、⑦第三者との契約書・Q＆A等により相手方企業等による第三者への(独占的)利用許諾等のライセンス・アウトの有無・態様等を検討し、対象プログラム・データベース・応用美術等の(独占的)利用可能性を確認する必要がある。この点、著作権の承継人が、(独占的)ライセンスに(背信的)悪意の場合等に、(独占的)ライセンスを対抗されるかどうかは、必ずしも明らかではない。

　また、⑧第三者との契約書・著作権登録原簿謄本・プログラム登録原簿謄本・Q＆A等により相手方企業等による第三者への質入れ・譲渡担保化等の担保化の有無・態様等を検討し、対象プログラム・データベース・応用美術等に係る著作権に係る担保権の実行による権利喪失可能性を確認する必要がある。

エ．技術上の営業秘密の場合

　さらに、対象知的財産(権)が技術上の営業秘密に係るものの場合、先ず、対象が、必ずしも技術情報に係る権利ではなく、技術情報それ自体であり得ること、思想レベルのものではなく、実施態様レベルのものとして実存する場合が多いこと、創作性のある発明等のみならず、その他の失敗例等の技術情報をも含み得ること、また、実際上、技術情報が化体した報告書・仕様書・図面・現物・設備・工程・システム・人財・取引関係等になることが多いこと、等に留意する必要がある。

　その上で、①第三者との契約書、対象技術情報の創造の経緯、相手方企業

等の就業規則・職務創作規程・情報管理規程、従業者の覚書・誓約書、相手方企業等における秘密管理措置、Ｑ＆Ａ等の検討により、相手方企業等において、対象技術情報及びこれが化体した報告書・仕様書・図面・現物・設備・工程・システム・人財・取引関係等が保有され（不正競争防止法2条1項7号参照）、秘密として管理されている（不正競争防止法2条6項参照）ことを確認する必要がある。なお、米国・ＥＵ等の外国でも、一般に、技術情報の営業秘密保護のためには、かかる保有性・秘密管理性と同様の要件が必要とされている（米国連邦営業秘密保護法1839条3号、米国統一営業秘密法1条4項、営業秘密の保護に関するＥＵ指令2条等）。

　また、②対象技術情報が化体した報告書・仕様書・図面・現物・設備・工程・システム・人財・取引関係等、先行技術情報等の検討・分析により、対象技術情報が有用性及び非公知性（不正競争防止法2条6項）を有することを確認する必要がある。なお、米国・ＥＵ等の外国でも、一般に、技術情報の営業秘密保護のためには、有用性及び非公知性と同様の要件が必要とされている（米国連邦営業秘密保護法1839条3号、米国統一営業秘密法1条4項、営業秘密の保護に関するＥＵ指令2条等）。

　さらに、③対象技術情報が化体した報告書・仕様書・図面・現物・設備・工程・システム・人財・取引関係等、先行技術情報等の検討・分析により、対象技術情報の思想レベルでの保護範囲を確認する必要がある。

　また、④第三者との契約書・Ｑ＆Ａ等により相手方企業等における研究開発委託、共同研究開発、技術提携、ライセンス・イン等の有無・態様・経過を検討・分析し、基本発明等に係る第三者保有の特許権・営業秘密等との関係において、対象技術情報の取得・使用等による侵害可能性を確認する必要がある。

　さらに、⑤警告書・訴状・Ｑ＆Ａ等により第三者による相手方企業等への特許権・営業秘密等侵害警告・訴訟の有無・経過等を検討・分析し、第三者保有の特許権・営業秘密等との関係において、対象技術情報の取得・使用等による侵害可能性を確認する必要がある。

　また、⑥第三者との契約書・Ｑ＆Ａ等により相手方企業等による第三者への（独占的）ライセンス・アウトの有無・態様等を検討し、対象技術情報の（独占的）取得・使用等可能性を確認する必要がある。

さらに、⑦第三者との契約書・Q＆A等により相手方企業等による第三者への担保化の有無・態様等を検討し、対象技術情報に係る担保権の実行による権利喪失可能性を確認する必要がある。

オ．M＆Aに係る契約への知的財産デューデリジェンス実施結果の反映

(ア) 対象知的財産 (権) の特定

　以上のように知的財産デューデリジェンスを実施した上で、特に、M＆Aのスキームが、他企業等からの事業譲渡、特に、他企業等からの発明その他の技術情報・その権利の譲渡の場合には、特定承継として、譲渡契約において、対象知的財産 (権) が確実かつ実効的に譲渡されるよう、技術情報とその化体対象とその権利とを峻別した上で、譲渡の対象である対象知的財産 (権) の範囲・内容を、具体的かつ明確に特定することが必要である。

　この点、例えば、特許 (出願) 等に係る特許を受ける権利・特許権等の譲渡は、実際上、関連する技術情報・その権利の譲渡をも伴うことにより、より実効性を有することになる場合が少なくない。また、プログラムに係る翻案権の譲渡は、実際上、オブジェクトコードの取得とその翻案権の譲受けのみでは、実効性がなく、ソースコードやドキュメントの取得が必要になる。さらに、技術上の営業秘密の譲渡は、実際上、対象技術情報・その権利の取得のみでは、実効性がなく、対象技術情報が化体した報告書・仕様書・図面・現物・設備・工程・システム・人財・取引関係等の取得が必要になる場合が多い。なお、関連意匠があるとき、本意匠・関連意匠の意匠権は、分離譲渡できない (意匠法22条1項) ため、共に譲渡の対象とする必要がある。

(イ) M＆A価額

　また、他企業等の株式等取得、他企業等との合併、他企業等からの会社分割、他企業等からの事業譲渡、他企業等からの発明その他の技術情報・その権利の譲渡等のM＆Aのスキームのいずれにおいても、M＆Aに係る契約においては、上記対象知的財産 (権) の範囲・内容に加えて、上記知的財産デューデリジェンスの実施により判明した、対象知的財産 (権) の帰属・権利性・存続期間・権利範囲・実施の侵害可能性・(独占的) 実施可能性・権利喪失可能性等の如何を考慮して、対象知的財産 (権) の価値を、技

術的価値を前提に、自企業と他企業等とにとって異なり得る経済的価値として、評価し、その範囲内で交渉のうえＭ＆Ａ価額を決定・規定し、必要に応じてＭ＆Ａ価額の返還条項・調整条項を規定する必要がある。

（ウ）表明・保証条項、治癒誓約条項、クロージング免除条項、補償条項等

それとともに、可及的な権利の確保・保全のために、①対象が特許（出願）等に係るものの場合、特に、対象特許（出願）等に係る発明等の技術上の実施可能性、対象特許出願等に係る特許を受ける権利等の帰属、冒認等の私益的理由による対象特許出願等の拒絶理由・対象特許権等の無効理由の不存在、対象特許（出願）等に係る発明等の実施による第三者保有の特許権等の非侵害、対象特許（出願）等に係る発明等の（独占的）実施可能性、対象特許（出願）等に係る特許権等に係る担保権の不存在、等について、②対象がプログラム・データベース・応用美術等に係るものの場合、特に、その著作権（各支分権）の帰属、その利用による第三者保有の著作権等の非侵害、その（独占的）利用可能性、その著作権に係る担保権の不存在、等について、また、③対象が技術上の営業秘密に係るものの場合、特に、対象技術情報の技術上の使用可能性、対象技術情報の保有性・秘密管理性、対象技術情報の取得・使用等による第三者保有の特許権・営業秘密等の非侵害、対象技術情報の（独占的）取得・使用等可能性、対象技術情報に係る担保権の不存在、等について、可及的に、表明・保証条項を規定するとともに、表明・保証条項違反の場合における治癒誓約条項・クロージング免除条項・補償条項等を規定する必要がある。

（エ）秘密保持義務・使用禁止義務

また、特に、Ｍ＆Ａのスキームが、他企業等からの発明その他の技術情報・その権利の譲渡の場合で、対象が秘密意匠や技術上の営業秘密に係るもののときには、権利の保全のために、譲渡契約において、譲渡後における他企業等及びその従業者の秘密保持義務や使用禁止義務を規定（同従業者の順守の表明・保証条項等も含めて）する必要がある。

カ．Ｍ＆Ａの際の権利の確保・保全のための他の留意事項

（ア）他企業等からの事業譲渡、特に他企業等からの発明その他の技術情報・その権利の譲渡の場合

　その他、Ｍ＆Ａのスキームが、他企業等からの事業譲渡、特に他企業等からの発明その他の技術情報・その権利の譲渡の場合には、特に対象プログラム・データベース・応用美術等に係る翻案権等（著作権法27条）及び翻案物等を利用する権利（著作権法28条）が確実に譲渡されるよう、譲渡契約において、譲渡の対象として、著作権法27条及び28条に係る各権利を特掲することが必要である（著作権法61条2項参照）。

　また、上記場合には、譲渡契約において、対象知的財産の実施等が確保・保全されるよう、同実施等と抵触し得る譲渡不能な権利について、併せて権利処理する必要がある。例えば、プログラム・データベース・応用美術等の翻案権等の譲渡契約においては、著作者への一身専属性（著作権法59条）を有する著作者人格権、特に翻案権等と抵触し得る同一性保持権（著作権法20条）について、相手方企業等に帰属することを確認した上で、相手方企業等と第三者効を含む不行使ないし請求権放棄を合意する必要がある。

　さらに、上記場合には、特許（出願）等に係る特許を受ける権利・特許権等の譲渡は、特許庁への届出（特許法34条4項、実用新案法11条2項、意匠法15条2項）・移転登録（特許法98条1項、実用新案法26条、意匠法36条）が、効力発生要件とされているとともに、同届出のための出願人名義変更届には譲渡証書の提出が必要であり、また、同移転登録のための単独申請書には譲渡証書兼単独申請承諾書の添付が必要であるため、譲渡契約において、譲渡人による譲受人への譲渡証書・譲渡証書兼単独申請承諾書の作成・交付まで規定する必要がある。また、プログラム・データベース・応用美術等に係る著作権の譲渡は、ＳＯＦＴＩＣ（プログラムの場合）又は文化庁（その余の場合）への移転登録が、第三者対抗要件とされている（著作権法77条1号）とともに、同移転登録のための単独申請書には譲渡証書兼単独申請承諾書の添付が必要であるため、譲渡契約において、譲渡人による譲受人への譲渡証書兼単独申請承諾書の作成・交付まで規定することが望ましい。なお、対象知的財産（権）が外国法に係るものの場合、移転登録に必要な書

類、移転登録の法的性質等について、外国法の規律が相違し得ることにも留意する必要がある。

（イ）他企業等との合併、他企業等からの会社分割等の場合

他方、M＆Aのスキームが、他企業等との合併、他企業等からの会社分割等の場合には、一般承継として、特許（出願）等に係る特許を受ける権利・特許権等の移転は、特許庁への届出（特許法34条4項、実用新案法11条2項、意匠法15条2項）・移転登録（特許法98条1項、実用新案法26条、意匠法36条）を効力発生要件とせず、また、プログラム・データベース・応用美術等に係る著作権の移転は、移転登録を第三者対抗要件としない（著作権法77条1号）。

もっとも、特に特許（出願）等に係る特許を受ける権利・特許権等の一般承継は、特許庁へ遅滞なく届け出るものとされる（特許法34条5項、実用新案法11条2項、意匠法15条2項、特許法98条2項、実用新案法26条、意匠法36条）とともに、特許（出願）等に係る特許を受ける権利・特許権等について承継後に被承継人に対して手続を続行してもよいものとされ（特許法21条、実用新案法2条の5第2項、意匠法68条2項、東京高判昭62・5・7判時1253号126頁［セルフロツクねじ部材事件］）、かかる手続の効力も、承継人にも及ぶものとされている（特許法20条、実用新案法2条の5第2項、意匠法68条2項、東京高判昭62・5・7判時1253号126頁［セルフロツクねじ部材事件］）ため、承継人においては、特許庁へ遅滞なく届け出る必要がある。

キ．役割分担

かかる活動には、その性質上、企業の知的財産部門や法務部門が主体的な役割を果たすべき場合が多い。また、コンサルタント・公認会計士等の参画のみならず、企業による国内・外国の特許出願等の代理・仲介業務や各種の調査等を通じた技術・産業財産権法に係る専門的・国際的な知識・経験に基づいた特許事務所・外部弁理士の参画や、会社法・契約法・知的財産（契約）関連紛争等の知識・経験に基づいた法律事務所・外部弁護士の参画が、いずれも有用である場合が多い。

（4）他企業等からの発明その他の技術情報・その権利のライセンス・インの場合

ア．調査

　また、企業においては、他企業等から発明その他の技術情報・その権利をライセンス・インする場合、秘密保持契約・LOI（letter of Intent）・MOU（Memorandum of Understanding）・オプション契約・フィージビリティスタディ契約等の下で、対象知的財産（権）について、権利の確保・保全のために、独自調査、相手方企業等とのQ＆A等により、以下の各事項に係る調査を、時間・費用及び労力対効果を勘案しつつ、必要十分な範囲・程度で、実施する必要がある場合が多い。なお、対象知的財産権が外国の権利、特に意匠登録（出願）に係る権利である場合には、かかる調査を外国の専門家において実施する必要があるときが多いため、さらに時間・費用及び労力を要することも、勘案する必要がある。

イ．特許（出願）・実月新案登録（出願）又は意匠登録（出願）の場合

　この点、先ず、対象知的財産（権）が特許（出願）・実用新案登録（出願）又は意匠登録（出願）に係るものの場合、①願書・特許（出願公開）公報・従業者等からの譲渡証・特許登録原簿謄本・Q＆A等の検討により、対象特許（出願）等に係る特許を受ける権利・特許権等が相手方企業等に帰属することを確認する必要がある。この点、平成27年改正法（特許法35条2項・3項・4項、実用新案法11条3項、意匠法15条3項）の下では、使用者等である企業等において、従業者等の職務発明等について、職務発明規程等により、特許等を受ける権利を自企業等に予約原始帰属させることも可能になっており、企業を中心に原始使用者等帰属を選択する使用者等が増加している一方、大学等においては引き続き原始従業者等帰属を維持するケースが多い。また、対象特許（出願）等に係る特許を受ける権利・特許権等が共有の場合、一方は、他方の同意なく、（仮）専用・通常実施権等を設定・許諾できないものとされている（特許法33条4項・73条3項、実用新案法11条2項・26条、意匠法15条2項・36条）。なお、対象特許（出願）等が外国に係るものの場合、例えば、米国の特許権が共有のとき、一方は、他方の同意なく、非独占的ライセンスを許諾できるものとされて

いる(Schering Co. v. Roussel-UCLAF SA v. Zeneca Inc., 104 F. 3d 341 (Fed. Cir. 1997))等、外国法の規律が相違し得ることにも留意する必要がある。

　また、②特許登録原簿謄本・Q＆A等により相手方企業等による第三者への専用実施権設定・(独占的)通常実施権許諾等のライセンス・アウトの有無・態様等を検討し、対象特許(出願)等に係る相手方企業等の(独占的)ライセンス・アウト権原を確認する必要がある。この点、特許を受ける権利・特許権等の保有者は、(仮)専用実施権を設定した場合には、設定範囲で、ライセンス・アウト権原を喪失するものとされている(特許法34条の2第2項・77条2項、実用新案法18条2項、意匠法27条2項)とともに、独占的(仮)通常実施権を許諾した場合にも、さらなる第三者へのライセンス・アウトは、その独占性に違反することになるので、実務上実質的にはライセンス・アウト権原を保有しないものと見做されるべきである。

　さらに、③願書、特許(出願公開)公報、出願経過、審判・訴訟等の有無・経過、引用例その他の参考文献、自企業による必要に応じた新規の独自調査結果での先行技術、裁判例等の検討・分析により、対象特許出願等に係る発明が特許性・登録性を有し、或いは、対象特許等が有効であることを、必要に応じて段階的に、確認する必要がある。特に、無審査登録主義に係る実用新案権の場合は、一般に有効性を確認する必要があり、特に技術評価請求の有無及び技術評価書の内容を確認する必要性が高い。なお、対象特許(出願)等が無審査登録主義に係る欧州共同体意匠登録(出願)や中国意匠登録(出願)の場合、一般に有効性、特に少なくとも新規性を確認する必要がある。

　また、④願書・特許(出願公開)公報・特許登録原簿謄本等の確認により、対象特許(出願)等に係る特許権等の存続期間(特許権：出願日から20年(特許法67条1項)、実用新案権：出願日から10年(実用新案法15条)、意匠権：登録日から15年(出願日が平成19年3月31日以前の場合)(旧意匠法21条1項)又は20年(出願日が平成19年4月1日以降の場合)(意匠法21条1項))・年金納付状況を確認する必要がある。なお、対象特許(出願)等が外国に係るものの場合、例えば、中国の意匠権の存続期間は出願日から10年とされている(中国専利法42条)等、外国の特許権等の存続期間が相違し得ることにも留意する必要がある。

　さらに、⑤願書、特許(出願公開)公報、出願経過、審判・訴訟等の有無・経

過、引用例その他の参考文献、裁判例等の検討・分析により、対象特許（出願）等に係る特許権等の権利範囲を確認する必要がある。この点、例えば、日本特許権の権利範囲と対応外国特許権の権利範囲とがクレームの相違により相違することも少なくないことに留意する必要がある。

また、⑥Q＆A等により相手方企業等における研究開発委託、共同研究開発、技術提携、ライセンス・イン等の有無・態様・経過を検討・分析し、基本発明等に係る第三者保有の特許権等との関係において、対象特許（出願）等に係る発明等の実施による侵害可能性を確認する必要がある。この点、一般に、利用発明等の実施は基本発明等に係る特許権等を侵害するものと解されている（特許法72条、大阪地判昭63・3・17判時1300号114頁［芯地事件］、実用新案法17条、東京高判平13・5・24判時1789号134頁［屋根雪止め金具事件］、意匠法26条、大阪地判昭46・12・22無体集3巻2号414頁［学習机事件］）。

さらに、⑦Q＆A等により第三者による相手方企業等への特許権等侵害警告・訴訟の有無・経過等を検討・分析し、第三者保有の特許権等との関係において、対象特許（出願）等に係る発明等の実施による侵害可能性を確認する必要がある。

また、⑧特許登録原簿謄本・Q＆A等により相手方企業等による第三者への質入れ・譲渡担保化等の担保化の有無・態様等を検討し、対象特許（出願）等に係る特許権等に係る担保権の実行による権利喪失可能性を確認する必要がある。

なお、特許庁により公開・書類等交付されない出願中の意匠（意匠法63条1項1号）や登録から一定期間秘匿され得る秘密意匠（意匠法14条）については、上記各事項の確認を相手方企業等へのQ＆A等による必要性が高い。また、意匠については、意匠登録原簿謄本等の検討により、関連意匠の有無さらには内容等も確認する必要がある。

ウ．プログラム・データベース・応用美術等の場合

次に、対象知的財産（権）がプログラム・データベース・応用美術等に係るものの場合、①先行プログラム・データベース・応用美術等、裁判例等の検討・分析により、対象プログラム・データベース・応用美術等が著作物性（著作権

法2条1項1号)を有することを確認する必要がある。この点、応用美術一般の著作物性を肯認した近年の裁判例がある(知財高判平27・4・14判時2267号91頁〔TRIPP TRAPP事件〕)。なお、対象プログラム・データベース・応用美術等が外国法に係るものの場合、例えば、EUでは、著作物性(創作性)のないデータベースも、スイ・ジェネリス権により保護されるものとされ(データベースの法的保護に関するEU指令7条)、また、仏国では、応用美術一般の著作物性がより一般的に肯認されるものとされている(仏国知的財産法L513−2条参照)等、外国法の規律が相違し得ることにも留意する必要がある。

　また、②対象プログラム・データベース・応用美術等への著作者表示・著作権表示、Q＆A等の検討・分析により、対象プログラム・データベース・応用美術等に係る著作権(各支分権)が相手方企業等に帰属することを確認する必要がある。この点、プログラム・データベース・応用美術等に係る著作権が共有の場合、一方は、他方の同意なく、その利用を許諾できないものとされている(著作権法65条2項)。なお、対象プログラム・データベース・応用美術等が外国法に係るものの場合、例えば、米国の著作権が共有のとき、一方は、利益分配を条件に(Oddo v. Ries, 743 F.2d 630 (9th Cir. 1984))、他方の同意なく、非独占的ライセンスを許諾できるものとされている(H.R. Rep.No. 94-1476, 94th Cong., 2d Sess. 121 (1976))等、外国法の規律が相違し得ることにも留意する必要がある。

　さらに、③Q＆A等により相手方企業等による第三者への(独占的)利用許諾等のライセンス・アウトの有無・態様等を検討し、対象プログラム・データベース・応用美術等に係る相手方企業等の(独占的)ライセンス・アウト権原を確認する必要がある。この点、著作権者は、独占的利用許諾をした場合、さらなる第三者へのライセンス・アウトは、その独占性に違反することになるので、実務上実質的にはライセンス・アウト権原を保有しないものと見做されるべきである。

　また、④対象プログラム・データベース・応用美術等への著作者表示・著作権表示、Q＆A等の検討・分析により、対象プログラム・データベース・応用美術等に係る著作権の存続期間(原則著作者の死後50年(著作権法51条2項)、団体著作名義の場合には公表(又は創作)後50年(著作権法53条1項)等)を

確認する必要がある。なお、対象プログラム・データベース・応用美術等が外国法に係るものの場合、例えば、EUでのスイ・ジェネリス権によるデータベースの保護期間は15年とされ（データベースの法的保護に関するEU指令10条）、応用美術に係る著作権の存続期間は各国の国内法の定めによるものとされている（ベルヌ条約2条7項）等、外国法の規律が相違し得ることにも留意する必要がある。

　さらに、⑤先行著作物、裁判例等の検討・分析により、対象プログラム・データベース・応用美術等に係る著作権の権利範囲を確認する必要がある。なお、対象プログラム・データベース・応用美術等が外国法に係るものの場合、例えば、英国法系では、直接利用のみならず、直接利用に係る市場の管理等も、オーソライゼーション法理の下で、本来的な直接侵害になり得ること、模倣品が真正品に係る図面の著作権の侵害になり得ること等、外国法の規律が相違し得ることにも留意する必要がある。

　また、⑥Q＆A等により相手方企業等における制作委託、共同制作、ライセンス・イン等の有無・態様・経過を検討・分析し、原著作物に係る第三者保有の著作権等との関係において、対象プログラム・データベース・応用美術等の利用による侵害可能性を確認する必要がある。この点、原著作物の翻案等及び二次的著作物の利用は、原著作物に係る著作権を侵害し得るものとされている（著作権法27条及び28条）。

　さらに、⑦Q＆A等により第三者による相手方企業等への著作権等侵害警告・訴訟の有無・経過等を検討・分析し、第三者保有の著作権等との関係において、対象プログラム・データベース・応用美術等の利用による侵害可能性を確認する必要がある。

　また、⑧著作権登録原簿謄本・プログラム登録原簿謄本・Q＆A等により相手方企業等による第三者への質入れ・譲渡担保化等の担保化の有無・態様等を検討し、対象プログラム・データベース・応用美術等に係る著作権に係る担保権の実行による権利喪失可能性を確認する必要がある。

エ．技術上の営業秘密の場合

　さらに、対象知的財産（権）が技術上の営業秘密に係るものの場合、先ず、

対象が、必ずしも技術情報に係る権利ではなく、技術情報それ自体であり得ること、思想レベルのものではなく、実施態様レベルのものとして実存する場合が多いこと、創作性のある発明等のみならず、その他の失敗例等の技術情報をも含み得ること、また、実際上、技術情報が化体した報告書・仕様書・図面・現物・設備・工程・システム・人財・取引関係等になることが多いこと、等に留意する必要がある。

　その上で、①Q&A等の検討により、相手方企業等において、対象技術情報及びこれが化体した報告書・仕様書・図面・現物・設備・工程・システム・人財・取引関係等が保有され（不正競争防止法2条1項7号参照）、秘密として管理されている（不正競争防止法2条6項参照）ことを確認する必要がある。なお、米国・EU等の外国でも、一般に、技術情報の営業秘密保護のためには、かかる保有性・秘密管理性と同様の要件が必要とされている（米国連邦営業秘密保護法1839条3号、米国統一営業秘密法1条4項、営業秘密の保護に関するEU指令2条等）。

　また、②Q&A等により相手方企業等による第三者への（独占的）使用許諾等のライセンス・アウトの有無・態様等を検討し、対象技術情報に係る相手方企業等の（独占的）ライセンス・アウト権原を確認する必要がある。この点、技術上の営業秘密の保有者は、独占的使用許諾をした場合、さらなる第三者へのライセンス・アウトは、その独占性に違反することになるので、実務上実質的にはライセンス・アウト権原を保有しないものと見做されるべきである。

　さらに、③対象技術情報が化体した報告書・仕様書・図面・現物・設備・工程・システム・人財・取引関係等、先行技術情報等の検討・分析により、対象技術情報が有用性及び非公知性（不正競争防止法2条6項）を有することを確認する必要がある。なお、米国・EU等の外国でも、一般に、技術情報の営業秘密保護のためには、有用性及び非公知性と同様の要件が必要とされている（米国連邦営業秘密保護法1839条3号、米国統一営業秘密法1条4項、営業秘密の保護に関するEU指令2条等）。

　また、④対象技術情報が化体した報告書・仕様書・図面・現物・設備・工程・システム・人財・取引関係等、先行技術情報等の検討・分析により、対象技術情報の思想レベルでの保護範囲を確認する必要がある。

　さらに、⑤Q＆A等により相手方企業等における研究開発委託、共同研究開発、技術提携、ライセンス・イン等の有無・態様・経過を検討・分析し、基本発明等に係る第三者保有の特許権・営業秘密等との関係において、対象技術情報の取得・使用等による侵害可能性を確認する必要がある。

　また、⑥Q＆A等により第三者による相手方企業等への特許権・営業秘密等侵害警告・訴訟の有無・経過等を検討・分析し、第三者保有の特許権・営業秘密等との関係において、対象技術情報の取得・使用等による侵害可能性を確認する必要がある。

　さらに、⑦Q＆A等により相手方企業等による第三者への担保化の有無・態様等を検討し、対象技術情報に係る担保権の実行による権利喪失可能性を確認する必要がある。

オ．ライセンス契約への調査結果の反映

（ア）対象知的財産（権）の特定

　以上のように調査を実施した上で、ライセンス契約において、対象知的財産（権）が確実かつ実効的に必要な限度でライセンスされるよう、技術情報とその化体対象とその権利とを峻別した上で、定義条項等として、対象知的財産（権）を、具体的かつ明確に特定することが必要である。

　この点、例えば、特許（出願）等に係る特許を受ける権利・特許権等のライセンスは、実際上、関連する技術情報・その権利のライセンスをも伴うことにより、より実効性を有することになる場合が少なくない。また、プログラムに係る翻案権のライセンスは、実際上、オブジェクトコードの提供とその翻案権のライセンスのみでは、実効性がなく、ソースコードやドキュメントの提供が必要になる。さらに、技術上の営業秘密のライセンスは、実際上、対象技術情報・その権利の提供のみでは、実効性がなく、対象技術情報が化体した報告書・仕様書・図面・現物・設備・工程・システム・人財・取引関係等の提供が必要になる場合が多い。なお、関連意匠があるとき、本意匠・関連意匠の意匠権は、分離して専用実施権を設定できない（意匠法27条1項但書）ため、共に専用実施権設定の対象とする必要がある。

　他方、他企業等が保有する知的財産（権）を必要以上にライセンス・イン

することは、特に技術上の営業秘密のコンタミネーション、改良発明その他の改良技術のライセンス・バック等により、自企業における発明その他の技術情報の保護・活用や事業遂行の自由度が制限されるおそれがあるため、ライセンス・インは、上記「知的財産の利用に関する独占禁止法上の指針」により「一括ライセンス」を制限する等しつつ、必要な限度に留める必要がある。

(イ) ライセンス条項

また、上記調査の実施により判明した、対象知的財産（権）の存続期間・権利範囲等の如何を考慮しつつ、定義条項・ライセンス条項として、ライセンシーの範囲（特に子会社等）、ライセンスの期間、地域、分野、製品等、行為態様（特に下請け・輸出）、種類（（仮）専用実施権・（完全）独占的（仮）通常実施権・非独占的（仮）通常実施権等）、サブライセンス権等について、具体的かつ明確に規定する必要がある。

この点、ライセンシーの範囲に自企業の子会社等を含める場合、ライセンサー・自企業間のライセンス契約が「第三者のためにする契約」（民法537条1項）として機能し、子会社等は、受益の意思表示をしたとき、ライセンサーに対し、直接、ライセンスを主張できるようになるものと考えられる（同条3項）。

また、ライセンスの期間は、上記「知的財産の利用に関する独占禁止法上の指針」により「権利消滅後の制限」を制限する等しつつ、対象知的財産（権）の存続期間に留める必要があるところ、特に技術上の営業秘密の場合は、存続期間が永久になり得るため、ライセンスの期間も、特にコンタミネーション、改良技術のライセンス対象化等により、永久になり得ること、に留意する必要がある。

さらに、ライセンスの製品等は、その売上がライセンス料の算定のベースとされることが多く、今後の改良や将来の革新をも考慮しつつ、対象知的財産（権）の権利範囲内で、狭過ぎず、かつ広過ぎないように、規定する必要がある。特に、対象知的財産（権）が技術上の営業秘密の場合には、今後の改良や将来の革新により、ライセンスの製品等の範囲内かどうかが不明確になり易いため、ライセンスの製品等を例えば構成要素で客観的に

定義する等の工夫も考えられる。

　また、ライセンスの行為態様として下請けを具体的かつ明確に規定しないと、特に対象が技術上の営業秘密の場合は、下請けの許否自体に疑義が生じるおそれがあること、また、ライセンスの行為態様が下請けを含む場合、ライセンシーは、下請企業をして、自己のライセンスの範囲内において、専ら自己の事業のために、対象知的財産を実施等させる必要があること（最判平9・10・28裁判所時報1206号4頁〔鋳造金型事件〕）、に留意する必要がある。

　さらに、ライセンスの行為態様として輸出を具体的かつ明確に規定しないと、特に対象が特許（出願）・実用新案登録（出願）又は意匠登録（出願）の場合、平成18年改正により実施行為に輸出が追加されている（特許法2条3項、実用新案法2条3項、意匠法2条3項）ため、特許権・実用新案権又は意匠権により輸出が禁止されるおそれが高いこと、に留意する必要がある。

　また、ライセンスの種類が（完全）独占的通常実施権等の場合は、専用実施権（特許法100条、実用新案法27条、意匠法37条）とは異なり、第三者の侵害に対し、固有の損害賠償請求は格別（大阪高判昭55・1・30無体裁集12巻1号33頁により是認された大阪地判昭54・2・28無体裁集11巻1号92頁〔人工植毛用植毛器事件〕）、固有の差止請求はできない可能性が高い（大阪高判昭61・6・20無体裁集18巻2号210頁により是認された大阪地判昭59・12・20無体裁集16巻3号803頁〔ヘアーブラシ意匠事件〕）ので、可及的な権利（（完全）独占性）の確保・保全のために、第三者の侵害に係るライセンサーの警告・提訴義務条項、同義務不履行の場合のライセンシーによる第三者の侵害の排除へのライセンサーの協力義務条項、ライセンス料の調整条項等を規定することが望ましい。また、ライセンス後に、特許を受ける権利・特許権等が譲渡され、又は特許を受ける権利・特許権等の権利者が破産等した場合、例えば、（仮）専用実施権（特許法34条の2第2項・34条の4第1項・77条2項・98条1項2号、実用新案法18条2項・3項、意匠法27条2項・4項）及び（仮）通常実施権（特許法34条の5・99条、実用新案法4条の2第3項・19条3項、意匠法5条の2第3項・28条3項）自体は、譲受人による特許を受ける権利・特許権等の行使に対しても対抗力を有するものとされ、又は破

産管財人等によるライセンス契約解除に対しても対抗力を有するものと一般に解されているものの、(仮) 通常実施権の (完全) 独占性は、(仮) 通常実施権の範囲外の特約として、かかる対抗力を有しないものと解される可能性が相応にあるので、(完全) 独占的 (仮) 通常実施権等の場合は、可及的な権利 ((完全) 独占性) の確保・保全のために、ライセンサーによる特許を受ける権利・特許権等の譲渡禁止条項、ライセンシーの先買権条項等を規定することが望ましい。さらに、非独占的 (仮) 通常実施権等の場合は格別、(仮) 専用実施権・(完全) 独占的 (仮) 通常実施権等の場合は、特許を受ける権利・特許権等の維持がライセンスの実体 (排他性・(完全) 独占性) の根源であるので、ライセンサーによる特許を受ける権利・特許権等の維持義務 (出願手続遂行義務・年金支払義務・無効審判手続遂行義務・秘密管理措置義務・秘密保持義務等) を規定することが望ましい。

(ウ) ライセンス料

そして、上記定義条項・ライセンス条項等の規定内容に加えて、上記調査の実施により判明した、対象知的財産 (権) の帰属、(独占的) ライセンス・アウト権原、権利性、実施の侵害可能性、権利喪失可能性等の如何を考慮して、対象知的財産 (権) の価値を、技術的価値を前提に、自企業と他企業等とにとって異なり得る経済的価値として、評価し、その範囲内でライセンス料を交渉のうえ決定・規定し、必要に応じてライセンス料の返還条項・調整条項を規定する必要がある。

この点、東京地判平成17年1月26日平成16年 (ワ) 13922号最高裁ＨＰ [移動体通信装置事件] は、ライセンス契約において、「拒絶査定が確定した場合」には実施料を返還し、出願に係る発明の特許請求の範囲が減縮されて登録され、かつ被告から移転されたノウハウを使用しても有効に実施できない場合には、減縮に応じた実施料を返還する旨が合意されているときには、同契約全体の趣旨によれば、「拒絶査定が確定した場合」とは、出願が特許として成立しなかった場合を意味し、公開後に特許出願が取り下げられた場合を含むものと解すべきであるとして、実施料の返還を認容した。

(エ) 表明・保証条項、瑕疵修補条項、契約解除条項、補償条項等

それとともに、可及的な権利の確保・保全のために、①対象が特許 (出

願）等に係るものの場合、特に、対象特許（出願）等に係る発明等の技術上の実施可能性、対象特許出願等に係る特許を受ける権利等の帰属、対象特許（出願）等に係る（独占的）ライセンス・アウト権原の保有、冒認等の私益的理由による対象特許出願等の拒絶理由・対象特許権等の無効理由の不存在、対象特許（出願）等に係る発明等の実施による第三者保有の特許権等の非侵害、対象特許（出願）等に係る特許権等に係る担保権の不存在、等について、②対象がプログラム・データベース・応用美術等に係るものの場合、特に、その著作権（各支分権）の帰属、その（独占的）ライセンス・アウト権原の保有、その利用による第三者保有の著作権等の非侵害、その著作権に係る担保権の不存在、等について、また、③対象が技術上の営業秘密に係るものの場合、特に、対象技術情報の技術上の使用可能性、対象技術情報の保有性・秘密管理性、対象技術情報に係る（独占的）ライセンス・アウト権原の保有、対象技術情報の取得・使用等による第三者保有の特許権・営業秘密等の非侵害、対象技術情報に係る担保権の不存在、等について、可及的に、表明・保証条項を規定するとともに、表明・保証条項違反の場合における瑕疵修補条項・契約解除条項・補償条項等を規定する必要がある。

カ. ライセンス・インの際の権利の確保・保全のための他の留意事項

　その他、ライセンス・インの場合には、ライセンス契約において、対象知的財産の実施等が確保・保全されるよう、同実施等と抵触し得る譲渡不能な権利について、併せて権利処理する必要がある。例えば、プログラム・データベース・応用美術等の翻案権等のライセンス契約においては、著作者への一身専属性（著作権法59条）を有する著作者人格権、特に翻案権等と抵触し得る同一性保持権（著作権法20条）について、相手方企業等に帰属することを確認した上で、相手方企業等と第三者効を含む不行使ないし請求権放棄を合意する必要がある。

　また、上記場合に、特許（出願）等に係る特許を受ける権利・特許権等の（仮）専用実施権の設定は、設定登録（特許法34条の4第1項・98条1項2号、実用新案法18条3項、意匠法27条4項）が、効力発生要件とされているとともに、同設定登録のための単独申請書には（仮）専用実施権設定契約証書兼単独申請承諾

書の添付が必要であるため、ライセンス契約において、ライセンサーによる
ライセンシーへの(仮)専用実施権設定契約証書兼単独申請承諾書の作成・交
付まで規定する必要がある。なお、ライセンス後に、特許を受ける権利・特
許権等が譲渡され、又は特許を受ける権利・特許権等の権利者が破産等した
場合、例えば、(仮)専用実施権(特許法34条の2第2項・34条の4第1項・77条
2項・98条1項2号、実用新案法18条2項・3項、意匠法27条2項・4項)及び(仮)
通常実施権(特許法34条の5・99条、実用新案法4条の2第3項・19条3項、意匠
法5条の2第3項・28条3項)は、当然に、譲受人による特許を受ける権利・特
許権等の行使に対しても対抗力を有するものとされ、又は破産管財人等によ
るライセンス契約解除に対しても対抗力を有するものと一般に解されている
ものの、プログラム・データベース・応用美術等に係るライセンスは、かかる
当然対抗制度がないことは勿論、登録対抗制度もなく、譲受人が(背信的)悪意
の場合等に、対抗力を有するかどうかも、必ずしも明らかではない。

　さらに、上記場合に、ライセンシーによる対象知的財産の実施等の義務の
有無・内容は、ライセンス契約に明文規定がないとき、日本法上必ずしも明ら
かではなく(ライセンス料が出来高払いの場合・ライセンスが(完全)独占的な場
合又は総合考慮により肯定するかどうか)、また、各外国法毎に異なり得るため、
ライセンス契約において具体的かつ明確に規定する必要がある。

　また、上記場合には、あくまでも他企業等保有の対象知的財産を契約によ
り実施等できるに留まるものであるため、上記「知的財産の利用に関する独
占禁止法上の指針」により、ライセンス契約における、対象知的財産に関する
「研究開発活動の制限」、同研究開発の成果に係る「改良技術の譲渡義務・
独占的ライセンス義務」、同研究開発の成果に係る「非係争義務」等を制限し
つつ、自企業において将来的に対象知的財産を改良し、改良技術・その権利
を保有・保護及び活用することについて可及的に自由度を確保することが望
ましい。

　なお、上記場合には、あくまでも他企業等保有の対象知的財産を契約により
実施等できるに留まるものであるため、対象知的財産は、自企業保有の発明
その他の技術情報と分離管理し、自企業保有の発明その他の技術情報との
コンタミネーションの防止措置を実施し、証拠化する必要がある。

キ．役割分担

　かかる活動には、その性質上、企業の知的財産部門や法務部門が主体的な役割を果たすべき場合が多い。また、企業による国内・外国の特許出願等の代理・仲介業務や各種の調査等を通じた技術・産業財産権法に係る専門的・国際的な知識・経験に基づいた特許事務所・外部弁理士の参画や、独占禁止法・契約法・知的財産（契約）関連紛争等の知識・経験に基づいた法律事務所・外部弁護士の参画が、いずれも有用である場合が多い。

（5）他企業等からのビッグデータの取得・利活用の場合

　他方、企業、特に製造業において、市場ニーズの的確な把握、研究開発テーマに係る研究開発の的確な方向付け等のために、又は、他企業等提供のビッグデータを使用するシステム及び関連サービスの研究開発のために、他企業等からビッグデータ（産業データ・パーソナルデータ・官民データ等）を取得・利活用する場合、オプション契約・フィージビリティスタディ契約等の下で、ビッグデータの目的適合性の有無に加えて、ビッグデータの平成30年改正不正競争防止法による保護対象性（電磁的相当量蓄積性・電磁的管理性・業としての限定的な外部提供性及びオープンデータとの非同一性）の有無を確認する必要がある。

　そして、例えば経済産業省「AI・データの利用に関する契約ガイドライン―データ編―」（平成30年6月）を参照しつつ、提供契約において、ビッグデータの内容・提供方法等を具体的かつ明確に特定する必要がある。

　また、第三者提供に本人同意が原則必要な個人情報を含めて、提供者の（独占的）保有・提供の正当権原の有無を確認のうえ、同権原に係る表明・保証条項を規定するとともに、表明・保証条項違反の場合における瑕疵修補条項・契約解除条項・補償条項等を規定する必要がある。

　さらに、ビッグデータの提供形態（譲渡又は（独占的）利用許諾）、特に譲渡の場合には以前の提供者の第三者不提供の表明・保証等に加えて以後の提供者の第三者提供・利用禁止義務等について、また、特に（独占的）利用許諾の場合には（以前の提供者の第三者不提供の表明・保証等に加えて）利用主体・利

用期間・利用地域・利用目的・利用分野・利用製品等・利用態様・サブライセンス権・取扱条件（・以後の提供者の第三者提供等禁止義務）等について、具体的かつ明確に規定する必要がある。

さらに、提供形態（譲渡又は利用許諾）に応じて、元データ・その権利の帰属先を確認・合意する方が望ましい。また、特に利用許諾の場合に派生データ・その権利の帰属先・利用権限を合意する必要がある。さらに、これらのビッグデータの利活用によって生じた研究開発の成果・その権利の自企業帰属を確認・合意する必要がある。

また、ビッグデータの正確性・完全性・目的適合性・安全性、ビッグデータの取得・使用等による第三者保有の知的財産（権）の非侵害、等について、可及的に、表明・保証条項を規定するとともに、表明・保証条項違反の場合における瑕疵修補条項・契約解除条項・補償条項等を規定する必要がある。

そして、以上のような取得者にとっての契約の主要な条項の如何を考慮して、ビックデータの価値をフィージビリティスタディ等を通じて評価し、交渉のうえ対価（固定料金・従量課金・売上の配分等）を決定・規定し、必要に応じて対価の返還条項・調整条項を規定する必要がある。

なお、ビッグデータの提供形態が利用許諾の場合には、あくまでも他企業等保有のビッグデータを契約により利用できるに留まるものであるため、対象ビッグデータは、自企業保有の発明その他の技術情報と分離管理し、自企業保有の発明その他の技術情報とのコンタミネーションの防止措置を実施し、証拠化する必要がある。

かかる活動には、その性質上、企業の研究開発部門のみならず、知的財産部門や法務部門も主体的な役割を果たすべき場合が多い。また、個人情報保護法・契約法・知的財産（契約）関連紛争等の知識・経験に基づいた法律事務所・外部弁護士の参画が、有用である場合が多い。

（6）他企業等への研究開発等の業務委託の場合

ア．一般

さらに、他企業等への研究開発等の業務委託の場合、一般に、委託企業に

おいては、業務委託契約により、受託企業等の委託業務遂行上の必要に応じて自企業が提供する技術情報について、受託企業等及びその担当者に対し、秘密保持義務や他目的流用禁止義務を負担・順守（同担当者の順守の表明・保証条項や実効性のある監査条項等も含めて）させつつ、委託業務の題目・目的・対象・範囲・内容等について、場合により段階的に、具体的かつ明確に規定する必要がある。そして、かかる秘密保持・他目的流用禁止や委託業務への専念を担保するために、必要に応じて、受託企業等に対し、受託業務の再委託を禁止すること、他企業等からの同様の業務受託や他企業等との同様の共同研究開発等を禁止すること等を検討する必要がある。また、かかる自企業提供の技術情報や委託業務の題目・課題・目的・対象・範囲・内容等と関連付けつつ、委託業務に係る研究開発等の成果（失敗例・不採用例も含み得る）を具体的かつ明確に定義する必要がある。

　その上で、委託企業においては、かかる委託業務に係る研究開発等の成果について、受託企業等との間において使用者等と従業者等の関係性ひいては委託企業における同成果に係る権利の原始取得等が認められないことを前提に、先ず、受託企業等及びその担当者に対し、業務委託契約により、秘密保持義務や、例えば自企業の製品意匠・専用プログラム又は専用データベースの創作委託の場合や自企業の製品の開発委託の場合等、必要に応じて、他目的流用禁止義務を負担・順守（同担当者の順守の表明・保証条項や実効性のある監査条項等も含めて）させる必要がある。

　そして、受託企業等に対し、業務委託契約により、同成果の報告・引渡し等の義務、さらには、例えば自企業の製品意匠・専用プログラム又は専用データベースの創作委託の場合や自企業の製品の開発委託の場合等、必要に応じて、上記「役務の委託取引における優越的地位の濫用に関する独占禁止法上の指針」に鑑み、受託企業等の納得の下で、同成果に係る権利の（持分の）譲渡条項を具体的かつ明確に規定する必要がある。かかる譲渡条項については、上記「(3) 他企業等からの発明その他の技術情報・その権利のM&Aの場合」のうちM&Aのスキームが他企業等からの発明その他の技術情報・その権利の譲渡のときと同様の考慮が必要となり得る。

　そして、特に同成果に係る権利（の持分）を受託企業等が保有する場合に

は、業務委託契約において、上記「役務の委託取引における優越的地位の濫用に関する独占禁止法上の指針」に鑑み、受託企業等の納得の下で、同成果に係る（外国）特許等出願条項・利用条項及び利用許諾条項等を具体的かつ明確に規定する必要がある。また、同成果の利用に必要な既存の発明その他の技術情報・その権利を受託企業等が保有する場合には、業務委託契約において、その利用許諾条項も具体的かつ明確に規定する必要がある。これらの利用許諾条項については、上記「(4)他企業等からの発明その他の技術情報・その権利のライセンス・インの場合」と同様の考慮が必要となり得る。

　なお、国際知的財産税務上、特に外国企業へのソフトウェアの開発・制作委託における「委託の対価」が、国内での法人税・源泉所得税・消費税の課税関係において、実質的に、役務提供の対価ではなく、委託の成果に係る知的財産権の譲渡・実施許諾の対価として、源泉徴収の対象とされ得ることに留意する必要がある。

　さらに、同成果に係る受託企業等における改良技術・その権利の取扱い、例えば通知条項、優先利用許諾条項等の要否について、ライセンス・インを必要な限度に留める必要があることや、独占禁止法との関係も含めて、検討する必要がある。

イ．業務委託の相手方が大学・公的研究開発機関の場合

　さらに、業務委託の相手方が大学・公的研究開発機関の場合には、先ず各大学・公的研究開発機関において作成・公表している知的財産ポリシー・（職務）発明規程・受託研究契約書雛形等を検討する必要がある。この点、受託研究契約書雛形一般としては、文部科学省通知（14文科高第26号）に係る私立大学の受託研究契約書（例）、文部科学省通知（13振環産第59号）に係る国立大学等の受託研究契約書（様式参考例）、及び、産総研の受託研究規程（制定：平成13年4月1日13規程第21号、最終改正：平成30年3月27日29規程第40号）が参考になる。

　そして、上記場合、一般に、大学・公的研究開発機関においては、他企業との間でも同様の研究開発等に係る業務受託や共同研究開発等を行うことが想定され得る一方、その制限は利益相反状態でない限り性質上受け入れら

れない場合が多いので、業務委託契約により、かかる他企業との関係において、自企業提供の技術情報に係る秘密保持・他目的流用禁止を徹底する一方、特に自企業による委託業務に係る研究開発等の成果の利用（予定）分野において、同成果に係る秘密保持・他目的流用禁止を徹底するとともに、同成果の優先的ないし独占的利用を確保する必要がある。

　また、上記場合、一般に、大学・公的研究開発機関においては、委託業務に係る研究開発等の成果を原則公表等するものとされているところ、自企業提供の技術情報は勿論、少なくとも同成果に係る特許等出願前は、少なくとも自企業による同成果の利用（予定）分野における（予定）利用態様に係る技術情報を、また、同出願後も、少なくとも同技術情報のうち同出願の公開による公知化部分を超える技術情報を、業務委託契約において、秘密保持・他目的流用禁止の対象としつつ、公表等されないようにする必要がある。

　さらに、上記場合には、一般に、①委託業務に係る研究開発等の成果に係る知的財産権は共有とされることが多いとともに、②自企業による同成果の（優先的ないし独占的）利用に大学・公的研究開発機関への支払い（不実施・不実施許諾・不権利移転等の補償等）を要するとされることが多く、また、③自企業が同成果を不利用の場合に大学・公的研究開発機関が第三者に対し同成果を利用許諾できるとされることが多いことに留意する必要がある。

　なお、上記②に関連して、大阪地判平成16年3月25日平成12年（ワ）5238号最高裁HP［生体内分解吸収性外科用材料事件］においては、「乙［原告］は、本発明を実施しないものとする。甲［被告］が本発明を実施するときは、甲［被告］は乙［原告］に、別途協議して定める対価を支払うものとする。」旨の契約条項について、同契約条項は、法律上は共有特許権者として他の共有者の同意を要せず自ら本発明を実施できる（特許法73条2項）原告が、自ら実施しないことを約することによって、被告のみに本発明を実施する権利を専有させるものであるから、同契約条項所定の「対価」とは、他の共有者である被告との競業という条件下で、仮に自ら本発明を実施すれば得られたであろう利益を得られなくなることに対する代償であり、それ故、対価額の具体的算定に当たっては、本発明の実施につき第三者に実施許諾する際の実施料を基礎としつつ、純然たる第三者ではなく、共有者としての地位を有する被告におい

て、本発明を実施する権原を本来的に有していること、実施品の製造販売に伴う種々のリスクを被告のみが負担し、原告が一切負担せず、対価を享受し得ること等、本件における種々の要素を勘案して相当な割合を定め、これを本発明の実施品である被告製品の被告における総売上額に乗じて算定するのが相当である旨が判示されている。

　また、特に業務委託の相手方が大学の場合で、委託業務に係る研究開発等の成果として著作物、特にプログラム・データベース以外の著作物が想定されるときには、一般に大学の（職務）発明規程等において教職員等との間における権利の帰属・承継等が規律されていない場合が多いことに留意する必要がある。

　さらに、上記場合、委託業務に係る研究開発等に大学と雇用関係のない学生、特に留学生等が「研究協力者」として関与することの当否を検討する必要があるとともに、関与するときには、同学生等の秘密保持義務・他目的流用禁止義務の負担・順守（同学生等の順守の表明・保証条項等も含めて）や同学生等による委託業務に係る研究開発等の成果に係る権利の帰属・承継等が、大学との業務委託契約において規定されていることのみならず、大学の規程・同学生等の誓約書等によっても担保されていることをも確認する必要がある。

ウ．役割分担

　かかる活動には、その性質上、企業の研究開発部門のみならず、知的財産部門や法務部門も主体的な役割を果たすべき場合が多い。また、企業における発明等の創作・発掘の段階・現場への日常的な関与による技術的・産業財産権法的な知識・経験に基づいた特許事務所・外部弁理士の参画や、会社法・労働法・独占禁止法・契約法・知的財産（契約）関連紛争等の知識・経験に基づいた法律事務所・外部弁護士の参画が、いずれも有用である場合が多い。

（7）他企業等との共同研究開発の場合

ア．一般

　また、国プロへの他企業等との参加も含めて、他企業等との共同研究開発の場合、一般に、自企業においては、共同研究開発契約により、相手方の分担業務遂行上の必要に応じて自企業が提供する技術情報について、相手方及びその担当者に対し、秘密保持義務や他目的流用禁止義務を負担・順守（同担当者の順守の表明・保証条項等も含めて）させつつ、共同研究開発に係る業務の題目・目的・対象・範囲・内容・分担等について、場合により段階的に、具体的かつ明確に規定する必要がある。特に、一般に、共同研究開発の成果の実施において、各当事者の技術・製品・システム及び関連サービスの市場が重なり合い易い、水平型共同研究開発の場合には、かかる秘密保持・他目的流用禁止を徹底するとともに、共同研究開発に係る業務の題目・目的・対象・範囲・内容等をより明確化・限定化する必要がある。また、特に、研究開発行為自体は相手方が業務分担する、資金等提供型共同研究開発の場合には、かかる分担業務への専念を担保するために、必要に応じて、相手方に対し、分担業務の再委託を禁止すること、他企業等からの同様の業務受託や他企業等との同様の共同研究開発を禁止すること等を検討する必要がある。そして、かかる自企業提供の技術情報や共同研究開発に係る業務の題目・目的・対象・範囲・内容・分担（特に、研究開発行為自体は相手方が業務分担する、資金等提供型共同研究開発の場合には、相手方への資金等の提供や相手方の研究開発の結果の評価）等と関連付けつつ、共同研究開発の成果（失敗例・不採用例も含み得る）を具体的かつ明確に定義する必要がある。

　その上で、自企業においては、かかる相手方の分担業務に係る研究開発の成果について、相手方との間において使用者等と従業者等の関係性ひいては自企業における同成果に係る権利の原始取得等が認められないことを前提に、先ず、相手方及びその担当者に対し、共同研究開発契約により、秘密保持義務を負担・順守（同担当者の順守の表明・保証条項等も含めて）させる必要がある。

　そして、共同研究開発契約により、共同研究開発の成果の報告・確認条項、

さらには、同成果に係る権利の帰属条項を具体的かつ明確に規定する必要がある。この点、一般に、「共同の成果」に係る権利は共有帰属、「単独の成果」に係る権利は単独帰属とされることが多く、また、特に垂直型共同研究開発の場合には同成果が属する技術・製品・事業分野により帰属先・態様を分けることも少なくないところ、特に、自企業にて、相手方の研究開発の遂行に必要な技術情報や資金等を提供したり、相手方の研究開発の結果を評価したりするものの、研究開発行為自体は相手方が業務分担するような資金等提供型共同研究開発の場合、自企業にて「共同の成果」に係る権利の共有帰属を確保するためには、共同研究開発契約において、「共同の成果」について、これらの貢献が含まれるように具体的かつ明確に定義する必要がある。また、特に、一般に、同成果の実施において、各当事者の技術・製品・システム及び関連サービスの市場が重なり合い易い、水平型共同研究開発の場合には、各当事者の事業分野・地域を明確に限定・住み分けるべく、同成果に係る権利の共有帰属の場合をより明確化・限定化する必要がある。

そして、特に共同研究開発の成果に係る権利が当事者に共有帰属する場合には、共同研究開発契約において、同成果に係る(外国)特許等出願条項・利用条項及び利用許諾条項等を可及的に具体的かつ明確に規定する必要がある。

この点、(国内)特許等出願条項においては、上記場合に国内特許等出願は共同で行わなければならない(特許法38条・実用新案法11条・意匠法15条)こと等を前提に、秘匿化・ブラックボックス化又は公知化の可能性をも含めて、行うか否かの決定方法や、行う場合における手続き担当・費用負担等を規定する必要がある。特に、外国特許等出願条項は、規定しないと(国内)特許等出願条項が準用される可能性がある一方、異なる各競業者の国際的な事業動向も踏まえた異なる各当事者の国際的な知的財産戦略・事業戦略との整合性が必要となるとともに、費用も高額になるため、別途協議・決定と規定することも多い一方、自企業が希望するが、相手方が希望しない場合における持分譲渡・協力条項を規定することも考えられる。

また、利用条項においては、一般に、上記場合に、特許法・実用新案法及び意匠法上、各共有者による共有特許権・実用新案権及び意匠権の自己実施(下

請け製造委託を含む) は自由である (特許法73条2項・実用新案法26条・意匠法36条) 一方、著作権法上、共有者による共有著作権の行使は原則として全員の合意によらなければならないこと (著作権法65条2項・3項)、さらには、外国法上、かかる規定内容が異なり得る (例えば、米国著作権法上、各共有者による共有著作権の自己利用は自由である (H.R. Rep.No. 94-1476, 94th Cong., 2d Sess. 121 (1976))) こと、に留意する必要がある。その上で、特に、垂直型共同研究開発の場合には、一般に、川上企業は、原材料・素材若しくは部品を相手方である川下企業に独占的に販売し、及び／又は、他の多くの川下企業にも自由に販売したい一方、川下企業は、原材料・素材若しくは部品を相手方である川上企業から独占的に購入し、及び／又は、他の多くの川上企業からも自由に購入したいところ、かかる利害対立は垂直型共同研究開発の成果が原材料・素材若しくは部品に係る用途発明の場合に特に先鋭化する点について、留意すべきである。他方、水平型共同研究開発の場合には、一般に、共同研究開発の成果の利用において、各当事者の技術・製品・システム及び関連サービスの市場が重なり合い易い点について、留意すべきである。さらに、独占禁止法との関係について、公正取引委員会「共同研究開発に関する独占禁止法上の指針」(平成5年4月20日、改定：平成29年6月16日) においては、① 「成果に基づく製品の販売先を制限すること」は、「成果であるノウハウの秘密性を保持するために必要な場合に、合理的な期間に限って、成果に基づく製品の販売先について、他の参加者又はその指定する事業者に制限する」場合を除き、② 「成果に基づく製品の原材料又は部品の購入先を制限すること」は、「成果であるノウハウの秘密性を保持するために必要な場合又は成果に基づく製品の品質を確保することが必要な場合に、合理的な期間に限って、成果に基づく製品の原材料又は部品の購入先について、他の参加者又はその指定する事業者に制限する」場合を除き、また、③ 「成果に基づく製品の品質又は規格を制限すること」は、「成果に基づく製品について他の参加者から供給を受ける場合に、成果である技術の効用を確保するために必要な範囲で、その供給を受ける製品について一定以上の品質又は規格を維持する義務を課す」場合を除き、「不公正な取引方法に該当するおそれがある事項」とされていることをも併せて留意する必要がある。

　さらに、利用許諾条項においては、一般に、上記場合に、特許法・実用新案法・意匠法及び著作権法上、共有者の一方による共有特許権・実用新案権・意匠権・著作権等のライセンスは他方の同意を要する（特許法33条4項・73条3項、実用新案法11条2項・26条、意匠法15条2項・36条、著作権法65条2項）一方、外国法上、かかる規定内容が異なり得る（例えば、米国の特許権が共有のとき、一方は、他方の同意なく、非独占的ライセンスを許諾できるものとされており（Schering Co. v. Roussel-UCLAF SA v. Zeneca Inc., 104 F. 3d 341 (Fed. Cir. 1997)、米国の著作権が共有のとき、一方は、利益分配を条件に（Oddo v. Ries, 743 F.2d 630 (9th Cir. 1984))、他方の同意なく、非独占的ライセンスを許諾できるものとされている（H.R. Rep.No. 94-1476, 94th Cong., 2d Sess. 121 (1976))）こと、に留意する必要がある。その上で、特に、垂直型共同研究開発の場合で、成果が完成品に係るとき、一般に、川上企業は、原材料・素材若しくは部品を他の多くの川下企業にも完成品に係る成果を実施許諾したうえ自由に販売したい一方、川下企業は、他の多くの川下企業には完成品に係る成果を実施許諾したくない点について、他方、成果が原材料・素材若しくは部品に係るとき、一般に、川上企業は、原材料・素材若しくは部品を相手方に独占的に販売したい一方、川下企業は、原材料・素材若しくは部品を他の多くの川上企業からも原材料・素材若しくは部品に係る成果を実施許諾したうえ自由に購入したい点について、留意すべきである。

　また、共同研究開発の成果の利用に必要な既存の発明その他の技術情報・その権利を相手方が保有する場合には、共同研究開発契約において、その利用許諾条項も具体的かつ明確に規定する必要がある。

　これらの利用許諾条項については、上記「(4) 他企業等からの発明その他の技術情報・その権利のライセンス・インの場合」と同様の考慮が必要となり得る。

　さらに、共同研究開発の成果に係る相手方における改良技術・その権利の取扱い、例えば通知条項、優先利用許諾条項等の要否について、ライセンス・インを必要な限度に留める必要があることや、独占禁止法との関係も含めて、検討する必要がある。

イ．共同研究開発の相手方が大学・公的研究開発機関の場合

　さらに、共同研究開発の相手方が大学・公的研究開発機関の場合には、先ず各大学・公的研究開発機関において作成・公表している知的財産ポリシー・（職務）発明規程・共同研究開発契約書雛形等を検討する必要がある。この点、共同研究開発契約書雛形一般としては、文部科学省通知（平成14年3月29日私学部長通知13振環産第59号）に係る国立大学等の共同研究契約書（様式参考例）、及び、産総研の共同研究規程（制定：平成13年4月1日13規程第22号、最終改正：平成30年3月27日29規程第41号）が参考になる。

　ただし、イノベーション促進産学官対話会議事務局「産学官連携による共同研究強化のためのガイドライン」（平成28年11月30日）においては、「企業と大学・国立研究開発法人との関係性は個々の連携ごとに異なるため、共同研究に際して行われる個々の契約については、雛形類に拘泥されるべきものではなく、雛形類を議論の出発点として、当事者間の創意工夫を活かした協議により効果的な連携を柔軟に実現できるものにする」ものとされており、文部科学省科学技術・学術政策局産業連携・地域支援課大学技術移転推進室より、「共同研究等成果を大学等又は民間企業の単独帰属とする選択肢も含めて、共同研究契約書のモデルを複数種類提示するとともに、複数種類の中から特定のモデルを選択する際の考え方も併せて提示」すべく、下記**図16**に示す「さくらツール」が提供されていることにも留意すべきである

　そして、上記場合、一般に、大学・公的研究開発機関においては、他企業との間でも同様の研究開発等に係る業務受託や共同研究開発を行うことが想定され得る一方、その制限は利益相反状態でない限り性質上受け入れられない場合が多いので、共同研究開発契約により、かかる他企業との関係において、自企業提供の技術情報に係る秘密保持・他目的流用禁止を徹底する一方、特に自企業による共同研究開発の成果の利用（予定）分野において、同成果に係る秘密保持・他目的流用禁止を徹底するとともに、同成果の優先的ないし独占的利用を確保する必要がある。

図16　文部科学省による「さくらツール」 の策定・ 提供【「http://www.mext.go.jp/a_menu/shinkou/sangaku/1383777.htm」より引用】

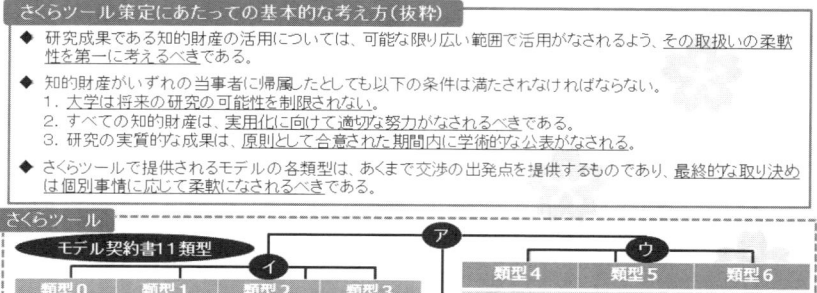

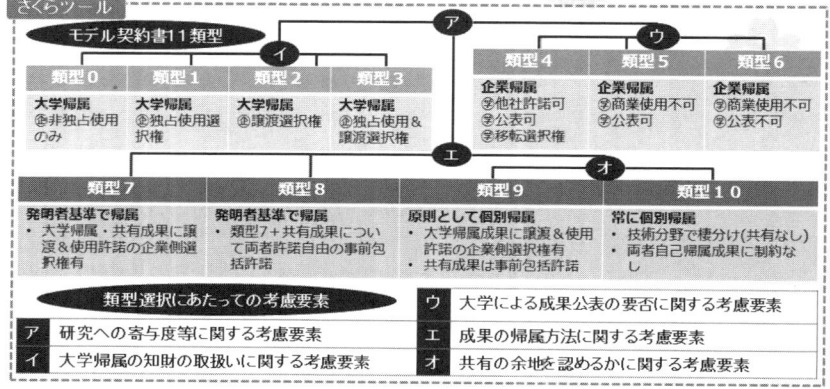

　また、上記場合、一般に、大学・公的研究開発機関においては、共同研究開発の成果を原則公表等するものとされているところ、自企業提供の技術情報は勿論、少なくとも同成果に係る特許等出願前は、少なくとも自企業による同成果の利用（予定）分野における（予定）利用態様に係る技術情報を、また、同出願後も、少なくとも同技術情報のうち同出願の公開による公知化部分を超える技術情報を、共同研究開発契約において、秘密保持・他目的流用禁止の対象としつつ、公表等されないようにする必要がある。

　さらに、上記場合には、一般に、①共同研究開発の成果に係る知的財産権は共有とされることが多いとともに、②自企業による同成果の（優先的ないし独占的）利用に大学・公的研究開発機関への支払い（不実施・不実施許諾・不権利移転等の補償等）を要するとされることが多く、また、③自企業が同成果を不利用の場合に大学・公的研究開発機関が第三者に対し同成果を利用許諾できるとされることが多いことに留意する必要がある。

　なお、上記②に関連して、大阪地判平成16年3月25日平成12年(ワ)5238号最高裁HP[生体内分解吸収性外科用材料事件]においては、「乙[原告]は、本発明を実施しないものとする。甲[被告]が本発明を実施するときは、甲[被告]は乙[原告]に、別途協議して定める対価を支払うものとする。」旨の契約条項について、同契約条項は、法律上は共有特許権者として他の共有者の同意を要せず自ら本発明を実施できる(特許法73条2項)原告が、自ら実施しないことを約することによって、被告のみに本発明を実施する権利を専有させるものであるから、同契約条項所定の「対価」とは、他の共有者である被告との競業という条件下で、仮に自ら本発明を実施すれば得られたであろう利益を得られなくなることに対する代償であり、それ故、対価額の具体的算定に当たっては、本発明の実施につき第三者に実施許諾する際の実施料を基礎としつつ、純然たる第三者ではなく、共有者としての地位を有する被告において、本発明を実施する権原を本来的に有していること、実施品の製造販売に伴う種々のリスクを被告のみが負担し、原告が一切負担せず、対価を享受し得ること等、本件における種々の要素を勘案して相当な割合を定め、これを本発明の実施品である被告製品の被告における総売上額に乗じて算定するのが相当である旨が判示されている。

　また、特に共同研究開発の相手方が大学の場合で、共同研究開発の成果として著作物、特にプログラム・データベース以外の著作物が想定されるときには、一般に大学の(職務)発明規程等において教職員等との間における権利の帰属・承継等が規律されていない場合が多いことに留意する必要がある。

　さらに、上記場合、特許等出願条項においては、別途協議、費用全額企業負担等とされることが多いことに留意する必要がある。

　また、上記場合、共同研究開発に大学と雇用関係のない学生、特に留学生等が「研究協力者」として関与することの当否を検討する必要があるとともに、関与するときには、同学生等の秘密保持義務・他目的流用禁止義務の負担・順守(同学生等の順守の表明・保証条項等も含めて)や同学生等による共同研究開発の成果に係る権利の帰属・承継等が、大学との共同研究開発契約において規定されていることのみならず、大学の規程・同学生等の誓約書等によっても担保されていることをも確認する必要がある。

ウ．役割分担

　かかる活動には、その性質上、企業の研究開発部門のみならず、知的財産部門や法務部門も主体的な役割を果たすべき場合が多い。また、企業における発明等の創作・発掘の段階・現場への日常的な関与による技術的・産業財産権法的な知識・経験に基づいた特許事務所・外部弁理士の参画や、会社法・労働法・独占禁止法・契約法・知的財産（契約）関連紛争等の知識・経験に基づいた法律事務所・外部弁護士の参画が、いずれも有用である場合が多い。

（8）他企業からの発明その他の技術情報が化体した部品・素材の調達の場合

　さらに、企業の調達部門においては、他企業から発明その他の技術情報が化体した部品・素材を調達する場合、当該情報・その権利に係る（ハイブリッド）ライセンス契約ではなく、当該部品・素材の売買契約としつつ、同契約において、相手方企業保有の特許権等に係る消尽や黙示の授権を当該部品・素材を組み込んだ自企業の製品の顧客まで含めて確認ないし合意するとともに、第三者保有の特許権等の非侵害について可及的に表明・保証条項や同条項違反の場合における瑕疵修補条項・契約解除条項・補償条項等を規定する必要がある。

　また、独占禁止法（不公正な取引方法の一般指定第12項所定の拘束条件付取引）により同契約における当該部品・素材のリバースエンジニアリングの禁止条項等を制限しつつ、自企業において将来的に当該部品・素材をリバースエンジニアリングのうえ改良し、改良技術・その権利を保有・保護及び活用することについて可及的に自由度を確保することが望ましい。

（9）ベンチャー企業への投資の場合

　最後に、企業においては、ベンチャー・キャピタルへの参加、コーポレート・ベンチャー・キャピタルの設立その他による、ベンチャー企業への投資の場合、相手方ベンチャー企業により創造される発明その他の技術情報につい

て、その権利自体を直接的に確保・保全するものではない。寧ろ、次世代の先端技術・そのテーマ・方向性等の把握や人脈の構築等により、同権利の確保・保全の機会自体を確保・保全するものであり、同機会に、必要に応じて、同権利の確保・保全のために、さらに、M＆A、ライセンス・イン等を行う必要がある。

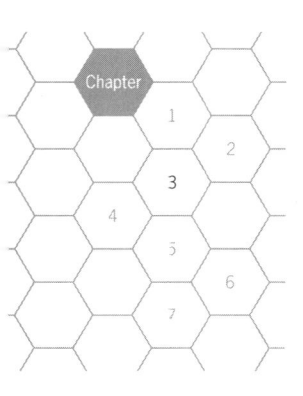

第3章
企業における発明その他の技術情報の保護戦略・戦術

1. 企業における発明その他の技術情報の保護戦略の検討・決定及び見直し

（1）はじめに

　企業において、創造又は取得された発明その他の技術情報について保護戦略を検討・決定するに当たっては、取得時に既に基本的に評価済みのＭ＆Ａ技術やライセンス・イン技術等は格別、創造された技術情報、研究開発委託の成果、共同研究開発の成果等については、技術的価値・性質及び経済的価値を的確に評価した上で、関係各国の営業秘密・先使用権・特許権等の保護法制・実務運用の相違も含めて、各保護戦略のメリット・デメリットを十分に考慮しつつ、関連する製品・システム及び関連サービスに係る自企業の事業戦略と整合するように、秘匿化・ブラックボックス化、特許化その他の産業財産権化及び公知化等の各保護戦略の適否（単なる特許化その他の産業財産権化の適否ではなく）を検討・決定する必要がある（なお、他企業等からライセンス・イン等により契約上の秘密保持義務・他目的流用禁止義務等の下で取得された他企業等保有の技術情報は、自企業保有の技術情報とは区別して秘匿化・第三者提供禁止化・他目的流用禁止化等して、同義務を順守しつつ、自企業保有の技術情報とのコンタミネーションを防止し、証拠化する必要がある）。

（2）技術的価値・性質の評価

　すなわち、先ず、企業の知的財産部門においては、創造された技術情報、研

究開発委託の成果、共同研究開発の成果等について、その保護戦略の検討・決定に当たり、研究開発部門等とともに、自・他企業等の先行技術の調査結果に基づき、①新規性・非公知性の有無（なお、特許法上の特許要件としての新規性等と不正競争防止法上の営業秘密性の要件としての非公知性が異なり、前者を充たさず特許化等できなくても後者を充たし営業秘密化し得ることに留意する必要がある）、②有用性・進歩性の有無（なお、特許法上の特許要件としての進歩性等と不正競争防止法上の営業秘密性の要件としての有用性が異なり、前者を充たさず特許化等できなくても後者を充たし営業秘密化し得ることに留意する必要がある）・程度、③技術的な完成度、④基本技術か・改良技術か、⑤コア技術か・キーテクノロジーか・周辺技術か、⑥技術的な成熟度、⑦先行技術との競合性の有無・程度、⑧先行技術への技術優位性の有無・程度、⑨先行技術での代替困難性、⑩他企業等の独自開発困難性、⑪技術的範囲の広さ、⑫他企業等の回避困難性、⑬利用態様の探知・解析困難性、⑭耐模倣性、⑮耐陳腐化性（寿命）、等を的確に評価する必要がある。

(3) 経済的価値の評価

　次に、企業の知的財産部門においては、創造された技術情報、研究開発委託の成果、共同研究開発の成果等について、その保護戦略の検討・決定に当たり、経営企画部門・事業部門等とともに、上記技術的価値・性質評価に加えて、さらに、①自企業の事業実施中の先行技術との競合性の有無・程度、同先行技術への技術優位性の有無・程度、同先行技術での代替困難性、②自企業の事業化予定の製品・システム・その製造工程及び関連サービスが（重要部分において）カバーされ得るか否か、かかるカバーされ得る自企業の事業化予定の製品・システム及び関連サービスの事業化実現性・市場性、③競合企業の事業実施中の先行技術との競合性の有無・程度、同先行技術への技術優位性の有無・程度、同先行技術での代替困難性、④競合企業の事業化予想の製品・システム・その製造工程及び関連サービスが（重要部分において）カバーされ得るか否か、かかるカバーされ得る競合企業の事業化予想の製品・システム及び関連サービスの事業化実現性・市場性、競合企業等の独自

開発困難性・回避困難性、等を的確に評価する必要がある。

（4）秘匿化・ブラックボックス化、特許化その他の産業財産権化及び公知化等のメリット・デメリットの考慮

　そして、上記各評価の上で、企業の知的財産部門においては、創造された技術情報、研究開発委託の成果、共同研究開発の成果等について、その保護戦略の検討・決定に当たり、経営企画部門・事業部門等とともに、下記図1に示す秘匿化・ブラックボックス化、特許化その他の産業財産権化及び公知化

図1　秘匿化・ブラックボックス化、特許化その他の産業財産権化及び公知化の各保護戦略のメリット・デメリット

	秘匿化・ブラックボックス化	特許化その他の産業財産権化	公知化
メリット	○ 営業秘密性に特許性等不要（安定性） ○ 模倣機会の減少 ○ ライセンス・アウトの実ニーズの増大 ○ 長寿命可能性 ○ 契約での全世界的な営業秘密保護の可能性 ○ 維持費用低額	○ 産業財産権の世界各国の保護法制・実務運用の相違小 ○ 絶対的排他権 ○ 権利範囲の明確性・公示性 ○ 技術の商品化、クロスライセンス、担保化の法的容易性（但し、代表特許の精選取得の必要性） ○ 出願公開等による他企業等の産業財産権化の防止、特に公開技報等と比較して防止効の強さ	○ 他企業等の産業財産権化の防止、特に出願公開等と比較して公開技報等による早期かつ簡易な防止の可能性 ○ 技術のオープン化さらには標準化の可能性
デメリット	● 営業秘密・先使用権の世界各国の保護法制・実務運用の相違大 ● 営業秘密侵害の法律上の相対的行為規制 ● 上記規制範囲の不明確性・営業秘密の漏洩のリスク ● 技術の商品化、クロスライセンス、担保化の法的困難性 ● 先使用権の属地性その他の限界	● 特許性等必要（不安定性） ● 出願公開等での模倣機会の増加 ● ライセンス・アウトの実ニーズの低減 ● 有期限 ● 各国毎出願必要・非出願国実施自由化 ● 維持費用高額 ● 公開技報等と比較して出願公開等による他企業等の産業財産権化の防止の非早期性・煩雑性	● 秘匿化・ブラックボックス化及び特許化その他の産業財産権化のメリットの早期かつ確定的な放棄 ● 自企業の後行特許出願等の先行技術化 ● 出願公開等と比較して公開技報等による他企業等の産業財産権化の防止効の弱さ

の各保護戦略のメリット・デメリットを十分に考慮する必要がある。

　特に、絶対的排他権としての特許権その他の産業財産権の性質上、企業において、競合企業の実施（予想）製品・事業をカバーし得る特許権その他の産業財産権を継続的に取得・保有し続けることは、それ自体として、競合企業が取得・保有し得る特許権その他の産業財産権に対して、これにカバーされ得る自企業の実施（予定）製品・事業に係る市場機会を継続的に保障する有力な方策となること（逆に言うと、企業において、競合企業の実施（予想）製品・事業をカバーし得る特許権その他の産業財産権を継続的に取得・保有し続けないと、競合企業が取得・保有し得る特許権その他の産業財産権のエンフォースメントにより、これにカバーされ得る自企業の実施（予定）製品・事業に係る市場機会を早晩喪失するおそれがあること）に留意する必要がある。

　また、その際には、自企業・競合企業のグローバルな事業展開の動向も踏まえて、関係各国の営業秘密・先使用権・特許権等の保護法制・実務運用の相違、特に相違が大きい営業秘密・先使用権の保護法制・実務運用について、OECD Trade Policy Papers, No. 167、日本国際知的財産保護協会「平成22年度特許庁委託産業財産権制度各国比較調査研究等事業　先使用権制度に関する調査研究報告書」（平成23年3月）、財団法人知的財産研究所「平成27年度産業財産権制度問題調査研究　中小企業等における先使用権制度の円滑な活用に関する調査研究報告書」（平成28年3月）等により、その概要を、考慮する必要がある。

　この点、例えば、中国では、営業秘密の保護を拡充する改正不正競争防止法が2018年1月1日に施行されたものの、依然として営業秘密の保護の実務運用は脆弱であるとともに、先使用権の保護法制も、日本と異なり、輸入行為について先使用権が認められていないこと（中国専利法69条）、後の実施規模の拡大が困難であること（最高人民法院の専利権侵害紛争事件の審理における法律適用の若干の問題に関する解釈15条）等の点で、秘匿化・ブラックボックス化にリスクが伴い易い。また、米国では、従前、先発明主義の下、ビジネス関連発明以外には先使用権制度は存在せず、近年、the Leahy-Smith America Invents Act（AIA）により、先願主義への移行に伴い、先使用権制度が一般化された（35 U.S.C. § 273）ものの、日本と異なり、先使用発明の実施の事業

の準備では足りず、現実の実施が必要とされるとともに、同実施日は出願日等より1年以上前であることが必要とされることや、その適用時期との関係もあり、かかる先使用権の実効性は未だ明らかではない。

　さらに、国際知的財産税務上、例えば、中国では、ハイテク企業認定管理弁法（ハイテク企業優遇税制）により、日本企業の現地関連企業が特許取得等の厳しい条件によりハイテク企業認定されれば短期間ではあるが企業所得税に軽減税率が適用されることを、当該日本企業として当該中国関連企業との関係で日本で移転価格税制やタックス・ヘイブン対策税制が適用され得るリスクをも考慮しつつ、検討する必要がある。

(5) 自企業の事業戦略との整合

　さらに、上記各考慮の上で、創造された技術情報、研究開発委託の成果、共同研究開発の成果等について、企業の知的財産部門においては、経営企画部門・事業部門等とともに、関連する製品・システム及び関連サービスに係る、現在（及び将来）の自企業・競合企業の市場（予定・予想）国、生産（予定・予想）国等に関する、事業戦略としての自企業のグローバルな生産・販売戦略と整合するように、関係各国の営業秘密・先使用権・特許権等の保護法制・実務運用との関係において、秘匿化・ブラックボックス化、特許化その他の産業財産権化及び公知化等の各保護戦略の適否を検討・決定する必要がある。ここで、一般に、グローバル市場の消費者向け製品の場合、少数の大消費国でのみ特許化その他の産業財産権化すれば足りることが多いのに対し、グローバル市場の業者向け製品の場合、生産国に加えて多数の業者の所在国での特許化その他の産業財産権化を要することが多いことにも、留意する必要がある。

　また、上記各考慮の上で、創造された技術情報、研究開発委託の成果、共同研究開発の成果等について、企業、特に先進国の製造業の知的財産部門においては、経営企画部門・事業部門等とともに、事業戦略・複合的な知的財産（権）活用戦略としての自企業のアウトバウンド型オープン・イノベーション戦略やオープン＆クローズ戦略等と整合するように、個別管理、データベース

での関連付け、特許ランドスケープ分析・特許ポートフォリオ分析・特許マップ等での可視化、将来ビジョン策定による知的財産(権)ポートフォリオ構築・群管理等によりつつ、研究開発(基礎研究、応用研究、技術・製品開発、生産技術)別、技術別、事業部門別、製品・システム及び関連サービス別に、複合的な知的財産保護戦略として、秘匿化・ブラックボックス化、特許化その他の産業財産権化及び公知化等の各保護戦略の適否を検討・決定する必要がある。

(6) 特に近年の企業の動向との整合

特に、上記のような複合的な知的財産保護戦略においては、従来のキャッチアップ型の特許化中心戦略から、フロントランナー型・マーケットリーディング型として、特許化、秘匿化・ブラックボックス化又は公知化等の使分け・組合せ戦略や知的財産(権)ミックス戦略へシフトし、これにより、技術のグローバルな伝播・着床や製品・システムのモジュラー化・コモディティ化を可及的に遅延させ、自企業の事業戦略・複合的な知的財産(権)活用戦略としてのアウトバウンド型オープン・イノベーション戦略やオープン&クローズ戦略等の採用・遂行の自由度を可及的に確保する必要性が増大している。

この点、例えば、近年、日本企業においては、下記図2に示されるような公開特許公報を介した技術流出への懸念が強まっており、下記図3に示されるように特許要件を満たす発明の秘匿化を重視する傾向が強まっている。

また、発明その他の技術情報の保護戦略中の特許化戦略においても、従来のキャッチアップ型の国内(・欧米)偏重戦略・数量偏重戦略及び網羅化戦略から、フロントランナー型・マーケットリーディング型として、国外(欧米・新興国)重視戦略・質重視戦略及び選択・集中戦略へ、シフトする必要性が増大していることにも留意する必要がある。

図2　公開特許公報を介した技術流出【財団法人知的財産研究所「出願公開制度に関する調査研究報告書」(平成27年3月)131頁及び136頁より引用】

【Q-A9】　公開特許公報を通じて、その公報の対象となった新たな発明が他者の事業において実施された、あるいはその技術開発の参考にされたと考えられる経験はありますか。(複数回答可)

他者の事業における実施の有無		件数	割合
a	他者の事業で実施されたと考えられる経験がある。	146	29.6%
b	他者の事業で実施されたと考えられる経験はない。	71	14.4%
c	他者の事業で実施されたか否か分からない。	265	53.8%
無回答		12	2.4%
回答者数		493	100.0%
技術情報伝播の有無件数割合		件数	割合
a	他者の技術開発に利用されたと考えられる経験がある。	164	33.3%
b	他者の技術開発に利用されたと考えられる経験はない。	54	11.0%
c	他者の技術開発に利用されたか否か分からない。	267	54.2%
無回答		9	1.8%
回答者数		493	

図3　特許要件を満たす発明の秘匿化【産構審知財分科会営業秘密保護・活用小委員会「中間とりまとめ」(平成27年2月)8頁より引用】

平成26年度経産省委託調査「営業秘密保護のあり方に関するアンケート」
(従業員301名以上の企業540社への調査)

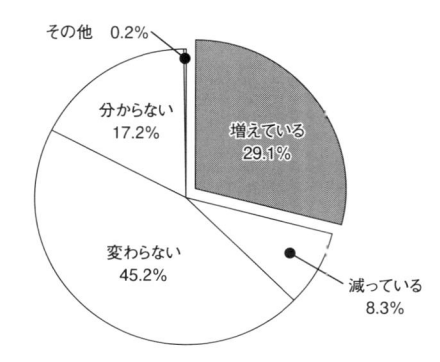

（7）発明その他の技術情報の保護戦略例

　以上により、発明その他の技術情報の保護戦略として、例えば、各技術毎の各国市場毎の複合的評価により、基本部分が特に日本市場では技術的・経済的価値が必ずしも高くない一方、改良部分が日本以外の市場国ではオーバースペックの場合には、基本部分を公知化・オープン化して関連製品・システム等をグローバルに事業化・市場化しつつ、改良部分を日本市場向けに秘匿化・ブラックボックス化又は特許化その他の産業財産権化するように、使い分け、組み合わせることが考えられる。

　また、例えば、自企業・競合企業のグローバルな事業化・市場化が好調・有望な量産・市販品用の基本・重要技術で、先行技術との関係で、競合性が高い一方、技術優位性も高く、代替困難であるとともに、競合企業の回避も困難である一方、競合企業の独自開発が予想され、競合企業の被疑侵害態様の探知・解析が困難ではない場合には、グローバルに特許化その他の産業財産権化することが考えられる。

　さらに、例えば、コア技術群で、技術的・経済的価値の高いものについて、製法、特注・高額品用技術等を秘匿化・ブラックボックス化しつつ、量産・市販品用技術等を特許化その他の産業財産権化するように、使い分け、組み合わせることが考えられる。

　また、例えば、製法群で、技術的・経済的価値の高いものについて、製品から判明し易い部分を特許化その他の産業財産権化しつつ、製品から判明し難い部分を秘匿化・ブラックボックス化するように、使い分け、組み合わせることが考えらえる。また、競合企業の製造国が、日本ではなく、製法特許の侵害立証が、ディスカバリーにより可能性がある米国の場合や、情報漏洩等の侵害態様により可能性がある中国等の場合に、当該製造国を含めてグローバルに特許化その他の産業財産権化することが考えられる。

　さらに、例えば、ネットワーク外部性が強い通信等の技術分野においては、技術・製品及びシステムの基本仕様やインターフェース・プロトコル等を公知化やFRAND宣言付特許化して製品・システム等をグローバルに標準化・オープン化しつつ、技術・製品及びシステムの詳細仕様や関連サービス等を

差別化・付加価値要素とすべく秘匿化・ブラックボックス化又は特許化その他の産業財産権化するように、使い分け、組み合わせることが考えられる。

　また、例えば、公開特許公報等による公知化が、公開技報等による公知化と比較して、検索容易性・特許文献性等により、他企業等の産業財産権化の防止効が強い反面、技術流出が懸念されることに鑑みると、他企業等の産業財産権化に対する特許庁での積極的な引用例化を企図する場合には公開特許公報等による公知化によるべきであるものの、それ以外の場合には、寧ろ、可及的に技術流出を防止すべく、念のため先使用権を確保しつつ、公開技報等による公知化に留めることも考えられる。この点、下記図4に示されるように、出願当初から審査請求をしない予定の出願をする場合のうち多くが、「公開のみを目的としているため」とされるところ、かかる観点をも踏まえたものであることが必要である。

図4　審査請求しない予定の出願の理由【財団法人知的財産研究所「出願公開制度に関する調査研究報告書」（平成27年3月）146頁より引用】

【Q-B2】　『出願当初から審査請求をしない予定の出願をする場合はありますか。ある場合は、その理由もお教えください。（複数回答可）』の設問のうち、審査請求をしない予定の出願をする回答者272社（55.2％）の理由

	審査請求をしない予定の出願をすることがある理由	件数	割合
a	公開のみを目的としているため。	237	87.1%
b	公開前取下げで公開はせずに、先使用又は営業秘密の立証資料として用いるため。	17	6.3%
c	優先権主張の基礎とするため。	86	31.6%
d	その他	18	6.6%
無回答		0	0.0%
回答者数			272

(8) 知的財産（権）ミックス戦略

　そして、先進国の企業、特に製造業においては、製品・システムのコモディティ化・ライフサイクルの短期化やモノからコトへの市場ニーズの変移の下で、技術・製品及びシステムの研究開発において、下記図5に示されるように、ソフトウェア・ユーザーインターフェース・形態・デザイン・商品パッケー

ジ・関連サービス・ブランド等を含めて差別化・付加価値要素を研究開発した上で、その成果の保護・活用戦略として、営業秘密・実用新案権・著作権・意匠権・商標権等を含む知的財産（権）ミックス戦略を採用・遂行することも重要となっている。

図5　スマートフォンの知的財産（権）ミックス保護戦略例

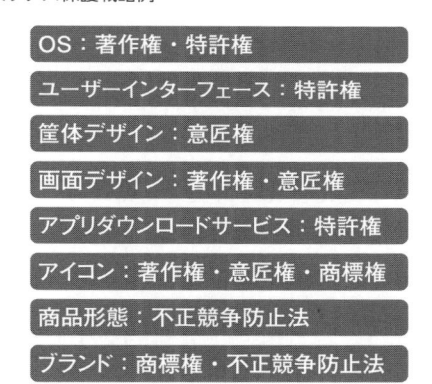

OS：著作権・特許権

ユーザーインターフェース：特許権

筐体デザイン：意匠権

画面デザイン：著作権・意匠権

アプリダウンロードサービス：特許権

アイコン：著作権・意匠権・商標権

商品形態：不正競争防止法

ブランド：商標権・不正競争防止法

　この点、例えば、市場ニーズに相応するコトづくりの上で、その構成要素となるモノやソリューション・サービスについて、それぞれ、当該コトの文脈に沿って、関連する各種の知的財産（権）による保護を行うことが考えられる。
　また、模倣・巧妙化対策として不正競争防止法・実用新案権・著作権・意匠権・立体商標権等を活用できるよう、新興国・発展途上国等に係る特許庁・JETROの模倣対策マニュアル等を参照し、また、経済産業省の政府模倣品・海賊版対策総合窓口等を活用しつつ、形態・デザイン・商品パッケージ等について、創作内容・創作主体・創作年月日等を証拠化したり、実用新案登録出願・意匠登録出願及び／又は立体商標登録出願を行うことも考えられる。特に外国では、応用美術の著作権保護、デザイン一般の意匠登録、商品形態の立体商標登録が、日本よりも容易な場合がある。また、英国法系の著作権法では、直接利用のみならず、直接利用に係る市場の管理等も、オーソライゼーション法理の下で、本来的な直接侵害になり得るとともに、模倣品が真正品に係る図面の著作権の侵害になり得る。

　さらに、特定の独自技術等について、下記**図6**に示されるように、商品名称（TYPEI）・企業名称（TYPE II）・技術名称（TYPE III）等として、見える化・ブランド化して市場に浸透させ、同ブランドを、同技術等を採用した個別の製品・システム等の宣伝広告に、同技術等に係る特許権等の消滅後も、横断的に活用できるよう、同技術等の名称に由来するブランドについて商標登録出願を行うことも考えられる。

図6　技術ブランドの代表例と類型【上條由紀子ほか「テクノロジーブランディング（技術のブランド化）の法的保護に関する研究」平成21年度TEPIA知的財産学術研究助成成果報告書（財団法人機械産業記念事業財団、平成23年3月）12頁より引用】

登録商標	登録番号※	権利者	類型
キシリトール／XYLITOL	1692144-2号	（株）ロッテ	TYPE I
NANOX／ナノックス	5301512号	ライオン（株）	TYPE I
ドルビー	2460608号	ドルビーラボラトリーズライセンシングコーポレーション	TYPE II、TYPE III -A
インテル	4733468号	インテルコーポレーション	TYPE II
GOA	1859005号	トヨタ自動車（株）	TYPE III -A
ハイドロテクト	4153268号	TOTO（株）	TYPE III -A
ROOT CYCLONE	4584111号	ダイソン・リミテッド	TYPE III -A
プラズマクラスター	4582023号	シャープ（株）	TYPE III -A
ナノイー	736436号	パナソニック電工（株）	TYPE III -A
SHEQAS	080708号	積水ハウス（株）	TYPE III -A
Audio Engine	4921253号	ヤマハ（株）	TYPE III -A
Bluetooth	4477936号	Bluetooth SIG Inc	TYPE II、TYPE III -A
AIR	4290812号	ナイキインターナショナルリミテッド	TYPE III -A
テフロン	046505号	イーアイデュポンドゥヌムール&カンパニー	TYPE III -A、III -B、III -C
ヒートテック	4537765号	（株）ファーストリテイリング	TYPE III -B
GORE-TEX	1156075号	ジャパンゴアテックス（株）	TYPE III -B
リヨセル	4143662号	レンツィンクアクチェンゲゼルシャフト	TYPE III -B
ネオプレン	612673号	デュポンパフォーマンスエラストマーズLLC	TYPE III -C

※複数の登録商標があるものについては、代表的なものを1つ記載した。

(9) 保護戦略の見直し

　そして、企業においては、一旦検討・決定した発明その他の技術情報の保護戦略について、事業環境等の変化に応じて、活用戦略とともに、適時に適切に見直すことが必要である。

　この点、例えば、一般に、自企業保有の技術・知的財産について、製品ライフサイクルとの関係において、①導入期には、事業戦略・活用戦略として、アウトバウンド型オープン・イノベーション等により、当該製品市場の形成・拡大を企図すべく、同期に向けた保護戦略として、積極的な公知化・周知化や特許化その他の産業財産権化での公開を企図することが考えらえる。また、②成長期には、事業戦略・活用戦略として、アウトバウンド型オープン・イノベーション＆クローズ、特に相手方へのフルターンキー・ソリューションの提供や拘束条件付ハイブリッド・ライセンス・アウト等により、拡大する当該製品市場への浸透を企図すべく、同期に向けた保護戦略として、積極的な公知化・周知化、特許化その他の産業財産権化（での公開）又は秘匿化・ブラックボックス化の使分け・組合せ等を企図することが考えられる。さらに、③成熟期には、事業戦略・活用戦略として、オープン＆クローズ、特に、差別化特許・標準規格周辺特許等のエンフォースメントによる侵害差止めや高額ライセンス・アウト、知的財産（権）ミックスのエンフォースメントによる侵害差止め、等により、拡大した当該製品市場でのシェアの維持を企図すべく、同期に向けた保護戦略として、公知化、特許化その他の産業財産権化又は秘匿化・ブラックボックス化の使分け・組合せや知的財産（権）ミックスを企図することが考えられる。また、④衰退期には、事業戦略・活用戦略として、オープン＆クローズ、特に知的財産（権）ミックスでの差別化や更なる高機能化・高品質化でのニッチトップ化を企図するか、当該製品市場からの撤退と技術・知的財産（権）の収益化を企図すべく、同期に向けた保護戦略として、改良特許を含む知的財産（権）ミックスを企図するか、他の製品分野への展開・応用を企図することが考えられる。

　また、例えば、先行技術との関係で、競合性が高い一方、技術優位性も高く、代替困難である基本技術について、他の課題により差し当たり自企業・競合

企業の製品化・事業化の実現性が低かったため、そのメリットに鑑み一旦秘匿化したものの、その後の他の課題の解決により同実現性が顕在化したため、その段階で、同技術の製品カバー性、同製品の市場化の有望性、競合企業の回避の困難性、競合企業の被疑侵害態様の探知・解析の非困難性等に鑑み、特許化その他の産業財産権化に転換することが考えられる。この場合、秘匿化に当たり、予め明細書化・クレーム化を済ませておけば、同転換を機動的に実施することができる。

　さらに、例えば、当初、特許化その他の産業財産権化を企図して出願したものの、①出願公開前に、審査請求の要否・当否を（再）検討した結果、不要・不当と判断された場合や、②早期の審査請求や早期審査により、出願公開前に、進歩性欠如等の拒絶理由が通知され、拒絶かつ公開のリスクが生じた場合に、出願公開前に、出願を取り下げ、又は放棄し、秘匿化へ転換することが考えられる（なお、特許法上の特許要件としての新規性・進歩性等と不正競争防止法上の営業秘密性の要件としての非公知性・有用性が異なり、前者を充たさず特許化等できなくても後者を充たし営業秘密化し得ることに留意する必要がある）。

(10) 役割分担

　かかる技術情報の保護戦略の検討・決定及び見直し活動は、その性質上、企業の知的財産部門において、主体的に、研究開発部門・経営企画部門及び事業部門と連携・協働して、遂行する必要がある。かかる連携・協働のために、知的財産部門においては、担当者に、各国の営業秘密・先使用権・特許権等の保護法制・実務運用や、秘匿化・ブラックボックス化、特許化その他の産業財産権化及び公知化等の各保護戦略のメリット・デメリットについては勿論、発明その他の技術情報の技術的価値・性質及び経済的価値の評価方法や、自企業の事業戦略についても、教育・研修やOJTを行う必要がある。他方、研究開発部門・経営企画部門及び事業部門においても、各担当者に、発明その他の技術情報の技術的価値・性質及び経済的価値の評価方法や、自企業の事業戦略については勿論、各国の営業秘密・先使用権・特許権等の保護法制・実務運用や、秘匿化・ブラックボックス化、特許化その他の産業財産権

化及び公知化等の各保護戦略のメリット・デメリットについても、教育・研修やOJTを行う必要がある。また、各部門間で各担当者間の人材ローテーションを行うことも望ましい。

　また、企業による国内・外国の特許出願等の代理・仲介業務や各種の調査等を通じた技術・産業財産権法に係る専門的・国際的な知識・経験に基づいた特許事務所・外部弁理士の参画や、企業の知的財産契約のドラフト業務や知的財産（契約）関連紛争の代理業務等を通じた知的財産（契約）法一般・紛争処理法に係る専門的・国際的な知識・経験に基づいた法律事務所・外部弁護士の参画が、いずれも有用である場合が多い。

2. 企業における発明その他の技術情報の秘匿化・ブラックボックス化の遂行

（1）秘匿化・ブラックボックス化における秘密管理の意義

　企業において、創造又は取得された発明その他の技術情報の保護戦略として秘匿化・ブラックボックス化による場合、先ず、同情報の秘密管理の意義を的確に理解する必要がある。この点、同情報の秘密管理には、最低限の漏洩防止対策ないし営業秘密として不正競争防止法上保護を受けるために秘密管理性（不正競争防止法2条6項参照）の要件を充足するための対策としての意義と、さらにベストプラクティスとして推奨される、より高度な漏洩防止対策・漏洩時対策及び他企業等保有の知的財産とのコンタミネーション防止対策としての意義とがある。また、同情報の秘密管理には、自企業保有の技術情報の無用な漏洩を防止する点に加えて、他企業等保有の知的財産とのコンタミネーションを防止する点で研究開発戦略としてのインバウンド型オープン・イノベーションの前提としての意義や、ライセンス・アウトの実ニーズを増大させる点や各種の拘束条件付のハイブリッド・ライセンス・アウトを可能にする点で事業戦略としてのアウトバウンド型オープン・イノベーションやオープン＆クローズの前提としての意義もある。

（2）最低限の漏洩防止対策（不正競争防止法上の秘密管理性）

ア．はじめに

　上記秘密管理の各意義を踏まえつつ、企業においては、次に、自企業の包括的・総合的な情報管理体制・規程の下で、少なくとも、裁判例や営業秘密管理指針に照らして、最低限の漏洩防止対策ないし営業秘密として不正競争防止法上保護を受けるために秘密管理性の要件を充足するための対策を実施する必要がある。

イ．裁判例

　この点、かかる不正競争防止法上の秘密管理性（最低限の漏洩防止対策）について、裁判例においては、一般に、アクセス制限の存在及び客観的認識可能性の存在を必要としているが、裁判例で考慮されている具体的な管理方法をすべて実施していることまでを求めているのではなく、事業規模、業種、情報の性質、侵害態様等も踏まえ、秘密管理の合理性を総合的に判断する傾向にある。

ウ．営業秘密管理指針

　その上で、近年全部改訂され、法解釈へ特化した経済産業省「営業秘密管理指針」（全部改訂：平成27年1月28日）においては、「秘密管理性要件が満たされるためには、営業秘密保有企業の秘密管理意思が秘密管理措置によって従業員等（筆者注：「従業員や取引相手先」のこと）に対して明確に示され、当該秘密管理意思に対する従業員等の認識可能性が確保される必要がある。具体的に必要な秘密管理措置の内容・程度は、企業の規模、業態、従業員の職務、情報の性質その他の事情の如何によって異なるものであり、企業における営業秘密の管理単位……における従業員がそれを一般的に、かつ容易に認識できる程度のものである必要がある」、「秘密管理措置は、対象情報（営業秘密）の一般情報（営業秘密ではない情報）からの合理的区分と当該対象情報について営業秘密であることを明らかにする措置とで構成される」、「（営業秘密であることを明らかにする措置は、）主として、媒体の選択や当該媒体への

表示、当該媒体に接触する者の限定、ないし、営業秘密たる情報の種類・類型のリスト化等が想定される」とされている。

また、「企業内（支店、営業所等）、企業外（子会社、関連会社、取引先、業務委託先、フランチャイジー等）と営業秘密を共有する場合」、「社内の複数箇所で同じ情報を保有しているケース」では、「秘密管理性の有無は、法人全体で判断されるわけではなく、営業秘密たる情報を管理している独立単位（以下、「管理単位」という）ごとに判断される。当該管理単位内の従業員にとって、当該管理単位における秘密管理措置に対する認識可能性があればよい」一方、「複数の法人間で同一の情報を保有しているケース」では、「秘密管理性の有無は、法人（具体的には管理単位）ごとに判断され、別法人内部での情報の具体的な管理状況は、自社における秘密管理性には影響しないことが原則である」とされている。

エ．契約上の秘密保持義務・他目的流用禁止義務

なお、かかる裁判例及び営業秘密管理指針上、契約上の秘密保持義務・他目的流用禁止義務の要否は必ずしも明らかではないものの、少なくとも実務上、企業においては、従業者等に、採用時に、就業規則・情報管理規程・誓約書等により、一般的・抽象的に、秘密保持義務・他目的流用禁止義務を負担させることは勿論、異動時・出向時・プロジェクト参加時・昇進時等に、就業規則・情報管理規程に基づき誓約書等により、職務・成果等との関係でより個別的・具体的に、秘密保持義務・他目的流用禁止義務を確認ないし負担させ、さらに、退職時にも、就業規則・情報管理規程に基づき誓約書等により、同様に個別的・具体的に、退職後の秘密保持義務・他目的流用禁止義務を確認ないし負担させることが望ましい。

また、企業においては、研究開発段階では、インバウンド型オープン・イノベーションの契約の相手方及びその従業者等にも、また、事業化段階では、アウトバウンド型オープン・イノベーションの契約の相手方及びその従業者等にも、同各契約により、秘密保持義務・他目的流用禁止義務を負担させることが、より望ましい場合が多い。

（3）不正競争防止法上の営業秘密の保護

　そして、このように秘密管理性の要件を充足するとともに、非公知・有用な「営業秘密」（不正競争防止法2条6項参照）について、不正競争防止法は、民事上、下記**図7**に示されるように、不正な取得・使用・開示行為を類型ごとに列挙して「不正競争」と定義し、営業秘密の保有者が、「不正競争」行為者に対し、差止め、損害賠償、信用回復措置を請求できるようにしている。

図7　営業秘密侵害行為類型（民事）【経済産業省知的財産政策室「営業秘密の保護・活用について」（平成29年6月）7頁より引用】

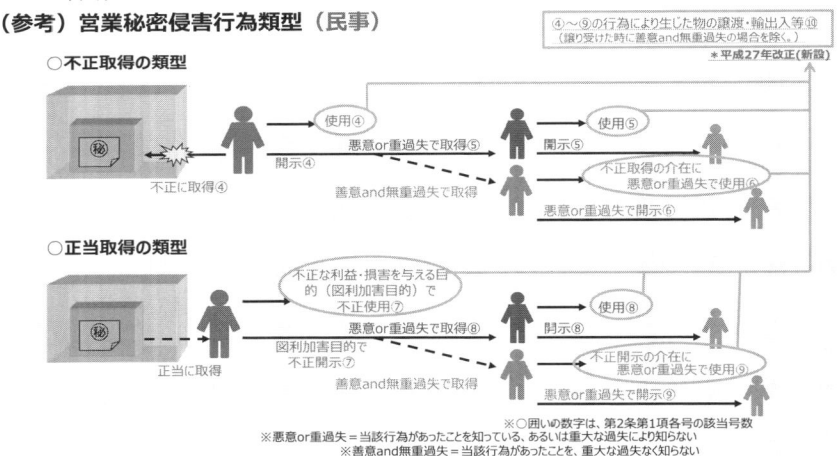

（参考）営業秘密侵害行為類型（民事）

　また、同「営業秘密」について、同法は、刑事上、下記**図8**及び**9**に示される、一定の行為（「営業秘密侵害罪」）に対し、懲役又は罰金（又はその両方）を科すこととしている。

図8 営業秘密侵害罪の類型 (刑事) ①【経済産業省知的財産政策室「営業秘密の保護・活用について」(平成29年6月) 8頁より引用】

（参考）営業秘密侵害罪の類型（刑事）（第21条第1項、第3項）①

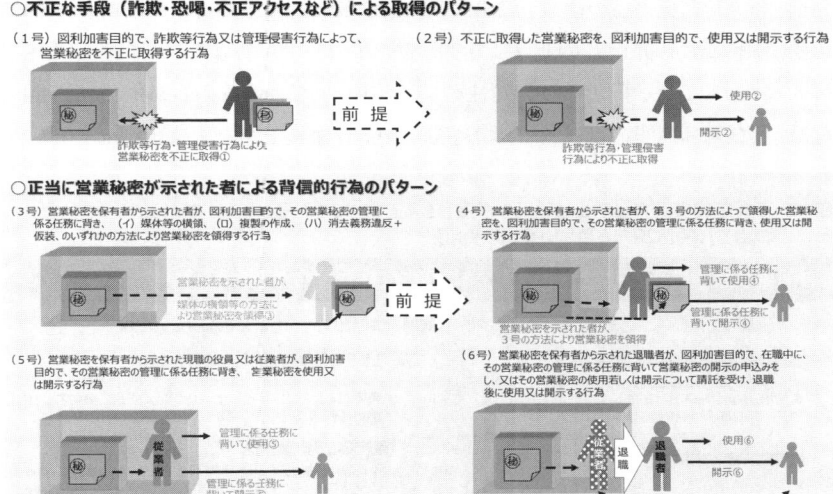

図9 営業秘密侵害罪の類型 (刑事) ②【経済産業省知的財産政策室「営業秘密の保護・活用について」(平成29年6月) 9頁より引用】

（参考）営業秘密侵害罪の類型（刑事）（第21条第1項、第3項）②

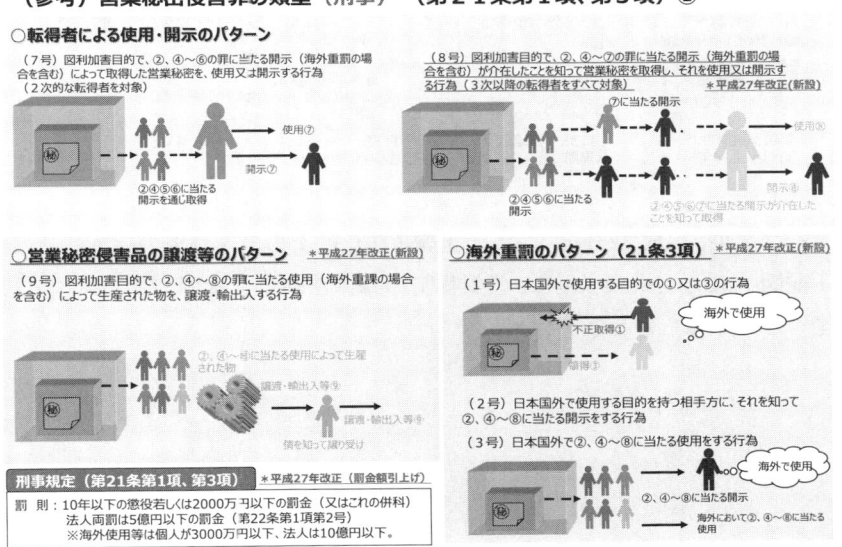

　特に、平成27年改正不正競争防止法は、下記**図10**に示されるように、刑事上・民事上の保護範囲の拡大（営業秘密の転得者処罰範囲の拡大、未遂行為の処罰、営業秘密侵害品の譲渡・輸出入等の規制及び国外犯処罰の範囲拡大）、罰則の強化等による抑止力の拡大（罰金刑の上限引き上げ等及び任意的没収規定の導入）、並びに、民事救済の実効性の向上（損害賠償請求等の容易化（立証負担の軽減）及び除斥期間の延長）、により営業秘密の保護を強化している。

図10　平成27年不正競争防止法改正の概要【経済産業省知的財産政策室「営業秘密の保護・活用について」（平成29年6月）10頁より引用】

3．不正競争防止法改正（平成27年7月3日成立）の概要

★：刑事
☆：民事

1　刑事上・民事上の保護範囲の拡大　（規制の隙間となっていた部分を規制対象とする）

営業秘密の転得者処罰範囲の拡大　★
最初の不正開示者から開示を受けた者（2次取得者）以降の者から不正開示を受けた者（3次取得者以降の者）の不正使用・不正開示行為を処罰対象に追加。

＜2次取得者＞＜3次取得者＞＜4次取得者＞＜5次取得者＞＜6次取得者＞
ex.新日鐵　　　　　　　　　　　　　　　　　　　　ex.ベネッセ
現行法：二次取得者まで　　→　改正法：三次取得者以降

未遂行為の処罰　★
ITの高度化により、営業秘密が一旦不正取得されるとインターネットを通じて瞬時に拡散する危険性が高まったことを踏まえて、営業秘密の不正取得や不正開示等の未遂を処罰。

営業秘密侵害品の譲渡・輸出入等の規制　★☆
特許権侵害品と同様に、他人の営業秘密の不正使用により生産した製品の譲渡・輸出入等を禁止。（民事上の損害賠償請求と差止請求の対象とするとともに、刑事罰の対象にも追加）

国外犯処罰の範囲拡大　★
不正取得行為を国外犯処罰の対象とすることにより、海外サーバー（クラウドなど）等に保管された営業秘密を海外において不正取得する行為を処罰対象とすることを明確化。

＜具体例＞	日本国内でのサイバー攻撃	海外でのサイバー攻撃
国内サーバー	○	○
海外サーバー	○	？→○

2　罰則の強化等による抑止力の向上

罰金刑の上限引上げ等　★
営業秘密侵害罪を犯した個人及び法人に対する罰金刑の上限を引上げ（海外における不正使用など一定の場合には重罰化）。また、営業秘密侵害罪を非親告罪化。

任意的没収規定の導入　★
営業秘密侵害罪により生じた犯罪収益を、裁判所の判断により没収することができる規定を導入。

3　民事救済の実効性の向上

損害賠償請求等の容易化（立証負担の軽減）　☆
一定の場合に、生産技術等の不正使用の事実について民事訴訟上の立証責任を転換。侵害者（被告）が違法に取得した技術を使っていないと［立証］。
※注　民訴法上は原告が立証することが原則。

除斥期間の延長　☆
営業秘密の不正使用に対する差止請求の期間制限（除斥期間）を延長（10年→20年）。

【経過】閣議決定：平成27年3月13日、衆議院可決：同6月11日、参議院可決・成立：同7月3日
【施行】平成28年1月1日。（除斥期間の延長に関する部分のみ公布即施行）

　その結果、平成27年改正後、不正競争防止法上の営業秘密の保護法制は、下記**図11**に示されるように、営業秘密の保護法制の先進国である米国・韓国等と同等のものとなっている。

図11 営業秘密保護法制に関する各国比較【経済産業省知的財産政策室「営業秘密の保護・活用について」(平成29年6月) 11頁より引用】

（参考）営業秘密保護法制に関する各国比較
☐ :改正後

		日本 (不正競争防止法)	米国 (経済スパイ法等)	韓国 (不競法、産業技術流出防止法)	ドイツ (不正競争防止法)
処罰範囲	処罰対象行為	取得・使用・開示 (二次取得者まで) → ☐制限撤廃	・取得(制限なし)、その他(送信、郵送等を含む)	取得・使用・開示 (制限なし)	取得・使用・開示 (制限なし)
	海外での行為の処罰	・日本企業の営業秘密の海外での使用・開示 → ☐海外での窃取行為(取得)の追加	・米国民又は米国法に基づく法人等による国外における侵害行為の場合 ・米国内において侵害を助長する(furtherance)行為が行われた場合	・韓国企業の営業秘密の海外での取得・使用・開示	・ドイツ企業の営業秘密の海外での取得・使用・開示
	犯罪成立時期	既遂のみ → ☐未遂の追加	共謀・未遂 共謀者のうちの1人以上が目的達成のための何らかの行為をなす必要	陰謀・予備・未遂	共謀・未遂
刑事 **法定刑**	自然人	10年、1000万円以下 ・懲役:変更なし ・罰金:2000万円以下 ☐海外重罰:3000万円 ・犯罪収益没収	10年、罰金の上限なし(※) ※量刑ガイドラインの量刑表に従う額又は価値の2倍のいずれか高い額とする ※量刑ガイドライン上の海外重課あり	5年、5000万ウォン(約500万円)以下 ・違反行為による利得額の10倍に相当する額が5000万ウォンを超える場合は、不当利益額の2〜10倍以下 ・国外使用目的の漏えい10年、1億ウォン(違反行為による利得額の10倍に相当する額が1億ウォンを超える場合は、不当利益額の2〜10倍)以下	3年以下(罰金は上限なし) 以下の重大な事例は5年以下 ①職業上行う場合 ②開示の場合にはその秘密が外国で利用されるであろうことを知っていた場合 ③使用を自らが外国で行う場合
	法人	3億円以下 ・5億円以下 ☐海外重罰:10億円 ・犯罪収益没収	500万ドル(約5億円)又は価値の3倍のいずれかの大きい額以下	個人と同様	100万ユーロ(約1.3億円)以下
	犯罪収益の没収	制度なし → ☐創設 (再掲)	○ (個人・法人とも)	×	○ (個人・法人とも)
	告訴の必要性	必要 (親告罪) → ☐不要 (非親告罪)	不要	不要	不要 特別の公共の利益がある場合
民事	営業秘密侵害物品の輸入禁止	制度なし → ☐創設	○	○	制度なし
	立証責任／証拠収集	制度なし → ☐立証責任の転換	ディスカバリ	―	査察命令

（4）より高度な漏洩防止対策

ア．はじめに

　また、上記秘密管理の各意義を踏まえつつ、企業においては、さらに、自企業の包括的・総合的な情報管理体制・規程の下で、できる限り、より高度な漏洩防止対策を実施する必要がある。

イ．多様な漏洩経路・態様の認識

　そのためには、先ず、下記**図12**に示されるように、漏洩の経路・態様が多様であることを認識する必要がある。

ウ．自企業の実情に照らして生じ易い漏洩経路・態様の想定

　次に、このように多様な漏洩経路・態様中、自企業の実情に照らして生じ易い漏洩経路・態様を的確に想定する必要がある。

　この点、従来、一般に、下記図13に示されるように、情報漏洩者の上位比率として正規社員の中途退職者が多くを占めていたことに留意する必要がある。

図12　多様な技術流出の経路・態様【特許庁「平成26年度知的財産権制度説明会（実務者向け）説明資料」より引用】

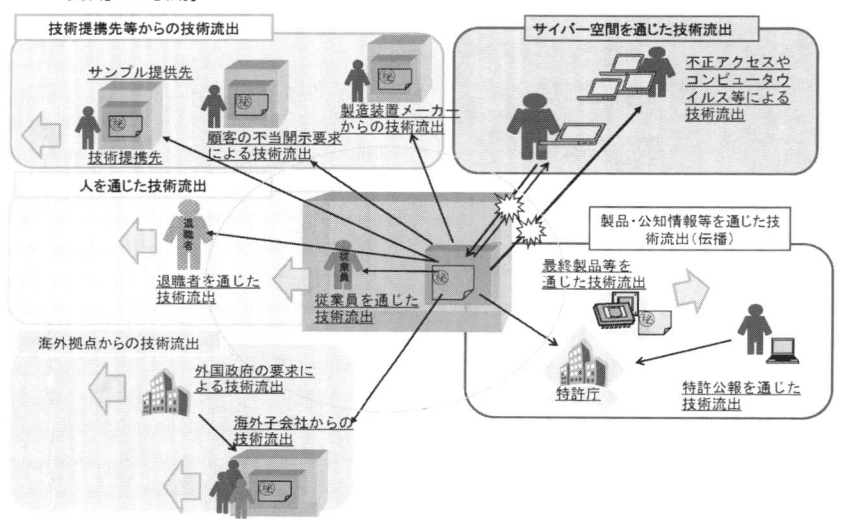

図13　情報漏洩者の上位比率【経産省知財政策室「近時の技術流出事例への対処と技術流出の実態調査について」（平成25年7月）より引用】

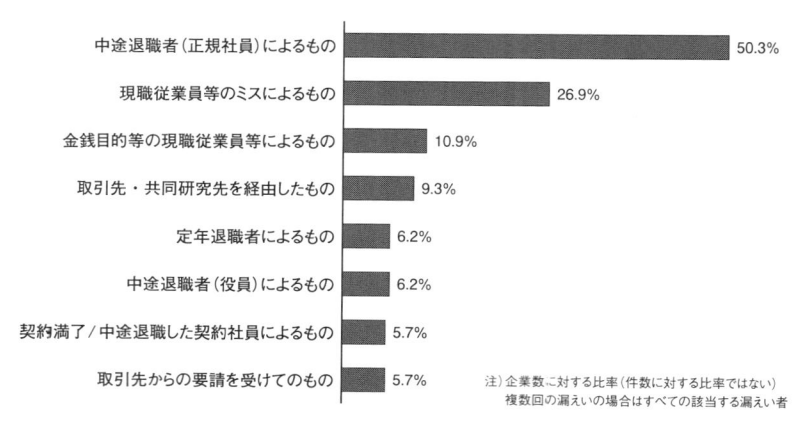

情報漏えい者（上位の比率）

中途退職者（正規社員）によるもの	50.3%
現職従業員等のミスによるもの	26.9%
金銭目的等の現職従業員等によるもの	10.9%
取引先・共同研究先を経由したもの	9.3%
定年退職者によるもの	6.2%
中途退職者（役員）によるもの	6.2%
契約満了／中途退職した契約社員によるもの	5.7%
取引先からの要請を受けてのもの	5.7%

注）企業数に対する比率（件数に対する比率ではない）
　　複数回の漏えいの場合はすべての該当する漏えい者

　また、近時、下記**図14**に示されるように、企業における対策の奏功により正規社員の中途退職者による漏洩が減少する一方、現職従業員等のミスによる漏洩、取引先や共同研究先を経由した漏洩等が増加していることにも留意する必要がある。

図14　営業秘密の漏洩が発生したルート【経済産業省「企業における営業秘密管理に関する実態調査結果概要」（平成29年3月17日）2頁より引用】

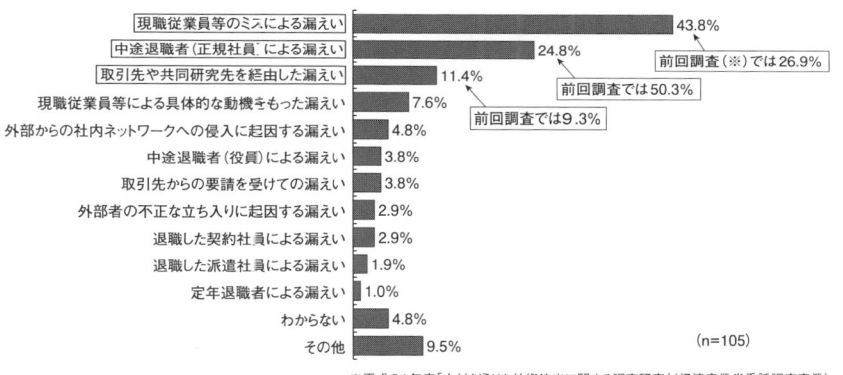

※平成24年度「人材を通じた技術流出に関する調査研究」（経済産業省委託調査事業）
(http://www.meti.go.jp/policy/economy/chizai/chiteki/pdf/H2503chousa.pdf)

エ．秘密管理措置の選択・実行

　その上で、企業においては、多様な漏洩経路・態様中の自企業の実情に照らして生じ易い漏洩経路・態様に応じて、また、対象情報の秘匿化・ブラックボックス化の重要度の分類に応じて、有効利用とのバランスや管理コストの適正化を勘案しつつ、経済産業省「秘密情報の保護ハンドブック～企業価値向上に向けて～」（平成28年2月）等を参考に、下記**図15**に示されるような、①秘密情報への接近の制御、②秘密情報の持出し困難化、③秘密情報の漏洩の視認性の確保、④秘密情報に対する認識向上、⑤従業者等との信頼関係の維持・向上等の目的毎に、実効的な秘密管理措置を的確に選択し、効率的に実行することが必要かつ有用である。

　この点、例えば、秘密情報にアクセス権が多数設定される場合には、持出しの困難化や漏洩の視認性の確保が対策の中心になること、従業者等が出向社員・派遣社員・受託業務遂行者等により多様化するほど、信頼関係の維持・

　向上等の対策は困難度が増すこと、外部者には接近の制御・持出し困難化及び漏洩の視認性の確保が対策の中心となること、等に留意する必要がある。
　また、企業において有効性を感じている対策の上位10項目が下記図16に示されるとおりであることも対策の優先順位等の検討に参考になる。

図15 秘密情報の漏洩対策の目的と具体例【経済産業省「秘密情報の保護ハンドブック～企業価値向上に向けて～」（平成28年2月）18頁より引用】

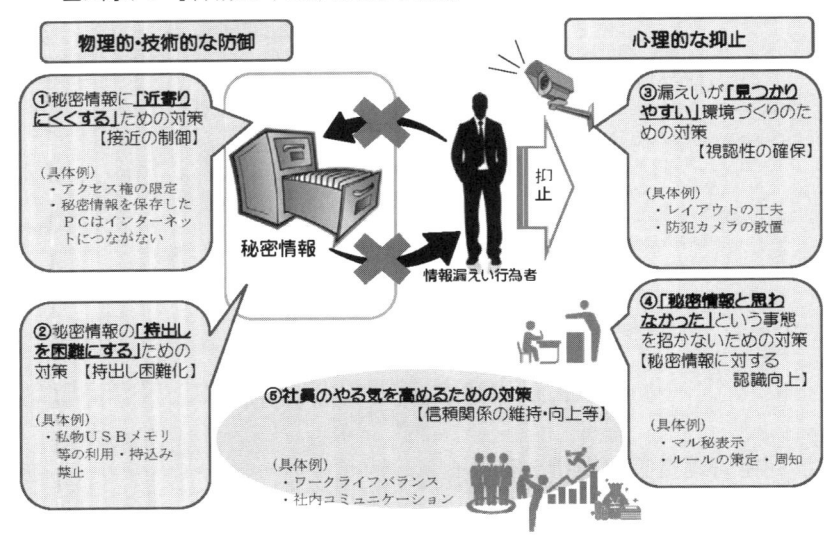

図16 企業が有効性を感じている対策【経済産業省「企業における営業秘密管理に関する実態調査結果概要」（平成29年3月17日）8頁より引用】

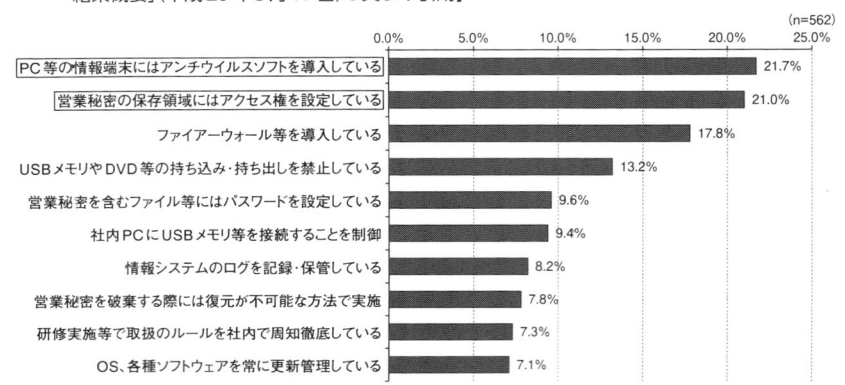

オ．契約上の秘密保持義務・他目的流用禁止義務の拡充・担保

そして、特に、従業者等、取引相手先及びその従業者等の契約上の秘密保持義務・多目的流用禁止義務の対象情報の拡充の可能性について、経済産業省「営業秘密管理指針」（全部改訂：平成27年1月28日）においては、「営業秘密に該当しない……情報の取扱いについて私人間の契約において別途の規律を設けた場合には、当該契約に基づく差止め等の措置を請求することが可能であり、その際、法における営業秘密に該当するか否かは基本的には関係がないと考えられる」とされていることにも留意する必要がある。

また、取引相手先及びその従業者等に対しては、かかる秘密保持・他目的流用禁止を担保するために、必要に応じて、さらに、類似技術について自ら又は第三者と共同して研究開発を行うことや、類似製品を製造販売すること等を禁止することを、独占禁止法との関係も含めて、検討する必要がある。

カ．退職者等との競業避止義務契約等

また、企業においては、退職者等、特に上記情報漏洩者の上位比率に鑑み正規社員の中途退職者については、適切なタイミングで、①秘密情報への接近の制御、②秘密情報の持出し困難化、③秘密情報の漏洩の視認性の確保等のための対策を厳格化・周知するとともに、その者の秘密保持義務・他目的流用禁止義務の対象情報の重要度に応じて、同各義務との比較における違反の立証の容易性に鑑み、退職時に更に競業避止義務契約を締結するとともに、退職後もOB会の開催等により転職先等での行動を把握することが望ましい。また、転職先等へその者の秘密保持義務・多目的流用禁止義務等を通知することも考えられる。

この点、かかる競業避止義務契約の有効性は、裁判例において、一般に、①企業に守るべき利益（営業秘密など）があることを前提として、同契約の内容が目的に照らして合理的な範囲に留まっているかという観点から、②従業員の地位（同利益に関係する業務を行っていたか等）、③地域的な限定があるか（職業選択の自由を阻害するような広範な制限でないか等）、④競業避止義務の存続期間に必要な制限があるか（1年以内は肯定例が多いが、2年以上は否定例が増加する）、⑤禁止される競業行為の範囲に必要な制限があるか（禁止行為

の範囲が一般的・抽象的だと否定例が多いが、在職中の顧客・訪問先への競業禁止だと肯定例が多い）、⑥代償措置（高額賃金など「みなし代償措置」も含む）があるか（代償措置がないと否定例が多い）、を総合考慮して判断されている。

キ．海外拠点

　さらに、企業においては、人材の流動性が大きく、漏洩リスクが高い海外拠点に対しては、上記秘密管理措置を徹底することは勿論、そもそも重要な秘密情報を把握させないようにすること、例えば、①日本で重要な原材料・素材又は部品をブラックボックス化して製造又は調達して海外製造拠点に供給し、同原材料・素材又は部品により海外製造拠点をして完成品を製造させるようにすること、②製造工程を複数に分割し、海外製造拠点への技術移転の際に、各工程毎に管理者・工場・協力会社等を変更し、一人が全工程を把握できないようにブラックボックス化すること、③海外販売拠点には主に顧客とのコーディネート機能を担当させ、製品・システム等に係る重要な秘密情報は提供しないこと、④特に撤退段階では重要な秘密情報が化体した原材料・素材・部品・設備・機器・ソフトウェア等の回収・廃棄を徹底すること、等を検討する必要がある。この点、特に中国拠点での漏洩防止対策について、ＪＥＴＲＯでは、在中国日系企業における営業秘密流出防止支援事業を実施している。

ク．情報セキュリティ対策

　最後に、企業においては、外部者に向けて、主に接近の制御・持出し困難化及び漏洩の視認性の確保のために、経済産業省「秘密情報の保護ハンドブック〜企業価値向上に向けて〜」（平成28年2月）に加えて、独立行政法人情報処理推進機構（IPA）の「IPAセキュリティマネジメントのしおりシリーズ」や「IPA対策のしおりシリーズ」（https://www.ipa.go.jp/security/antivirus/shiori.html）等を参考にするとともに、情報セキュリティ・ポータルサイト（http://www.ipa.go.jp/security/kokokara/）、情報セキュリティ対策支援サイトiSupport（https://www.ipa.go.jp/security/isec-portal/index.html）等も活用して、情報セキュリティ対策、特にウイルス・スパイウェア・ボット・不正アクセス・標的型攻撃メール等へのサイバーセキュリティ対策を実施する必要がある。

(5) 漏洩時対策

　さらに、企業においては、如何に漏洩対策を実施しても、特に悪意ある侵害者との関係では、漏洩を完全に防止することは困難であることを認識・理解した上で、経済産業省「秘密情報の保護ハンドブック〜企業価値向上に向けて〜」(平成28年2月)等を参考に、各漏洩経路・態様毎の兆候の把握、疑いの確認、状況の正確な把握・被害の検証・更なる拡散の防止・法律に基づく手続・企業イメージを含む損失の最小化等の初動対応、刑事的・民事的な責任追及、証拠の保全・収集等の漏洩時の対策を事前に確立し、有事に実行することが必要である。

(6) 秘密管理・漏洩時対策の役割分担

　このような企業における創造又は取得された発明その他の技術情報の秘密管理・漏洩時対策においては、性質上、企業の包括的・総合的な情報管理体制・規程の下で、特に研究開発部門、経営企画部門、事業部門、製造部門、知的財産部門、法務部門、人事・労務部門、情報システム部門等が役割分担のうえ連携・協働する必要がある。

　また、企業における発明等の発掘等、保護戦略の検討・決定・見直し、特許出願等のための特許明細書・特許請求の範囲等の記述、等への日常的な関与による技術・特定不正競争防止法(技術上の営業秘密の保護)・特許法(特許権の保護・先使用権の保護)等に係る専門的な知識・経験に基づいた特許事務所・外部弁理士の参画や、知的財産権エンフォースメント・会社法・労働法・契約法・訴訟法・刑事事件等に係る専門的な知識・経験に基づいた法律事務所・外部弁護士の参画が、いずれも有用である場合が多い。

(7) 営業秘密の保護のための官民の連携の強化

　また、企業においては、下記図17〜19に示されるような、近時の営業秘密の保護のための官民の連携の強化の動向に鑑み、必要に応じて、営業秘密

図17　官民の連携の強化【経済産業省知的財産政策室「営業秘密の保護・活用について」（平成29年6月）12頁より引用】

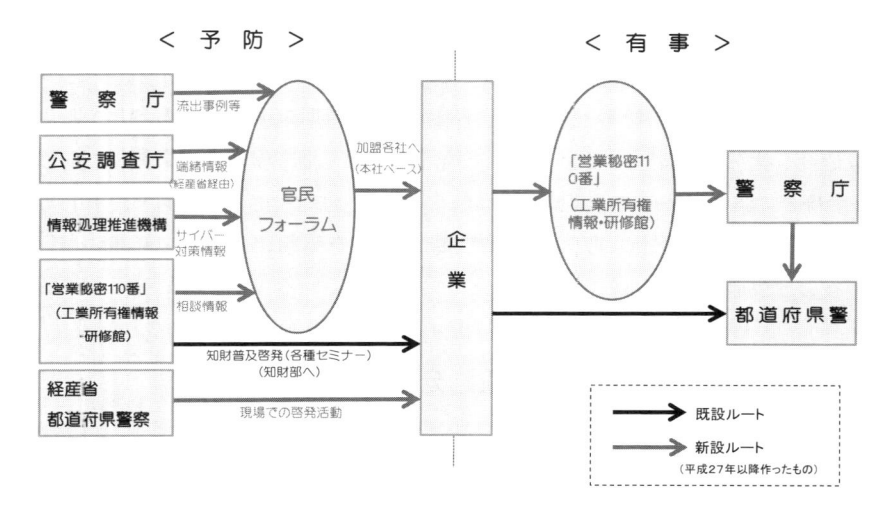

図18　営業秘密官民フォーラムの活動【経済産業省知的財産政策室「営業秘密の保護・活用について」（平成29年6月）14頁より引用】

（参考）営業秘密官民フォーラムの活動

- 実務者レベルによる継続的な官民連携を通じ、情報漏えい対策の高度化を推進。
- 業界団体、職能団体を経由して「窃取動向」「対策手法」「問題意識」の共有を図る。
- これまでに営業秘密官民フォーラムを2回開催。
- 平成28年7月より、「営業秘密官民フォーラムメールマガジン［営業秘密のツボ］」の配信を開始
　（バックナンバー　http://www.ipa.go.jp/security/economics/mailmag/）

┌──「窃取動向」の共有──┐
・政府からの情報提供
・業界団体、職能団体からの情
　報提供

┌──「問題意識」の共有──┐
・制度・運用に関する課題の把握

営業秘密官民フォーラム
（実会合、研修、メルマガ）

┌──「対策手法」の共有──┐
・政府等からの情報提供、要請
　（サイバーセキュリティ対策など）
・業界団体、職能団体からのグッドプ
　ラクティスの紹介、共有
・具体的手法に関する研修の実施
　（労務対策、子会社管理など）

図19 営業秘密・知財戦略相談窓口（営業秘密110番）【経済産業省知的財産政策室「営業秘密の保護・活用について」（平成29年6月）13頁より引用】

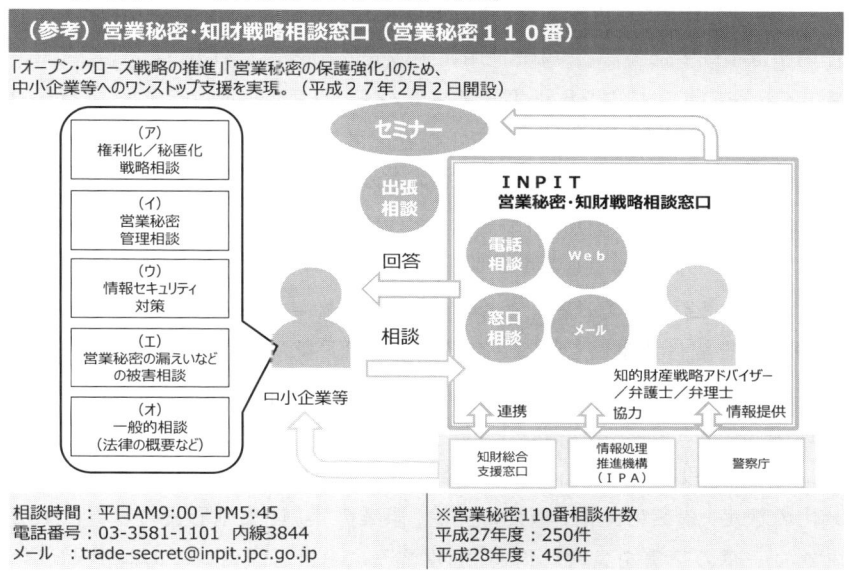

官民フォーラムの活動や営業秘密・知財戦略相談窓口（営業秘密110番）等を利用することも有用である。

（8）特許法上の先使用権の保護

ア．はじめに

　次に、企業において、創造又は取得された発明その他の技術情報の保護戦略として秘匿化・ブラックボックス化による場合、上述したような営業秘密としての不正競争防止法上及び／又は契約法上の保護の弱点の補完すなわち独自開発に基づく他企業等の特許化その他の産業財産権化への対応策として、先使用権（特許法79条等）を確保することが必要である。なお、先使用権は各国で独立しており、各国の先使用権の要件・効果等は各国法毎であるとともに、先使用権に係る世界各国の保護法制・実務運用の相違が大きいこと、に留意する必要がある。

イ．先使用権の要件

　この点、先使用権（特許法79条）の要件について、特に、①先使用発明の創作場所は不問であること、②先使用発明の完成が必要であること、③ライセンス・イン等のインバウンド型オープンイノベーションの場合を含み得るものとして先使用発明の発明者からの知得者による事業の準備でも足りること、④先使用発明実施の事業の準備（即時実施の意図と同意図が客観的に認識される態様、程度において表明されていること（最判昭61・10・3民集40巻6号1068頁［ウォーキングビーム式加熱炉事件］））が必要であること、⑤同事業の準備場所は日本であることが必要であること、⑥同準備は個別具体的な事案毎に諸般の事情を総合考慮して判断されること、⑦下請製造は一般に発注者の実施であり、受注者の実施ではないこと（最判昭44・10・17民集23巻10号1777頁［地球儀型トランジスターラジオ意匠事件］）、⑧同要件の立証のために、実務上、研究開発段階における、研究開発の遂行、先使用発明の完成に加えて、事業化の決定、事業の準備、事業の開始、事業の実施、実施形式の変更に至るまでの一連の事実を裏付け得る、日常業務における原資料等の証拠化が必要になること、等に留意する必要がある。

ウ．先使用権の効果

　また、先使用権（特許法79条）の効果について、特に、①他者による日本の特許権の行使に対する日本国内での抗弁であること、②後の実施形式の変更は先使用発明の同一性の範囲内で可能であること（最判昭61・10・3民集40巻6号1068頁［ウォーキングビーム式加熱炉事件］）、③後の実施規模の拡大は可能であること、④後の実施行為の追加・変更は不可能であること（名古屋地判平17・4・28判時1917号142頁［移載装置事件］）、等に留意する必要がある。

エ．先使用権の移転

　さらに、先使用権の移転は、M＆A等のインバウンド型オープン・イノベーションの場合を含み得るものとして、実施の事業とともに移転する場合に、可能であること（特許法94条1項）、その場合に上記証拠も含めて移転すべきこと、に留意する必要がある。

（9）営業秘密保護・先使用権確保等のための証拠化

ア．意義

　さらに、企業において、創造又は取得された発明その他の技術情報の保護戦略として秘匿化・ブラックボックス化による場合、如何に漏洩対策を実施しても、特に悪意ある侵害者との関係では、漏洩を完全に防止することは困難であるため、営業秘密としての不正競争防止法上及び／又は契約法上の保護のためには、保有者として漏洩時対策のために事前に発明の保有・内容・秘密管理等を証拠化することが必要である。特に侵害者が冒認出願まで行った場合、同証拠化は、冒認出願対策にも有用になる。また、営業秘密の保護の弱点の補完すなわち独自開発に基づく他企業等の特許化その他の産業財産権化への対応策としての先使用権（特許法79条等）の確保・被疑侵害の防御のために、被疑侵害者として事前に発明の保有・内容・事業化等の証拠化が必要である。さらに、平成27年改正不正競争防止法により、他企業等保有の技術上の、特に製法の営業秘密につき、不正な開示を重過失により知らないで受けた場合、その使用及び開示（不正競争防止法2条1項5号）さらにはその使用により生じた物の譲渡等（同法2条1項10号）が侵害差止めや損害賠償の対象となり得るのみならず、その使用により生じる物の製造をした場合に、その使用自体が推定され得る（同法5条の2）ことから、かかる被疑侵害の防御のために、被疑侵害者として事前に発明等の独自創造・取得の証拠化が必要である。

イ．時期・対象・紐付け

　この点、かかる証拠化のためには、先ず、一連の事実を裏付け得るものとして、下記図20に示されるように、①研究開発段階における、研究開発の遂行・発明の完成を裏付け得る、研究ノート・技術成果報告書・設計図・仕様書等の日常業務における原資料等や、②事業化段階における、事業化の決定・事業の準備・事業の開始・事業の実施及び実施形式の変更を裏付け得る、事業計画書・事業開始決定書・設計図・仕様書・見積書・請求書・納品書・帳簿類・試作品自体、製造指示書・製造記録・製品自体・カタログ・パンフレッ

ト・商品取扱説明書・販売伝票、変更後の設計図・仕様書・製品自体・カタログ・パンフレット・商品取扱説明書等の日常業務における原資料等について、各時点で段階的に証拠化しつつ、技術・製品等の単位に対応した共通の管理番号等により紐付けることが必要かつ有用である（なお、研究開発戦略としてインバウンド型オープン・イノベーションによる場合には、研究開発段階における上記証拠化が契約の相手方により実行され、自企業にて立証に供用できることについて、事前に確認し、必要に応じて契約にて担保すべきである）。

図20　証拠化の時期・対象【特許庁総務部企画調査課「先使用権制度の活用と実践〜戦略的な知財保護のために〜」（平成28年）30頁より引用】

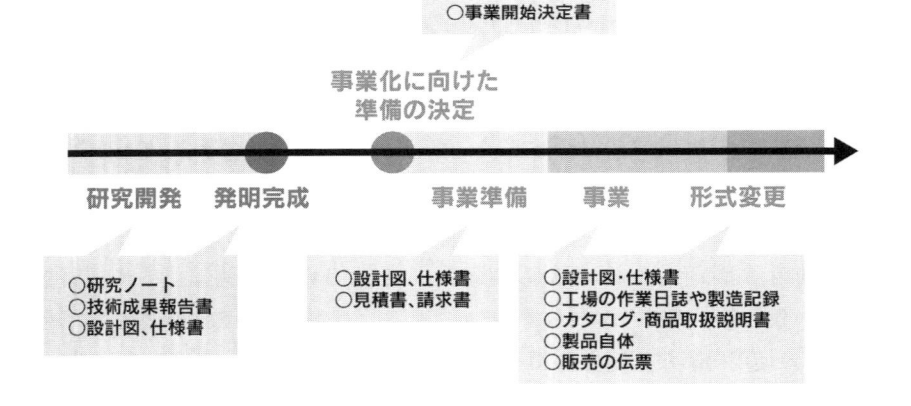

また、特に事業化を決定した場合には、改めて、当該事業化の対象となる技術・製品・システム等との関係で、上記各証拠のうち必要なものを確認し、必要に応じて更に収集・補充し、資料一式として紐付けし、証拠化することも必要かつ有用である。

さらに、特に取引先と取引を開始する場合にも、改めて、当該取引の対象となる技術・部品・製品等との関係で、上記各証拠のうち必要なものを確認し、必要に応じて更に収集・補充し、資料一式として紐付けし、証拠化することも必要かつ有用である。

また、特に自企業の技術・製品・システム等について具体的に問題となり得る他企業等の特許権等が判明した場合には、改めて、当該特許権等との関

係で、上記各証拠のうち必要なものを確認し、必要に応じて更に収集・補充し、資料一式として紐付けし、証拠化することも必要かつ有用である。

ウ．手法

（ア）はじめに

また、かかる証拠化のためには、時間・費用及び労力対効果を勘案しつつ、下記各手法を使い分け、組み合わせることが必要かつ有用である。

（イ）公証制度

この点、一般に相応の時間・費用及び労力を要するものの、証明力が高い公証制度のうち、確定日付とは、私署証書への確定日付印の押印により、当該日付の日に当該私署証書が存在したことを公証人が証明するものである。また、事実実験公正証書とは、公証人が直接体験した実験・製法等の事実に基づいて作成するものである。さらに、私署証書の（宣誓）認証とは、認証日における私署証書の存在と作成名義人による（記載内容の真実性に係る宣誓の上での）署名又は記名押印の事実を公証人が証明するものである。また、電子公証制度とは、電磁的記録に対し確定日付や私署証書の（宣誓）認証に相応する電子的な情報を付与するものである。さらに、パラメータ特許対策に有効な現物の保管が、確定日付と私署証書の（宣誓）認証との組合せにより可能である。

（ウ）タイムスタンプ

他方、一般に公証制度と比較して証明力は必ずしも高くないものの、僅かな時間・費用及び労力で足りるタイムスタンプとは、下記**図21**に示されるように、動画等を含む電子データ一般に時刻情報を付与することにより、その時刻にそのデータが存在し（日付証明）、またその時刻から検証した時刻までの間にその電子情報が変更・改竄されていないこと（非改竄証明）を簡便に証明するために、技術面と運用面の認定基準を充たすことが一般財団法人日本データ通信協会（JADAC）の認定制度により担保されている民間事業者が提供するサービスである。

図21　タイムスタンプの要求・発行・検証 (デジタル署名を使用する方式)【特許庁「先使用権制度の円滑な活用に向けて — 戦略的なノウハウ管理のために — (第2版)」(平成28年5月) 74頁より引用】

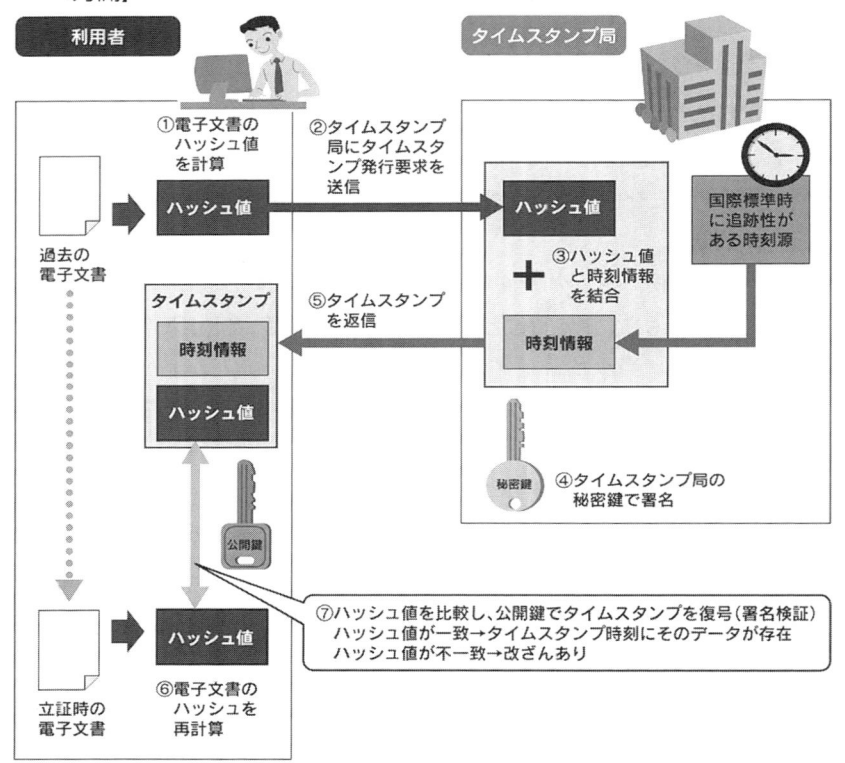

（エ）タイムスタンプ保管サービス

　さらに、2017年3月末よりINPIT提供開始のタイムスタンプ保管サービスとは、下記**図22**に示されるように、民間事業者がユーザに発行するタイムスタンプトークンを公的機関であるINPITが保管することにより、その紛失や改ざんのリスクを低減し、長期間安定なバックアップを可能にするものである。

図22 タイムスタンプトークン（TST）発行から同一性確認までの流れ【INPITウェブサイト（http://www.inpit.go.jp/katsuyo/tradesecret/ts.html）より引用】

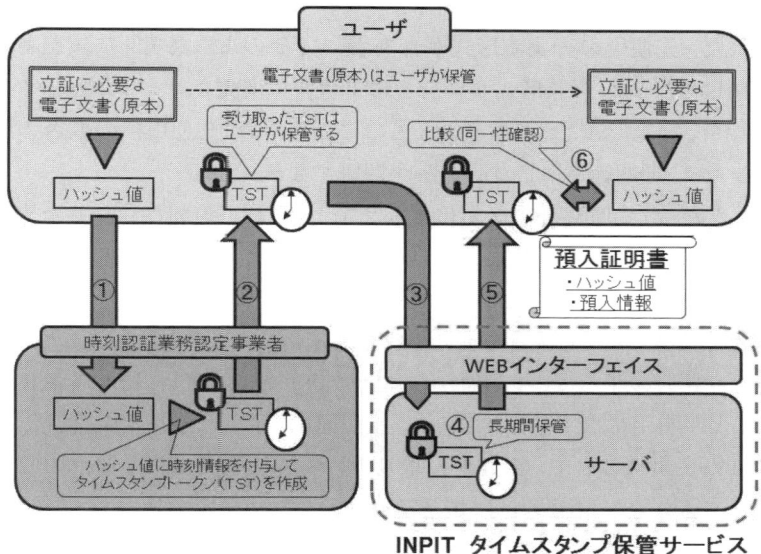

INPIT タイムスタンプ保管サービス

（オ）使分け・組合せ

　以上の各手法の性質に鑑み、時間・費用及び労力対効果を踏まえた各手法の使分け・組合せとしては、例えば、日常業務における原資料等は、タイムスタンプと、重要性に応じて更にタイムスタンプ保管サービスとによりつつ、事業化を決定した場合、取引先と取引を開始する場合、自企業の技術・製品等について具体的に問題となり得る他企業等の特許権等が判明した場合等に、改めて、資料一式について、公証制度によることが考えられる。

エ．明細書化・クレーム化

（ア）原資料の証拠化の不十分性

　もっとも、このような営業秘密保護・先使用権確保等のための証拠化において、原資料の証拠化は必要であるが、それだけでは必ずしも十分ではないことが多い。この点、例えば、実際には、原資料に記載された、営業秘密保有者の一実施態様全体がそのまま盗用・冒認される事例は多くなく、一部だけが流用されたり、一部が改変されたりする事例が多い。この場合、

実施態様としては異なるものになるため、営業秘密侵害・冒認の判断に当たり、発明等としての同一性が問題になる。また、実際には、原資料に記載された、先使用の一実施形式が保有者にてそのまま継続的に実施される事例は多くなく、当該形式が保有者にて事後に変更される事例が多い。この場合、実施形式としては異なるものになるため、先使用権の成否の判断に当たり、発明等としての同一性が問題になる。

　したがって、原資料の証拠化に加えて、さらに原資料に化体した発明等を、特許法上の特許要件としての新規性・進歩性等と不正競争防止法上の営業秘密性の要件としての非公知性・有用性が異なり、前者を充たさず特許化等できなくても後者を充たし営業秘密化し得ることに留意しつつ、クレーム類似の手法で、多側面から多単位で多層に特定し、併せて証拠化することが有用になり得る。この点、上記図4に示されるように、実際、少なからぬ企業において、公開前に取り下げて先使用又は営業秘密の立証資料とするために、出願当初から審査請求をしない予定の出願をする場合があることが参考になる。

（イ）特許化その他の産業財産権化への転換

　他方、保護戦略の見直しとして、例えば、先行技術との関係で、競合性が高い一方、技術優位性も高く、代替困難である基本技術について、他の課題により差し当たり自企業・競合企業の製品化・事業化の実現性が低かったため、そのメリットに鑑み一旦秘匿化したものの、その後の他の課題の解決により同実現性が顕在化したため、その段階で、同技術の製品カバー性、同製品の市場化の有望性、競合企業の回避の困難性、競合企業の被疑侵害態様の探知・解析の非困難性等に鑑み、特許化その他の産業財産権化に転換することが考えられる。この場合、秘匿化に当たり、予め明細書化・クレーム化を済ませておけば、同転換を機動的に実施することができる。

（10）営業秘密保護・先使用権確保等のための証拠化の役割分担

　このような企業における営業秘密保護・先使用権確保等のための証拠化においては、性質上、企業の包括的・総合的な情報管理体制・規程の下で、特

に研究開発部門、経営企画部門、事業部門、製造部門、知的財産部門、法務部門、情報システム部門等が役割分担のうえ連携・協働する必要がある。

　また、企業における発明等の発掘等、保護戦略の検討・決定・見直し、特許出願等のための特許明細書・特許請求の範囲等の記述、等への日常的な関与による技術・特定不正競争防止法（技術上の営業秘密の保護）・特許法（特許権の保護・先使用権の保護）等に係る専門的な知識・経験に基づいた特許事務所・外部弁理士の参画や、知的財産権エンフォースメント・冒認対策・侵害訴訟・訴訟法・刑事事件等に係る専門的な知識・経験に基づいた法律事務所・外部弁護士の参画が、いずれも有用である場合が多い。

3. 企業における発明その他の技術情報の特許化その他の産業財産権化の遂行

(1) はじめに

　企業、特に先進国の製造業において、創造又は取得された発明その他の技術情報の保護戦略として特許化その他の産業財産権化による場合、従来のキャッチアップ型からフロントランナー型・マーケットリーディング型へのシフトとして、事業戦略としてのアウトバウンド型オープン・イノベーション戦略やオープン＆クローズ戦略等のために、より高度・複雑な知的財産（契約）マネジメントにより、①保護中心戦略から活用中心戦略へシフトし、②活用戦略においても、包括クロスライセンス戦略や事業ロス・リカバリー型のエンフォースメントによるライセンス・アウト戦略から、特許等の無償開放、（国際）標準化・オープン化、拘束条件付ハイブリッド・ライセンス・アウト、差別化特許・標準規格周辺特許等のエンフォースメントによる侵害差止めや高額ライセンス・アウト、知的財産（権）ミックスのエンフォースメントによる侵害差止め、等の使分け・組合せ戦略へシフトすべく、③保護戦略においても、特許化中心戦略から、特許化、秘匿化・ブラックボックス化及び公知化等の使分け・組合せ戦略や知的財産（権）ミックス戦略へシフトするとともに、④特許化その

他の産業財産権化戦略においても、国内（・欧米）偏重戦略・数量偏重戦略及び網羅化戦略から、国外（欧米・新興国）重視戦略・質重視戦略及び選択・集中戦略へシフトする必要性が増大している（なお、特許庁の特許戦略ポータルサイト（https://www.jpo.go.jp/sesaku/tokkyosenryaku_01.htm）において、かかる特許化その他の産業財産権化に有用な情報が提供されている）。

（2）国内（・欧米）偏重戦略から国内・外（欧米・新興国）重視戦略へ

　すなわち、一般に、特許化その他の産業財産権化は、現在（及び将来）の自企業の市場（予定）国並びに現在（及び将来）の競合他企業等の市場（予想）国を最重視し、現在（及び将来）の競合他企業等の生産（予想）国を重視し、現在（及び将来）の自企業の生産（予定）国並びに一般的な模倣品の生産国及び市場国を考慮して、各国における産業財産権行使の可能性・容易性及び実効性や中期的・長期的な時間・費用及び労力対効果を勘案しつつ、決定する必要がある。

　よって、一般に、先進国市場のみならず新興国市場も有望市場となり、同市場に向けて先進国企業は勿論、新興国企業も競合するとともに、模倣企業も台頭する近年のグローバル化・競争激化の下では、保護中心戦略から活用中心戦略へシフトし、活用戦略において、包括クロスライセンス戦略等から、拘束条件付ハイブリッド・ライセンス・アウト、差別化特許・標準規格周辺特許等のエンフォースメントによる高額ライセンス・アウトや侵害差止め、知的財産（権）ミックスのエンフォースメントによる侵害差止め等の使分け・組合せ戦略へシフトすべく、特許化その他の産業財産権化戦略においても、国内出願だけでは公開公報等を介した外国、特に新興国企業・模倣企業への技術流出のおそれが高いことにも鑑み、国内（・欧米）偏重戦略から国内外（欧米・新興国）重視戦略へシフトする必要がある。

　この点、例えば、近年の日本から海外への特許出願件数は、下記**図23**に示されるように、2013年〜2015年は2012年に比較して微減したものの、中期的・長期的に2006年からの10年間で見ると約1．15倍の増加傾向にあり、日本企業が事業のグローバル化に伴って海外での特許化に積極的に取り組

んでいる状況が窺える。

図23 日本から海外への特許出願件数の推移【特許行政年次報告書2017年版13頁より引用】

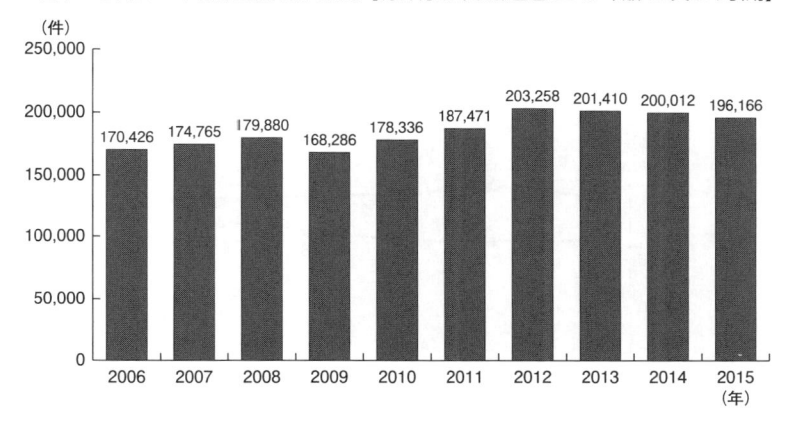

また、例えば、2015年の日本から海外への特許出願件数の割合を見ると、下記**図24**に示されるように、日本企業が海外への特許出願で欧米のみならず新興国も重視するようになっていることが分かる。

図24 2015年の日本から海外への特許出願件数の割合【特許行政年次報告書2017年版13頁より引用】

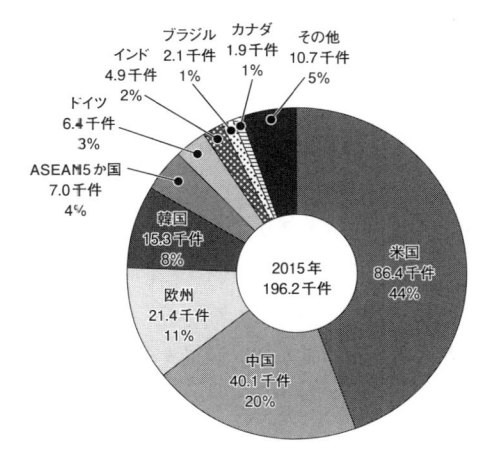

もっとも、近年の日本の特許出願人のグローバル出願率としては、下記図

25に示されるように、2009年以降漸増し、2013年には32％に達しているものの、米国・欧州の特許出願人のグローバル出願率と比べると未だ低いレベルに留まっている。

図25　日本の特許出願人のグローバル出願率の推移【特許行政年次報告書2016年版13頁より引用】

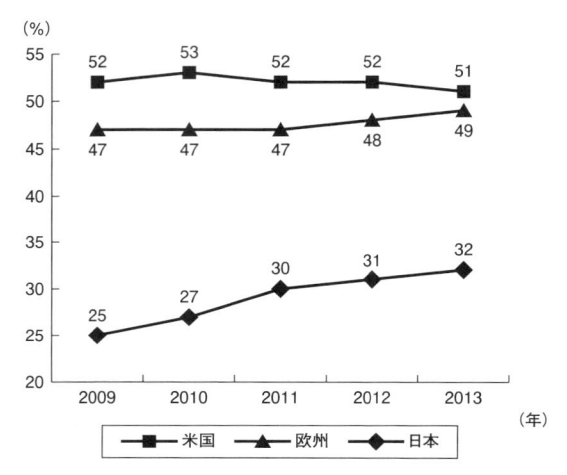

　この点、下記**図26**に示されるように、海外出願をする理由について、国内企業と比べて欧米企業は、他企業からの「ライセンス収入」を重視している傾向がある。また、海外出願をしない理由について、国内企業が自らの「実施未定」を重視しがちであるのに対し、欧米企業は、今後の市場性を予測し、他企業からのライセンス収入も狙っているものと考えられる。

　よって、国内企業においては、事業のグローバル化・競争激化に応じて、活用戦略において、拘束条件付ハイブリッド・ライセンス・アウト、差別化特許・標準規格周辺特許等のエンフォースメントによる高額ライセンス・アウトや侵害差止め、知的財産（権）ミックスのエンフォースメントによる侵害差止め等の使分け・組合せ戦略へのシフトをより一層進めるべく、特許化その他の産業財産権化戦略においても、現在（及び将来）の競合他企業等の市場（予想）国及び生産（予想）国並びに一般的な模倣品の生産国及び市場国をより一層重視して、国内外（欧米・新興国）重視戦略へのシフトをより一層進める必要がある。

図26 海外出願する／しない理由【平成24年度特許庁知的財産国際権利化戦略推進事業報告書viii頁より引用】

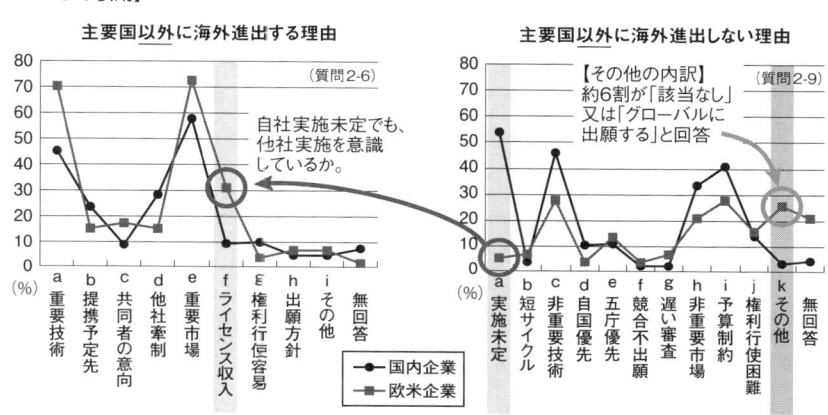

※図表は、主要国以外であるが、主要国も同様の結果であった。

　なお、かかる国外での特許化その他の産業財産権化においては、例えば、外国で創作された発明・外国に居住する発明者等に関する、当該外国における、第1国出願義務制度又は外国出願許可制度、技術移転規制等の特有の法制度への対応にも留意する必要がある。この点、INPIT提供の新興国等知財情報データバンク（https://www.globalipdb.inpit.go.jp/）では、新興国等での特許化その他の産業財産権化等に有用な知的財産情報が提供されている。

（3）数量偏重戦略から質重視戦略へ

　また、（2）に述べたように、保護中心戦略から活用中心戦略へシフトし、活用戦略において、包括クロスライセンス戦略等から、拘束条件付ハイブリッド・ライセンス・アウト、差別化特許・標準規格周辺特許等のエンフォースメントによる高額ライセンス・アウトや侵害差止め、知的財産（権）ミックスのエンフォースメントによる侵害差止め等の使分け・組合せ戦略へシフトすべく、特許化その他の産業財産権化戦略においても、数量偏重戦略から質重視戦略へシフトする必要がある。
　この点、例えば、特許（出願）を出願年別で見ると、下記**図27**に示されるよ

うに、近年、特許出願件数や審査請求件数は漸減傾向であるものの、特許登録件数は17万件前後を維持しており、特許出願件数に対する特許登録件数の割合(特許登録率)は増加傾向にある。このことから、一般に、特許化戦略における量から質への転換に伴い、出願人による特許出願の厳選が進んでいることが窺える。

図27 出願年別で見る特許出願・審査請求・特許登録等の推移【特許行政年次報告書2017年版4頁より引用】

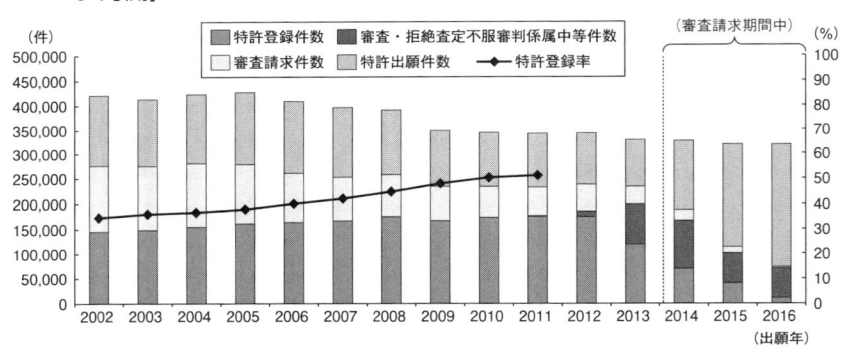

特に、業種別特許出願件数の推移(2013年出願上位300社)を見ると、下記**図28**に示されるように、従来、活用戦略において包括クロスライセンス戦略が多用され、特許化戦略において数量偏重戦略に陥りがちであった電気機器分野において、近年、特許出願件数を減少させている傾向が顕著である。

図28 業種別特許出願件数の推移（2013年出願上位300社）【平成25年度特許庁知的財産国際権利化戦略推進事業報告書11頁より引用】

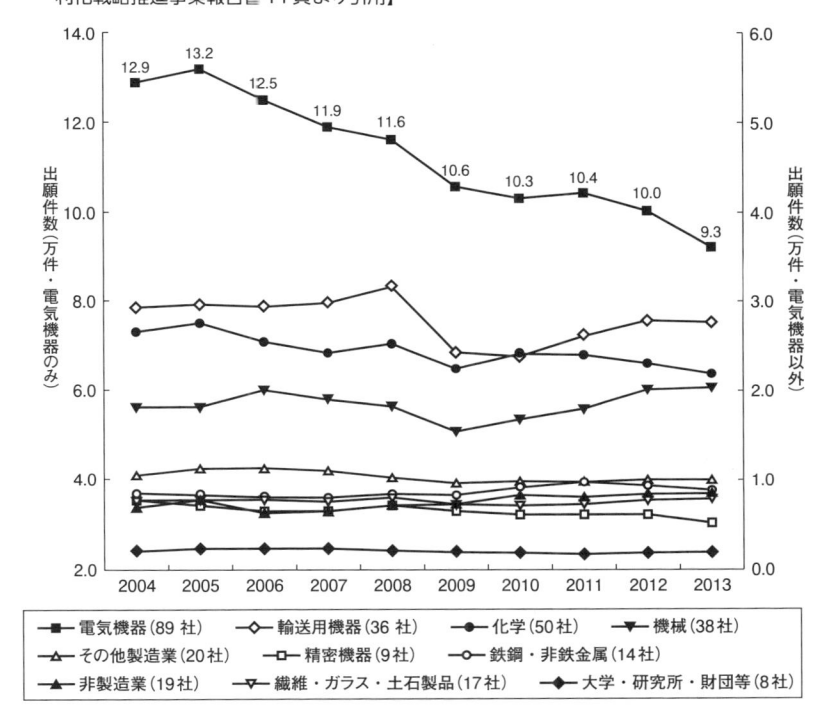

（4）網羅化戦略から選択・集中戦略へ

　さらに、事業戦略としてのオープン＆クローズ戦略のために、保護中心戦略から活用中心戦略へシフトし、活用戦略において、キャッチアップ型の包括クロスライセンス戦略や事業ロス・リカバリー型のエンフォースメントによるライセンス・アウト戦略から、自企業のコア・イノベーション領域における差別化特許・標準規格周辺特許等や知的財産（権）ミックスのエンフォースメントによる侵害差止めや、同領域とオープンなグローバル市場との境界領域における拘束条件付ハイブリッド・ライセンス・アウト、等の使分け・組合せ戦略へシフトすべく、保護戦略においても、網羅的な特許化中心戦略から、戦略的な知的財産（権）ポートフォリオの構築戦略へ、特に、自企業のコア・イノベー

ション領域における差別化特許化・標準規格周辺特許化等の知的財産（権）ミックスの集中戦略と、同領域とオープンなグローバル市場との境界領域における拘束条件付ハイブリッド・ライセンス・アウト用の特許化及び技術上の営業秘密化の集中戦略とへ、シフトする必要がある。

　かかる特許化その他の産業財産権化に当たっては、事業で活用される知的財産（権）の包括的な取得を支援するため、国内外の事業に結びつく複数の特許・意匠・商標を含む産業財産権について、分野横断的に事業展開の時期に合わせて審査・権利化を行う事業戦略対応まとめ審査を活用することが検討に値する。

(5) 標準化戦略と連動したライセンス・アウト用の特許化その他の産業財産権化

　また、事業戦略としてのアウトバウンド型オープン・イノベーション戦略等のために、保護中心戦略から活用中心戦略へシフトし、活用戦略において、キャッチアップ型の包括クロスライセンス戦略や事業ロス・リカバリー型のエンフォースメントによるライセンス・アウト戦略から、(国際)標準化・オープン化、標準規格周辺特許等の高額ライセンス・アウト等の使分け・組合せ戦略へシフトすべく、特に自企業の非コア・イノベーション領域において、標準化部門との連携・協働により、自企業の標準化戦略と連動した（FRAND条件での）ライセンス・アウト用の標準規格必須・周辺特許化その他の産業財産権化として、知的財産部門において、通常の特許化その他の産業財産権化とは異なり、特に標準化のタイミング・内容に対応したタイミング・内容で、権利化することが必要である。

(6) エンフォースメントその他の活用のための実効性のある特許化その他の産業財産権化

　いずれにしても、保護戦略としての特許化その他の産業財産権化戦略においては、かかる権利化それ自体や、かかる権利化による自己実施の確保のみ

を目的とするのではなく、特許権その他の産業財産権の、侵害訴訟等も含めたエンフォースメントその他の活用により、他企業等との関係において、自企業の事業における独占優位・競争優位を確保することを主たる目的として、例えば、自企業の川上企業・川下企業の事業をカバーし得る請求項をも含む特許化や、差止め・高額ライセンス・アウト等のための差別化技術・標準規格周辺技術の特許化として、実効性のある特許化その他の産業財産権化を遂行する必要がある。この点、「事業を優位に展開させることが知財部にとっての重要な業務のひとつとして捉えた場合、…… 訴えることが事業を優位に保つために最良の手段である場合には、当然訴訟を選択肢のひとつとして考えるべきであって、そのためには、訴訟に堪えうる強い特許権や自己実施だけでなく他社が使う技術を必要な国で取得しておくこと…… については常に身につけておく必要がある」(平成25年度特許庁知的財産国際権利化戦略推進事業報告書134頁)。

かかる観点から、面接審査、事業戦略対応まとめ審査等により質の高い特許権その他の産業財産権の取得を企図することや、特許審査ハイウェイ(PPH)等により世界で通用する安定した特許権のグローバルな取得を企図することが検討に値する。

また、下記図29に示されるような独国・韓国での主として独国・韓国企業の特許出願と同様に、(スーパー)早期審査により早期に自国内での特許化を図った上で、特許審査ハイウェイ(PPH)等により早期にグローバルでの特許化をも図ることも検討に値する。

特に、自企業の事業における本来的な独占優位・競争優位のための広い権利化との使分け・組合せとして、新興国での早期の模倣・巧妙化対策のための差し当たりの狭い特許化のために、国内で(スーパー)早期審査・面接審査等を積極的に活用した上で、海外で特許審査ハイウェイ(PPH)等を積極的に活用することも考えられる。

図29　日本・韓国・独国における審査請求率の推移【平成25年度特許庁知的財産国際権利化戦略推進事業報告書4頁より引用】

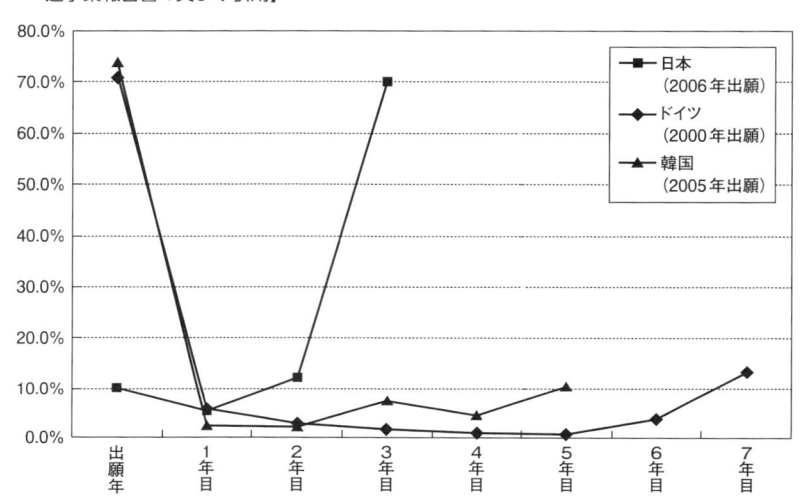

（7）知的財産（権）ミックス戦略

　特に、先進国の企業、特に製造業においては、製品・システムのコモディティ化・ライフサイクルの短期化やモノからコトへの市場ニーズの変移の下で、技術・製品及びシステムの研究開発において、ソフトウェア・ユーザーインターフェース・形態・デザイン・商品パッケージ・関連サービス・ブランド等を含めて差別化・付加価値要素を研究開発した上で、その成果の保護・活用戦略として、営業秘密・実用新案権・著作権・意匠権・商標権等を含む知的財産（権）ミックス戦略を採用・遂行すること、そのために保護戦略としての産業財産権化において事業戦略対応まとめ審査等を積極的に活用することも重要となっている。

　特に、例えば、市場ニーズに相応するコトづくりの上で、その構成要素となるモノやソリューション・サービスについて、それぞれ、当該コトの文脈に沿って、関連する各種の産業財産権による保護を行うことが考えられる。

　また、模倣・巧妙化対策として不正競争防止法・実用新案権・著作権・意匠権・立体商標権等を活用できるよう、新興国・発展途上国等に係る特許庁・

JETROの模倣対策マニュアル等を参照し、また、経済産業省の政府模倣品・海賊版対策総合窓口等を活用しつつ、形態・デザイン・商品パッケージ等について、創作内容・創作主体・創作年月日等の証拠化に加えて、保護戦略として、実用新案登録出願・意匠登録出願及び／又は立体商標登録出願を行うことが考えられる。特に、外国では、英国法系の著作権法で、直接利用のみならず、直接利用に係る市場の管理等も、オーソライゼーション法理の下で、本来的な直接侵害になり得るとともに、模倣品が真正品に係る図面の著作権の侵害になり得ることに加えて、応用美術の著作権保護のみならず、デザイン一般の意匠登録、商品形態の立体商標登録も、日本よりも容易な場合がある。

さらに、特定の独自技術等を見える化・ブランド化して市場に浸透させ、同技術ブランドを、同技術等を採用した製品・システム等の宣伝広告に、同技術等に係る特許権等の消滅後も、横断的に活用できるよう、同技術等の名称に由来するブランドについて商標登録出願を行うことも考えられる。

もっとも、日本人による外国への商標登録出願件数について、下記**図30**に示されるように、近年、米国・欧州・韓国と比して中国へは減少傾向にあり、中国での模倣（・巧妙化）対策として（立体）商標登録出願件数が十分かどうかを検討する必要がある。

図30 日本人による主要国・機関への商標登録出願件数の推移【特許行政年次報告書2017年版36頁より引用】

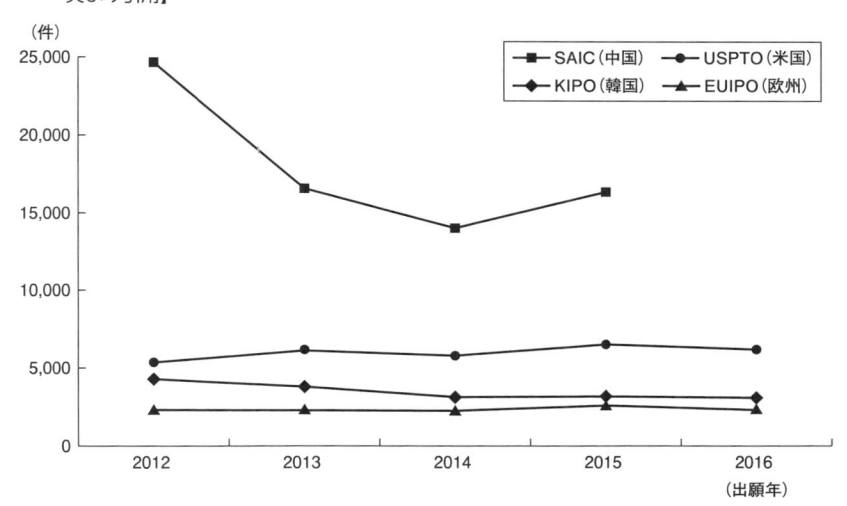

　また、日本人による米国、欧州（EUIPO）、中国、韓国への意匠登録出願件数は、下記**図31**に示されるように、世界的な景気後退の影響を多分に受けた2009年に落ち込み、その後回復を示したものの、近年再び減少に転じており、新興国での模倣・巧妙化対策も含めて知的財産（権）ミックス戦略として十分かどうかを検討する必要がある。

図31　日本人による主要国・機関への意匠登録出願件数の推移【特許行政年次報告書2017年版28頁より引用】

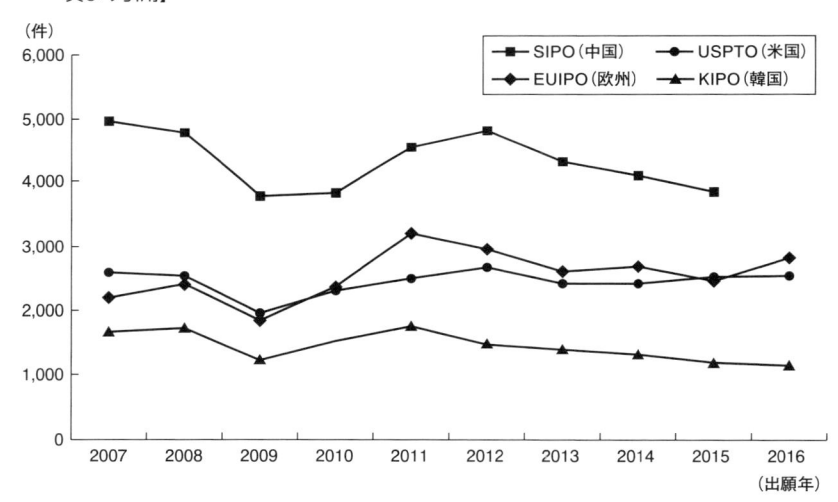

　さらに、下記**図32**に示されるように、中国での模倣・巧妙化対策に有用な実用新案登録出願の件数は、外国人において、増加傾向にあるものの、その全体比は、未だ1％未満に過ぎない。特に、下記**図33**に示されるように、日本から中国への実用新案登録出願件数は、近年、減少傾向にあり、中国での模倣・巧妙化対策として実用新案登録出願件数が十分かどうかを検討する必要がある。

図32 中国における実用新案登録出願構造【特許行政年次報告書2017年版22頁より引用】

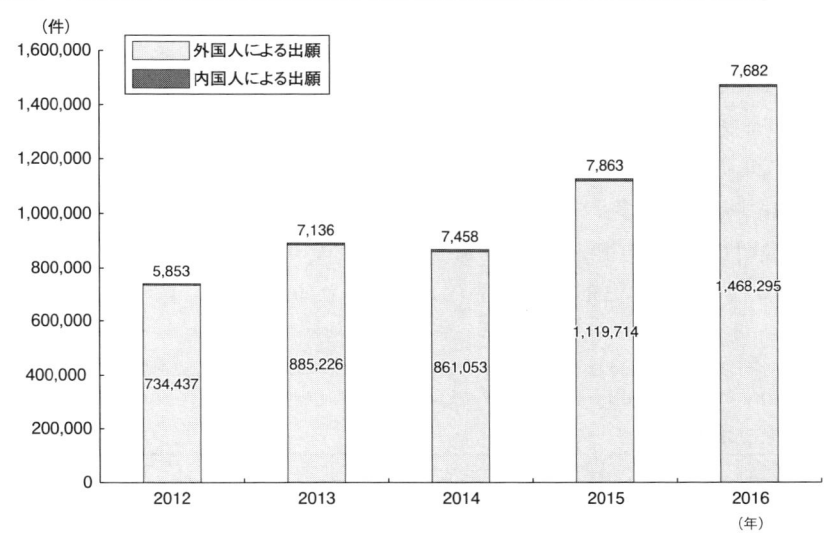

図33 日本から中国への実用新案登録出願件数の推移【特許行政年次報告書2017年版22頁より引用】

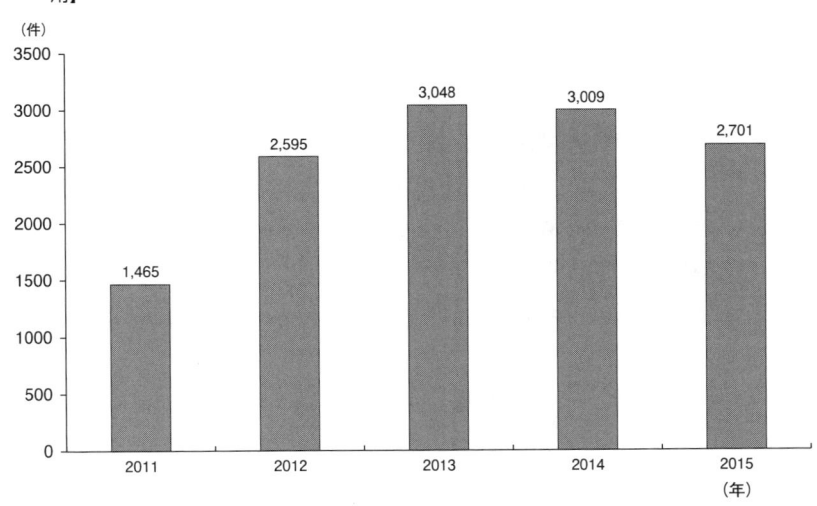

（8）ビジネス関連発明の特許化

　また、近年、先進国の企業、特に製造業においては、情報化・デジタル化及びソフトウェア化により、またネットワーク化さらには第四次産業革命の進展の下で、研究開発の成果がモノからソリューションやサービスをも含めたコトへ変移することが多くなっているため、下記**図34**に示されるような、ビジネス関連発明（ビジネス方法がICT（Information and Communication Technology）を利用して実現された発明）の特許化が注目される。

図34　ビジネス関連発明とは【特許庁ウェブサイト（https://www.jpo.go.jp/seido/bijinesu/biz_pat.htm）より引用】

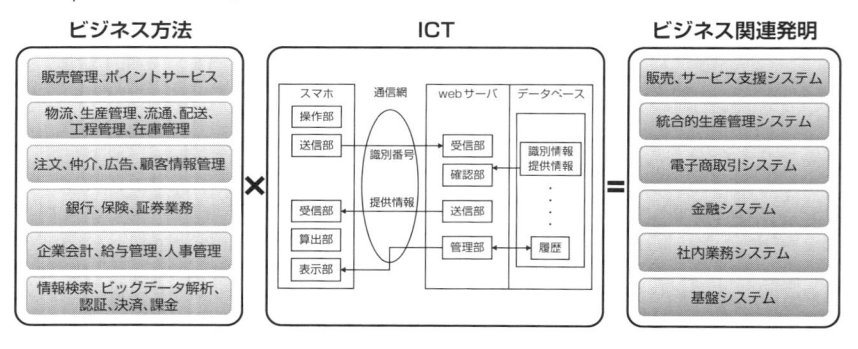

　かかるビジネス関連発明について、下記**図35**に示されるように、日本での特許査定率は、出願ブームの2000年頃のものでは、ビジネス方法そのものを多く含んでいたこともあり、10％程度と著しく低かったものの、近年のものでは、60％超と他の発明一般と変わらなくなっている。また、日本での特許査定件数自体も、2000年の約600件から2013年の2000件超と、堅調に増加している。

　もっとも、かかるビジネス関連発明に係る五大特許庁での特許出願件数は、下記**図36**に示されるとおりである。すなわち、米国では、近年、連邦最高裁判所により、ソフトウェア・電子商取引等の技術分野における特許適格性の判断基準が、大幅に厳格化されている（Alice Corp. v. CLS Bank International, 134 S.Ct. 2347 (2014) ; Mayo Collaborative Services v. Prometheus Labs,

132 S.Ct. 1289 (2014).) ため、ビジネス関連発明の特許出願件数も大幅に減少している。また、欧州でも、欧州特許庁のビジネス関連発明に対する厳しい進歩性の判断の影響により、ビジネス関連発明の特許出願件数は、五大特許庁の中で最少である。そして、日本では、外国での特許化において欧米が重視されることによるものか、全体の特許出願件数が世界第3位であるにもかかわらず、ビジネス関連発明の特許出願件数は、韓国がより多いように、相対的に少なく留まっている。他方、中国では、ビジネス関連発明の特許出願件数は、大幅に増加している。

図35 ビジネス関連発明に係る日本での特許査定件数・特許査定率【特許庁ウェブサイト (https://www.jpo.go.jp/seido/bijinesu/biz_pat.htm) より引用】

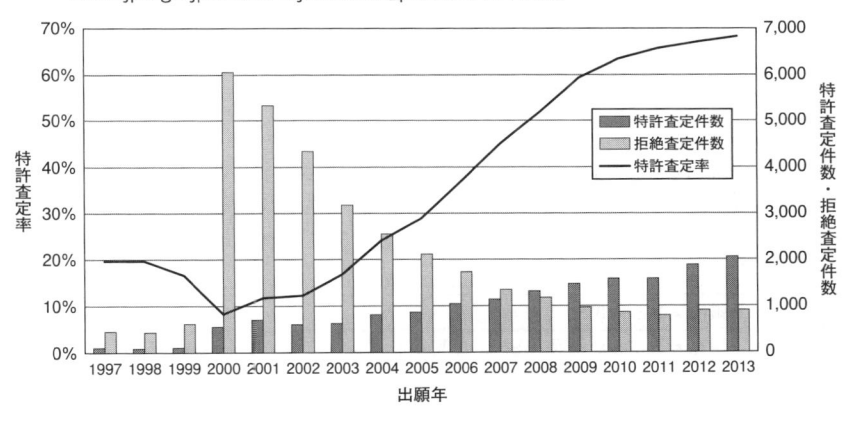

図36 ビジネス関連発明に係る五大特許庁での特許出願件数【特許庁ウェブサイト (https://www.jpo.go.jp/seido/bijinesu/biz_pat.htm) より引用】

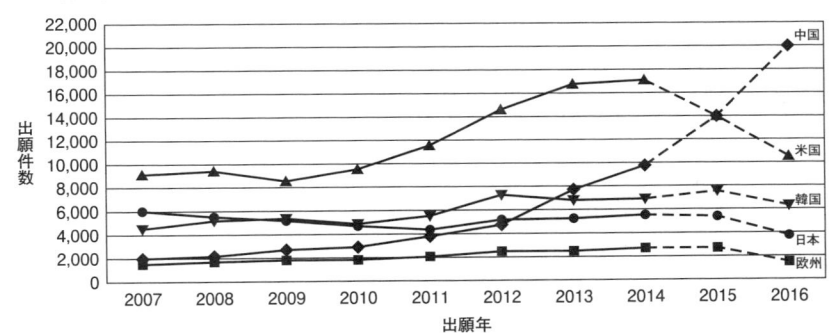

　かかる状況の下で、先進国の企業においては、如何なる国・地域で積極的にビジネス関連発明の特許化を行うべきかを十分に検討する必要がある。

（9）特許化戦略の下での秘匿化戦術

　さらに、特許化戦略の下でなお秘匿化戦術を採用・遂行することも考えられる。

　この点、例えば、下記図37に示されるように、企業においては、公開特許公報を介した技術流出を懸念して、①明細書には必要最低限の事項のみを記載するに留めること、②出願公開前に再検討のうえ特許化不要であれば出願を取り下げて秘匿化に移行すること、③早期の審査請求・早期審査で出願公開前に進歩性欠如で拒絶理由通知を受けた出願を取り下げて秘匿化に移行すること、等の対応や工夫が行われている。

図37　技術情報の伝播の防止のための特許出願での対応や工夫【財団法人知的財産研究所「出願公開制度に関する調査研究報告書」(平成27年3月) 129頁より引用】

【Q-A8】　公開特許公報による技術情報の伝播を懸念して、個々の出願に関して対応や工夫を行っていることはありますか。(複数回答可)		件数	割合
	出願に関する対応や工夫	件数	割合
a	発明を出願するか営業秘密として秘匿化するかについて十分な検討をしている。	339	68.8%
b	出願と同時等、早い段階で審査請求を行って公開特許公報の発行前に審査結果を得ることで、権利化が困難な出願については公開されないようにしている。	38	7.7%
c	早期審査制度を利用して公開特許公報の発行前に審査結果を得ることで、権利化が困難な出願については公開されないようにしている。	47	9.5%
d	明細書には、特許取得のために法令や審査基準に適合すると考えられる最低限の事項のみを記載するようにしている。	143	29.0%
e	公開特許公報の発行前に、取下げも含め、権利取得の必要性について再検討を行っている	85	17.2%
f	特に何もしていない。	81	16.4%
g	その他	4	0.8%
無回答		9	1.8%
回答者数		493	

　また、明細書の記載の仕方において外国企業等が公開特許公報を検索し難くするような工夫を行うことも考えられる。

　さらに、国内出願数を絞る一方で、外国出願数を増やすことにより、従来のような、国内公開特許公報を介した周辺技術の流出を可及的に防止しつつ、外国出願の調査により他企業等に把握され易かった自企業の本命技術も可及的に秘匿化することが考えられる。

　また、自企業の特許出願を他企業等の研究開発・特許出願動向を注視して不追従と判断した場合には出願公開前に取り下げて再出願する一方、追従と判断した場合にはそのまま特許化することも考えられる。

(10) 役割分担

　かかる特許化その他の産業財産権化は、その性質上、企業の知的財産部門において、主体的に、研究開発部門・経営企画部門及び事業部門と連携・協働して、遂行する必要がある。

　また、かかる特許化その他の産業財産権化には、その性質上、企業による国内・外国の特許出願等の代理・仲介業務や各種の調査等を通じた技術・産業財産権法に係る専門的・国際的な知識・経験を有する特許事務所・外部弁理士への相談・業務委託が有用である。特に、かかる特許事務所・外部弁理士は、かかる知識・経験を、国内・欧米は勿論、新興国も含めて、自企業が選択・集中した分野において、秘匿化への理解や、標準化、模倣・巧妙化対策、エンフォースメントその他の活用への理解も含めて、十分に有するものであるか、又は、法律事務所・外部弁護士との連携・協働により、かかる点を補完できるものであることが望ましい。

4. 企業における発明その他の技術情報の 公知化の遂行

　企業、特に先進国の製造業において、創造又は取得された発明その他の

　技術情報の保護戦略として公知化による場合、技術流出を懸念して、公開特許公報等による公知化ではなく、公開技報等による公知化によるときには、さらに、公開特許公報等と比較した他企業等の産業財産権化の早期かつ簡易な防止の可能性や、技術のオープン化さらには標準化の可能性、等のメリットと、公開特許公報等と比較した他企業等の産業財産権化の防止効の弱さ、自企業の後行特許出願等の先行技術化、等のデメリットとを勘案しつつ、具体的な公知化の手法を検討・選択する必要がある。

　この点、例えば、公知化戦略の下でなお秘匿化戦術を採用・遂行するものとして、技報を国立国会図書館に納本して公開・公知化することにより、特に外国企業等への技術流出を可及的に防止する一方、他企業等による特許化その他の産業財産権化に備えて、念のため先使用権を確保することが考えられる。

　また、例えば、公知化する技術内容について、引用例としての適格性を上げるために、クライアント企業による発明等の国内・外国出願は勿論、相手方企業の特許（出願）等に対する情報提供・異議申立て・無効審判等をも含む代理・仲介業務等を通じて技術・産業財産権法に係る専門的・国際的な知識・経験を有する特許事務所・外部弁理士への相談・業務委託により、明細書化することが考えられる。

　さらに、例えば、技術のオープン化さらには標準化のために、学会・展示会・コンソーシアム・標準策定団体の会合等において、非コア・イノベーション領域における自企業保有の技術・製品・システムをオープン化の知的財産ポリシーも含めて積極的に公開し、当業者における周知化・慣用化を企図することが考えられる。

5. データ提供事業者におけるビッグデータの法的保護対象化の遂行

(1) はじめに

　データ提供事業者において、創造又は取得されたビッグデータ(産業データ・パーソナルデータ等)について、平成30年改正不正競争防止法により保護対象化するためには、官民データ等の無償で公衆に利用可能な情報との非同一性(不正競争防止法19条1項8号ロ)の充足とともに、電磁的相当量蓄積性・電磁的管理性・業としての限定的な外部提供性(不正競争防止法2条7項)を充足するように取り扱うことが必要である。

(2) 電磁的相当量蓄積性・電磁的管理性・業としての限定的な外部提供性

　まず、かかる電磁的相当量蓄積性の充足のためには、データ提供事業者において、有用性を有するに至る程度の相当量のデータを電磁的方法により蓄積することが必要である。

　また、かかる電磁的管理性の充足のためには、データ提供事業者において、データを特定の外部者に限定して提供するための適切な電磁的アクセス制御手段(ID・パスワード管理、専用回線の使用、データ暗号化、スクランブル化等)により管理することが必要である。

　さらに、かかる業としての限定的な外部提供性の充足のためには、データ提供事業者において、外部者の求めに応じて特定者に対し選択的に提供することが予定されていることが必要である。

　かかる活動には、その性質上、企業のデータ提供事業部門のみならず、知的財産部門や法務部門も主体的な役割を果たすべき場合が多い。

(3) 平成30年改正不正競争防止法上のビッグデータの保護

　以上の要件を充足するビッグデータについて、平成30年改正不正競争防止法は、下記図38に示されるように、不正な取得・使用・提供行為を、営業秘密侵害行為より限定的に、類型ごとに列挙して「不正競争」と定義し、データ提供事業者が、「不正競争」行為者に対し、刑事救済も可能な営業秘密侵害行為と異なり、民事上のみ、差止め、損害賠償、信用回復措置を請求できるようにしている。

図38　ビッグデータに係る不正競争行為の類型【経産省「不正競争防止法等の一部を改正する法律案の概要」(平成30年2月) 4頁より引用】

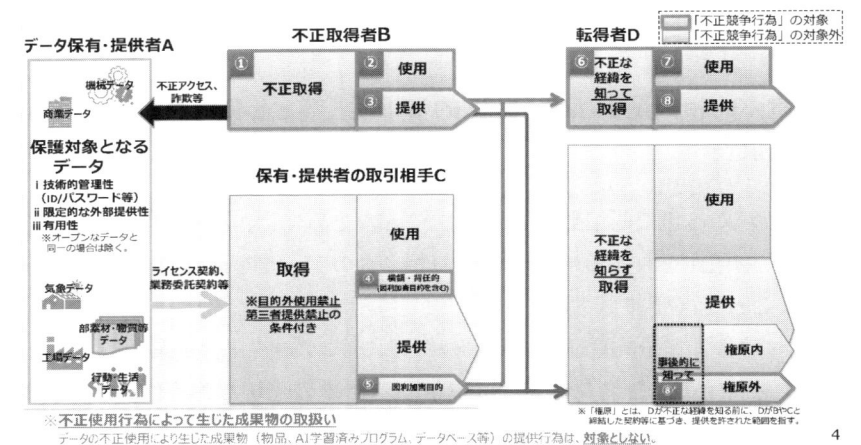

6. 自企業保有の技術情報又はその周辺に係る他企業等の権利化阻止・権利無効化

　企業の知的財産部門においては、創造又は取得された発明その他の技術情報の保護戦略として、同技術情報及びその周辺について、研究開発部門・経営企画部門及び事業部門と連携・協働して、他企業等の特許化等を阻止し、また、他企業等の特許等を無効化することが必要である。

　そして、かかる他企業等の権利化阻止・権利無効化においては、拒絶理由・無効理由の性質（新規性欠如、進歩性欠如、記載不備、冒認、共同出願違反等）・強弱、関連する自企業の製品・システム及び関連サービスの事業化の有無・程度、他企業等からの警告・提訴等による侵害紛争の顕在化・激化の有無・程度等に応じて、情報提供、異議申立て、無効審判、侵害訴訟での無効の抗弁等を使い分け、組み合わせることが必要である。

　また、かかる他企業等の権利化阻止・権利無効化には、その性質上、クライアント企業による国内・外国の特許出願等は勿論、相手方企業の特許（出願）等に対する情報提供・異議申立て・無効審判等をも含む代理・仲介業務等を通じて技術・産業財産権法に係る専門的・国際的な知識・経験を有する特許事務所・外部弁理士への相談・業務委託が有用である。特に、かかる特許事務所・外部弁理士は、かかる知識・経験を、国内・欧米は勿論、新興国も含めて、自企業が選択・集中した分野において、侵害紛争対応も含めて、十分に有するものであるか、又は、法律事務所・外部弁護士との連携・協働により、かかる点を補完できるものであることが望ましい。

7. 自・他企業等の知的財産情報の集約・データベース化

　企業の知的財産部門においては、以上の自企業における発明その他の技術情報に係る、保護戦略の検討・決定及び見直し、秘匿化・ブラックボックス化の遂行、特許化その他の産業財産権化の遂行、公知化の遂行、ビッグデータの法的保護対象化の遂行、他企業等の権利化阻止・権利無効化の遂行について、知的財産情報として集約・データベース化し、研究開発部門・経営企画部門・事業部門等へ供用する必要がある。

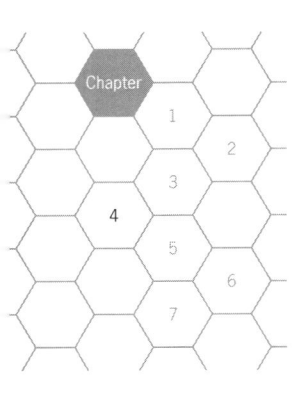

第4章
企業における発明その他の技術情報の活用戦略・戦術

1. 外部への自企業の知的財産情報開示・知的資産経営報告

　企業においては、その保有に係る発明その他の技術情報の活用戦略として、インバウンド型・アウトバウンド型オープン・イノベーションの相手方、市場の取引者・需要者、競合企業、投資家等の外部に対し、知的財産報告書の任意かつ組織的な作成・公表により、自企業の中核技術と事業モデル、研究開発セグメントと事業戦略の方向性、研究開発セグメントと知的財産の概略、技術の市場性・市場優位性の分析、研究開発・知的財産組織図、研究開発協力・提携、知的財産の取得管理・営業秘密管理・技術流出防止に関する方針（指針の実施を含む）、ライセンス関連活動の事業への貢献、特許群の事業への貢献、知的財産（権）ポートフォリオに対する方針、リスク対応情報等の項目について、知的財産情報開示（経済産業省「知的財産情報開示指針」（平成16年1月））を行うことが望ましい。

　また、知的資産経営報告書等の任意かつ組織的な作成・公表により、経営スタンス・リーダーシップ、選択と集中、対外交渉力・リレーションシップ、知識の創造やイノベーション・スピード、チームワーク・組織知、リスク管理・ガバナンス、社会との共生等の視点をベースに、各種の裏付け指標を盛り込みつつ、知的資産やそれを活用した企業価値の創造のやり方、将来の利益及びその持続性につき、ストーリー立てて、知的資産経営報告（経済産業省「知的資産経営の開示ガイドライン」（平成17年1月））を行うことが望ましい。

　これらにより、企業においては、企業価値の増大、経営資源の最適配分、資金調達の容易化、従業員のモチベーションの向上、知的資産への再投資の容

易化等が図られることが期待され得る。特に、営業部門においては、知的財産情報開示・知的資産経営報告を、営業活動におけるコミュニケーションツール・マネジメントツールとして活用することが期待される。例えば、営業部門において、知的財産部門より、自企業の製品・システム・関連サービス等が自企業保有の特許等の知的財産（権）を実施していること及び他企業等保有の特許等の知的財産（権）を侵害していないことについて、情報提供を受け、同情報を営業活動に積極的に活用することが考えられる。

2. ライセンス・アウト一般

(1) 目的・契約態様・法的性質

　企業においては、その保有に係る発明その他の技術情報（ビッグデータを含む）・その権利の活用戦略として、自己の事業における実施は勿論として、それとともに、又は、それに代わり、他企業等に対しライセンス・アウトすることも考えられる。

　かかるライセンス・アウトは、一般に、事業化断念・事業撤退等における研究開発投資の回収・転嫁、異業種・海外等における事業化リスクの分散・転嫁、自企業の研究開発・事業の自由度の確保、知的財産（権）侵害紛争の解決、事業ロス・リカバリー型のエンフォースメントによる実施料等（相当額）の取得、自企業保有の対象技術に関する市場の形成・拡大、自企業保有の対象技術の競合技術や競合企業等の封じ込め、等の様々な目的を有し得る。また、当該目的に応じて、特許ライセンス、ノウハウ・ライセンス、独占的ライセンス、非独占的ライセンス、包括ライセンス、クロスライセンス、等の様々な契約態様を採り得る。

　特に、ライセンス・アウトにおいては、その法的性質について、特許権等の権利不行使の約束としてのライセンス・アウトと、技術上の営業秘密等の技術情報（ビッグデータを含む）の開示・提供によるライセンス・アウトとを区別

する必要がある。この点、前者のライセンス・アウトのためには、特に外国、特に新興国の他企業等に対する場合には、特許権等のエンフォースメント、特に裁判所での侵害訴訟の提起が必要になることが多い。他方、後者のライセンス・アウトのためには、他企業等の研究開発及び事業にとって対象技術情報が有し得べき技術的価値・性質及び経済的価値を的確に評価することが肝要である。さらに、両者のハイブリッド・ライセンス・アウトとすれば、ライセンシーにとっても、ライセンス・インする技術が特許でも保護され得る点において、メリットがより高くなる。

　また、いずれにしても、ライセンス・アウトにより、自企業の事業と競合・代替し得る他企業の事業が可能・容易になり得る点にも留意する必要がある。逆に言うと、自企業の事業において実施・活用される発明その他の技術情報・その権利が他企業の事業において実施・活用されない状況こそが、自企業の事業が他企業の事業と知的財産（権）により差別化され得る本来的な状況であるとも言い得る。

(2) 手順

　かかるライセンス・アウトのためには、企業において、多くはグローバルに、①産業の発達状態・競合企業の状況・競合製品の状況・製品のライフサイクル等の経済的環境、②契約法・知的財産法・独占禁止法・技術輸出入規制法・税法等の法的環境、③いわゆるカントリー・リスク等の政治的・社会的環境は勿論、④他企業等の研究開発活動・知的財産活動及び事業活動をも事前に調査・分析した上で、他企業等のライセンス・インのニーズ又は被疑侵害行為を探索する必要がある。ここで、他企業等の侵害可能性のある自企業の特許権等のリスト、特に自企業の特許出願等に係る他企業等による包袋閲覧請求・情報提供等、特許マップ、特に本命技術に絞り込まれることが多い他企業等の外国特許（出願）情報や同特許（出願）における自企業の特許等の引用、他企業等の研究者の研究論文、他企業等の公開技報、自企業の発明者の人脈、技術展示会への参加、取引先・事業部門・営業部門からの情報提供、他企業等の製品・システム及びサービス自体の調査・分析、等が有用で

ある。そして、他企業等のライセンス・インのニーズ又は被疑侵害行為が発見された場合には、必要に応じて特許権等の有効性を再評価するとともに、自企業の事業による他企業等の特許権等の非侵害性等をも検討・確認した上で、他企業等に申入れ・侵害警告等を行い、必要に応じて秘密保持契約・LOI (letter of Intent)・MOU (Memorandum of Understanding)・オプション契約・フィージビリティスタディ契約等の下で、契約締結交渉を行うことになる。かかる交渉段階において、特許権等以外の技術情報のライセンス・アウトを企図する企業としては、相手方に対し、当該技術情報の開示を契約目的に応じて最少限度に留め、当該技術情報の全体及び詳細は絶対に開示しないことが必要である。

(3) 契約条項

そして、上記契約締結交渉においては、対象知的財産 (権) の特定、ライセンス条項、ライセンス料、表明・保証条項、瑕疵修補条項、契約解除条項、補償条項等、その他の事項について、第2章8 (4) 及び (5) に述べたライセンス・インの場合に留意すべき点と同様の点を留意する必要がある。特に、ライセンス・アウトの場合、グローバルな大企業に高いライセンス料で独占的にライセンス・アウトすべきか、世界中の多数の企業に低いライセンス料で非独占的にランセンス・アウトすべきか、また、独占的なライセンス・アウトの場合も、複数のライセンシー企業の強い又は弱い国・地域で如何にテリトリーを分けるかを検討する必要がある。また、適正なライセンス料額の計算・支払いを担保するために、ライセンス料の計算条項・報告条項・記録保存条項及び監査条項をも具体的かつ明確に規定する必要がある。

また、ライセンス・アウトの場合、例えば、米国法において、いわゆるライセンシー・エストッペルが否定される (Lear, Inc. v. Adkins, 395 U.S. 653 (1969).) とともに、ライセンシーによるライセンス対象特許の無効等の確認訴訟の提起に事前のライセンス契約の解約等は不要である (MedImmune, Inc. v. Genentech, Inc., 549 U.S. 118 (2007).) とされ、また、日本法においても、信義則上の不争義務が否定される (東京高判昭60・7・30判タ616号181頁

〔蛇口接続金具意匠事件〕）状況の下で、ライセンサーがライセンシーに対しライセンス対象特許等の有効性を争わない契約上の義務を負わせることが考えられるところ、かかる「不争義務」「を課す行為」について、公正取引委員会「知的財産の利用に関する独占禁止法上の指針」（平成19年9月28日、改正：平成28年1月21日）においては、「不公正な取引方法の観点からの考え方」として、「無効にされるべき権利が存続し、当該権利に係る技術の利用が制限されることから、公正競争阻害性を有するものとして不公正な取引方法に該当する場合もある」（一般指定第12項（拘束条件付取引））ものの、「ライセンシーが権利の有効性を争った場合に当該権利の対象となっている技術についてライセンス契約を解除する旨を定めることは、原則として不公正な取引方法に該当しない」ものとされている。

　さらに、特にライセンス料が出来高払いの（完全）独占的なライセンス・アウトのときには、ライセンシーによる対象知的財産の実施等の義務の有無・内容は、ライセンス契約に明文規定がないと、日本法上必ずしも明らかではなく（ライセンス料が出来高払いの場合・ライセンスが（完全）独占的な場合又は総合考慮により肯定するかどうか）、また、各外国法毎に異なり得るため、ライセンス契約において、ライセンシーの（最善）実施（努力）義務条項及びその担保のための実施開始時期・実施数量・販売促進費用・宣伝広告費用等に係る具体的・定量的な義務条項、最低実施料条項、同義務違反の場合の独占的なライセンスの非独占化条項等を具体的かつ明確に規定する必要がある。この点、上記指針においては、「不公正な取引方法の観点からの考え方」として、「最善実施努力義務」について、「ライセンサーがライセンシーに対して、当該技術の利用に関し、最善実施努力義務を課す行為は、当該技術が有効に使われるようにする効果が認められ、努力義務にとどまる限りはライセンシーの事業活動を拘束する程度が小さく、競争を減殺するおそれは小さいので、原則として不公正な取引方法に該当しない」、また、「製造数量の制限又は製造における技術の使用回数の制限」及び「販売に係る制限」について、「ライセンサーがライセンシーに対し、当該技術を利用して製造する製品の最低製造数量又は技術の最低使用回数を制限することは、他の技術の利用を排除することにならない限り、原則として不公正な取引方法に該当しない」及び「ライセ

ンス技術を用いた製品を……販売できる数量を制限する行為については、基本的に（同様の）考え方が当てはまる」とされている。

　また、ライセンス契約において、対象特許（出願）等に係る発明等の工場生産上・商業上の実施等可能性、新規性欠如・進歩性欠如等の公益的理由による対象特許出願等の拒絶理由・対象特許権等の無効理由の不存在、対象特許（出願）等に係る発明等の実施等による第三者保有の特許権等の非侵害、等についての不表明・不保証条項とともに、これらの問題が生じた場合における既発生・未払い実施料等の存続条項や既払い実施料等の不返還条項を具体的かつ明確に規定する必要がある。

　さらに、権利消滅後のライセンス料の支払義務等について、上記指針においては、「不公正な取引方法の観点からの考え方」として、「ライセンサーがライセンシーに対して、技術に係る権利が消滅した後においても、……ライセンス料の支払義務を課す行為は、一般に技術の自由な利用を阻害するものであり、公正競争阻害性を有する場合には、不公正な取引方法に該当する」（一般指定第12項（拘束条件付取引））ものの、「ライセンス料の分割払い又は延べ払いと認められる範囲内であれば、ライセンシーの事業活動を不当に拘束するものではないと考えられる」とされている。さらに、特に特許権等の権利不行使の約束と技術上の営業秘密等の技術情報の開示・提供とのハイブリッド・ライセンス・アウトのときには、例えば米国判例（Kimble v. Marvel Entertainment, LLC, 135 S. Ct. 2401 (2015).）のように、特許権等の存続期間満了等による消滅により直ちに実施料等支払義務全体までも影響を受けることがないよう、ライセンス契約において、実施料等自体をそれぞれ区分して規定する必要がある。

　また、ライセンス対象特許等に無効理由があるときにライセンサーにおいて訂正（審判）請求により解消することができるよう、同訂正（審判）請求にライセンシーの承諾が必要とされる（特許法127条・134条の2第9項、実用新案法14条の2第13項）一方、不争義務を負わないライセンシーによる同承諾の拒否は直ちに信義則違反等の問題を生じさせないとされる（東京高判平16・10・27ジュリスト1291号260頁〔貯留浸透タンク事件〕）ことから、ライセンス契約において、同訂正（審判）請求へのライセンシーの承諾義務条項を具体的か

つ明確に規定する必要がある。

　さらに、例えば米国においては、特許製品等に特許表示を行うか、又は、侵害者に侵害通知を行った後の侵害行為について、損害賠償を受け得るとされる（米国特許法287条（a））ところ、かかる特許製品は特許権者のもののみならずライセンシーのものも含まれる（Amsted Indus. Inc. v. Buckeye Steel Castings Co., 24 F.3d 178, 185 (Fed. Cir. 1994).）ことから、ライセンス契約において、ライセンシーの特許製品等への特許表示義務条項を具体的かつ明確に規定する必要がある。

　また、例えば技術上の営業秘密のライセンス・アウトのときには、一般に、ライセンシーの（契約終了後も含めた）秘密保持義務・他目的流用禁止義務条項（その従業者の順守の表明・保証条項等も含めて）及びその担保のための具体的な措置義務条項（実効性のある監査条項等も含めて）を規定する必要がある。この点、上記指針においては、「不公正な取引方法の観点からの考え方」として、「ノウハウの秘密保持義務」について、「ライセンサーがライセンシーに対して、契約期間中及び契約終了後において、契約対象ノウハウの秘密性を保持する義務を課す行為は、公正競争阻害性を有するものではなく、原則として不公正な取引方法に該当しない」とされている。他方、例えばブラジル企業等に対する場合には、ノウハウ提供契約の期間の上限が通常5年であり、契約終了後はノウハウが自動的に譲渡されることに留意する必要がある。

　さらに、例えばデータ提供事業者によるビッグデータの利用許諾のときには、一般に、当該ビッグデータについて、技術的な管理を施した上で、限定的な外部提供に留めるとともに、例えば経済産業省「AI・データの利用に関する契約ガイドライン―データ編―」（平成30年6月）を参照しつつ、ライセンシーの（契約終了後も含めた）第三者不提供義務・他目的流用禁止義務条項（その従業者の順守の表明・保証条項等も含めて）及びその担保のための具体的な措置義務条項（実効性のある監査条項等も含めて）を規定する必要がある。

　また、例えば中国企業等に対するときには、中国の技術輸出入管理条例24条により、ライセンシーによるライセンス対象技術の中国での実施による第三者保有の中国特許権等の侵害に対する、ライセンサーの責任が強行規定として規定されていることについて、自企業から中国関連会社へのライセンス

と中国関連会社から中国企業等へのサブライセンス及び不保証・保証制限とし、中国国内の契約法353条所定の責任の免除・制限の問題とすること、ライセンス契約の準拠法を香港法等の外国法とし、香港等の外国の仲裁機関を選択すること、等により、対処できないかどうか、を検討する必要がある。また、同条例27条により、ライセンシーによるライセンス対象技術の改良技術のライセンシー帰属が強行規定として規定されていることについて、自企業から中国関連会社へのライセンスと中国関連会社から中国企業等へのサブライセンス及び有償での共有バック又は（ソールライセンスの）グラントバックとし、中国国内の契約法354条所定の改良技術に係る取決めの問題とすること、ライセンス契約の準拠法を香港法等の外国法とし、香港等の外国の仲裁機関を選択すること、等により、対処できないかどうか、を検討する必要がある。

　さらに、例えば競合企業等がM＆Aによりライセンシー又はそのライセンス対象事業の支配権を取得することにより市場における自企業の事業の競争環境の悪化が懸念されるときには、M＆Aのスキーム（ライセンスの譲渡・事業譲渡・合併・会社分割等）と、特許権等のライセンスは実施の事業とともにする場合や一般承継の場合に移転できるとされること（特許法77条3項・94条1項、実用新案法18条3項・24条1項、意匠法27条4項・34条1項）との関係も含めて、いわゆるチェンジ・オブ・コントロール条項を規定し、特にライセンス契約の即時解約権を確保することを検討する必要がある。

（4）国際知的財産税務

ア．国外ライセンス・アウトと二重課税の排除

　日本企業において、国外で、ライセンス・アウトし、ライセンシーからの実施料の支払いについて課税される場合、国内での外国税額控除制度（法人税法69条）により、二重課税は排除され得る。

イ．パテントボックス税制

　オランダ、スイス、アイルランド、ルクセンブルグ、ベルギー、英国、仏国、スペイン、中国等においては、いわゆるパテントボックス税制により、特許権

等の知的財産権に起因する所得について法人税に軽減税率又は所得控除が適用され得る。

　かかる諸外国のパテントボックス税制を外国子会社配当益金不算入制度（法人税法23条の2）とともに活用すべく、日本企業においては、研究開発拠点並びに／又は特許権等の知的財産権の保有及びライセンス・アウト等の拠点を、かかる諸外国の子会社とし、連結グループ全体での実効税率の低減を企図することが考えられる。

　ただし、かかる多国籍企業グループとしての租税計画は、日本の課税当局から、税源浸食と利益移転（Base Erosion and Profit Shifting（BEPS））として、OECDのBEPSプロジェクトの最終報告書を踏まえた、移転価格税制（租税特別措置法66条の4）さらには外国子会社合算税制（タックス・ヘイブン対策税制）（租税特別措置法66条の6）により、一般的否認規定（General Anti Avoidance Rules（GAAR））の未導入下でも、国際的租税回避の否認・契約の引直しの対象とされ得ることに留意する必要がある。

　ここで、移転価格税制（租税特別措置法66条の4）とは、内国法人の法的・実質的な支配下にある国外関連者との無形資産取引を含む多様な取引の価格が最適手法ルールによる所定の幅の独立企業間価格と比して過少支払・過大受領の場合に独立企業間価格での取引と看做して法人税を課税する制度である。この点、特に、無形資産取引の場合には、移転価格文書化の下でもなお、例外的・限定的に所得相応性基準が採用されない限り、評価が困難であるとともに、法令も一般に棚卸資産取引に集約した算定方法の規定ぶりであるため、適用に困難を伴うことが指摘されている。

　また、外国子会社合算税制（タックス・ヘイブン対策税制）（租税特別措置法66条の6）とは、居住者・内国法人の法的・実質的な支配下にある外国関係会社のうち、所得区分別アプローチにより、①ペーパーカンパニー・キャッシュボックス法人・ブラックリスト国所在法人を特定外国関係会社として、事務負担軽減特例の適用を実効税率30％未満としつつ、会社単位での所得合算による課税の対象とし、特定外国関係会社以外のうち、②経済活動基準（事業基準・実体基準・管理支配基準及び所在地国基準（一般業種）又は非関連者基準（特定業種））のいずれかを満たさないものを対象外国関係会社として、事務負担軽減特例

の適用を実効税率20％未満としつつ、会社単位での所得合算による課税の対象とし、②同基準の全てを満たすものを部分対象外国関係会社として、事務負担軽減特例の適用を実効税率20％未満としつつ、一定の受動的所得のみを合算課税の対象とする制度である。

(5) 日本企業の課題

ア．はじめに

　かかるライセンス・アウトについて、日本企業、特に製造業においては、以下のような様々な課題が指摘され得る。

イ．ライセンス・アウトの促進活動における欧米企業との比較

　すなわち、例えば、下記図1に示されるように、ライセンス・アウトの意志があり、その促進活動を行っているのは、欧米企業において、約56％にも上るのに対し、国内企業においては、約20％に留まる。このように、国内企業は、ライセンス・アウトの意志がある場合には、欧米企業のように、より積極的にライセンス・アウトの促進活動を行う必要がある。

図1　ライセンス・アウト促進活動【平成24年度知的財産国際権利化戦略推進事業報告書x頁より引用】

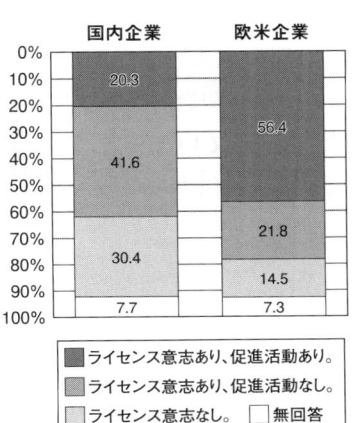

ウ．グループ外の外国の競合企業等へのライセンス・アウト

　次に、財務省公表の国際収支統計によると、我が国の技術貿易収支は、2015年に過去最大の2．4兆円の黒字となったものの、下記**図2**に示されるように、輸送用機械器具製造業の収入が大半を占めているとともに、医薬品製造業及び情報通信機械器具製造業では親子会社以外との取引比率が高くなっているものの、輸送用機械器具製造業では、我が国企業の海外現地法人（子会社）からのライセンス収入等の親子会社間の取引による収入が88％程度と高く、親子会社以外との取引比率が低く留まっている。

図2　産業分野別技術貿易収支（親子会社間／非親子会社間別）【特許行政年次報告書2016年版52頁より引用】

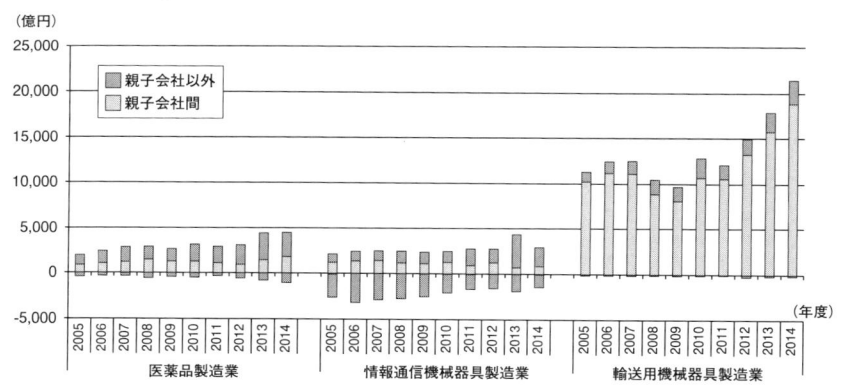

　また、取引相手国の地域別の収入比率で見ると、下記**図3**に示されるように、輸送用機械器具製造業及び情報通信機械器具製造業では東・東南アジアからの収入が一定の割合を占めている一方、医薬品製造業ではアジアからの収入が非常に少なく、北米・欧州からの収入が主となっている。

図3 産業分野別技術貿易収支（取引相手国の地域別）【特許行政年次報告書2016年版52頁より引用】

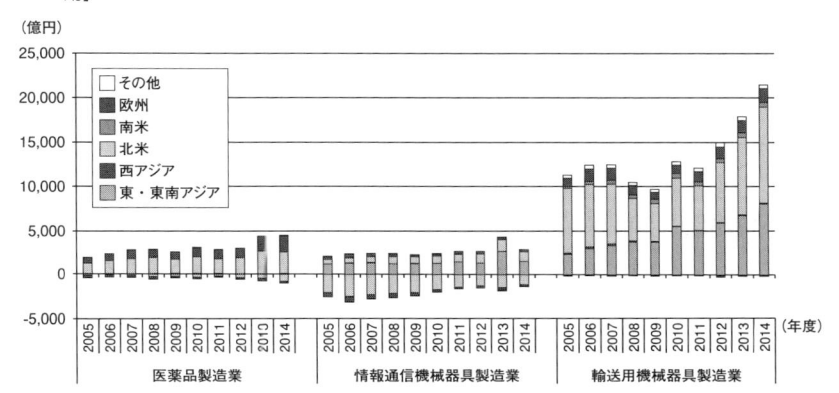

　このように、我が国企業においては一般にエンフォースメント等を通じたグループ外の外国の競合企業等へのライセンス・アウトが低調であることが窺われ、かかる点において、我が国の技術貿易額は、欧米諸国と比較すれば、増加の余地があるものと考えられる。

　すなわち、今後、我が国企業が新興国も含めたグローバル展開を加速する中で、高い技術力に基づく知的財産（権）の活用（特にエンフォースメント等を通じたグループ外の競合企業等へのライセンス・アウト）により収益を確保し、得られた収益を研究開発に再投資することで、更なるイノベーションに繋げていくことも必要であり得る。

　なお、かかるグローバルなライセンス・アウトにおいては、ロイヤリティ送金の上限規制、ロイヤリティ送金のためのライセンス契約登録制度、等の現地の法制度への対応が必要である。この点、例えば、ブラジルでは、知的財産に係る技術ライセンス契約などに際してはINPI（国立工業所有権院）へ登録する必要があるところ、①登録審査に時間がかかる、②ロイヤリティ料率が製品の売上高の5％までに制限される、③ノウハウ提供契約の期間の上限が通常5年であり、契約終了後はノウハウが自動的に譲渡される、等の留意点がある。

エ．キャッチアップ型の包括クロスライセンス

　さらに、例えば、エレクトロニクス産業においては、累積的な改良技術・周辺技術に係る大量の「特許の藪」(patent thicket)の状況の下で、自企業の研究開発・事業の自由度の確保のために、また、知的財産(権)侵害紛争の解決手段として、大企業を中心に、(バランスペイメントを伴う)特許の包括クロスライセンスが一般化してきた。もっとも、かかるライセンス戦略の下では、数量偏重の特許化中心の保護中心の知的財産戦略に陥り易く、事業における知的財産(権)の活用も限定的・消極的なものに留まりがちである。それに伴い、相手方企業等の研究開発・事業の自由度も確保される結果、自企業の技術・製品・システム及び関連サービスとの関係において、相手方企業等の革新的な技術進化やビジネスモデル・プラットフォーム・ソリューション・製品・システム及び関連サービスの開発・事業化を利用もコントロールもできず、ひいては事業において競争激化に曝され易くなりがちである。よって、かかるライセンス戦略は、技術・製品分野を意識的に限定することが必要不可欠である。

オ．事業ロス・リカバリー型のエンフォースメントによるライセンス・アウト

　また、例えば、エレクトロニクス産業において、1986年、半導体集積回路の基本特許を保有する米国のテキサス・インスツルメンツは、日本等のDRAMメーカー各社に対し、米国テキサス州の連邦地裁に特許侵害訴訟を提起するとともに、同各社製のDRAMについて、米国国際貿易委員会(ITC)に輸入差止めを求めて337条調査の開始を申し立てた結果、多額のロイヤルティ収入を得ることに成功したものの、結局、1998年、事業売却によりDRAM事業から撤退した。

　他方、1990年代後半から2000年代前半に、日本のＤＲＡＭメーカー各社は、韓国のサムスン等に対し、米国等で特許侵害訴訟を提起した結果、相応のロイヤルティ収入を得ることに成功したものの、結局、逆転された市場シェアを回復することはできなかった。

　このように、事業で負ける状態になってから特許権をエンフォースメントしてライセンス・アウトにより事業損失を回復しようとしても事業を守ること自

体には必ずしも繋がらないことが多い。このように、事業ロス・リカバリー型のエンフォースメントによるライセンス・アウト戦略は、一般的には、製品ライフサイクルとの関係における、衰退期にのみ限定され得べきものである。

3. アウトバウンド型オープン・イノベーション戦略

(1) 意義

　企業、特に先進国の製造業においては、近年、新たな技術・製品・システム及び関連サービスの市場ニーズの不確実性・早期化及び短期化の状況の下で、フロントランナー型・マーケットリーディング型の事業戦略、及び、その保有に係る発明その他の技術情報・その権利の活用戦略、特にイノベーションのエコシステムにおける自企業のポジショニング戦略として、革新的なビジネスモデル・プラットフォーム・ソリューション等に基づく他企業等との連携・協働により、同技術情報をフィードバックによりさらに改良しつつ、これに関連する市場をより確実・迅速及び持続的に形成・拡大する一方、競合技術や競合企業等を可及的に封じ込めるために、アウトバウンド型オープン・イノベーション戦略を採用・遂行することも必要かつ有用であることが多くなっている。この点、特に、自企業の知的財産（権）が確保された上でのオープンなビジネスモデル・プラットフォーム・ソリューション等は、他企業等の技術進化の自由度を制限し得ることに着目する必要がある。

　また、アウトバウンド型オープン・イノベーション戦略は、その性質上、マーケットリーディング型の研究開発戦略としてのインバウンド型オープン・イノベーション戦略と併用され得べきことが多い。例えば、テスラ・モーターズは、優れた商品企画力により、二次電池等の基幹部品を市場取引により外部から調達しつつ、高性能・高価格な電気自動車（EV）を開発・製品化して新規参入する一方、自己保有のEV関連特許の実施権を外部に無償提供すること等により、急成長した。

(2) オープン・イノベーションの成功要因

　ここで、国内外の推進事例の調査・分析の結果、オープン・イノベーションの主な成功要因は、下記図4に示されるような点にあるものとされていることに留意する必要がある。

図4　オープン・イノベーションの成功要因の分析【オープンイノベーション協議会 (JOIC)、国立研究開発法人新エネルギー・産業技術総合開発機構 (NEDO) 編「オープンイノベーション白書」(平成28年7月) 242頁より引用】

要因	大項目	小項目
組織戦略	戦略・ビジョン	・全体戦略・経営戦略の明確化
		・自社のケイパビリティを越えた目標設定
		・全体戦略におけるオープンイノベーション戦略の位置づけ
	仕組み	・オープンイノベーションツールの開発・活用
		・ステージゲートにおける徹底管理
		・外部連携を促進するためのインセンティブ制度の設定
オペレーション	組織	・オープンイノベーション専門組織の設置
	外部ネットワーク	・外部ネットワークの構築
		・外部仲介業者の活用
ソフト	人材	・トップ層の理解・コミットメント
		・ミドルの「コーディネーター人材」としての機能
		・現場における「イノベーター人材」
	文化・風土	・組織文化・風土の醸成
		・成功体験の付与

(3) (国際) 標準化・オープン化

ア．意義

　かかるアウトバウンド型オープン・イノベーションの (契約) 態様としては、先ず、企業、特に先進国の製造業は、特に自企業の非コア・イノベーション領域において、(国際) 標準化・オープン化 (自己保有の (標準規格必須) 特許等に係るFRAND宣言若しくは無償開放又は発明その他の技術情報の公知化・周知化及び慣用化) により、関連する他企業等の新規参入を促し、標準関連市場全体を

確実・迅速及び持続的に形成・拡大し、標準関連の自企業の技術・製品・システム及び関連サービスについて、競合技術や競合企業等を可及的に封じ込めつつ、大量普及を促進・維持する一方、標準を実施する他企業の製品・システム及び関連サービスについては、場合により、(標準規格)必須特許等の(FRAND条件での)ライセンス・アウトにより、ライセンス料を取得することが考えられる。

イ. 国際標準化の重要性

かかる国際標準化は、1995年にWTO／TBT協定(貿易の技術的障壁に関する協定)が成立し、国内規格を国際規格に適合することが必要とされ、さらに1996年にWTO／GP協定(政府調達協定)が成立し、所定規模の政府調達において複数の技術提案がある場合は国際標準に適合する技術を優先することが必要とされたため、企業の国際的な事業戦略として、重要性が高まっている。

その結果、近年、ITU(国際電気通信連合)・ISO(国際標準化機構)・IEC(国際電気標準会議)等のデジュール標準及びW−CDMA・LTE・Bluetooth・USB等に係るフォーラム標準に関する、各国(企業)の国際標準化活動が活発化してきた。特に、従来から国際標準化に強い欧米(企業)に加え、中国・韓国(企業)も、新たなプレイヤーとして、国を挙げて国際標準化に取り組んでいる。

この点、例えば、ISO／IEC国際幹事国引受数とIECにおける国際標準提案件数との経年推移を見ると、下記**図5**及び**図6**に示されるように、中国は、2006年頃から急激に幹事国引受数と国際標準提案件数を伸ばし、韓国も、国際標準提案件数で健闘している。

図5　ISO／IEC国際幹事国引受数の推移【経済産業省産業技術環境局基準認証政策課「戦略的な標準化体制の構築」(平成29年2月) 12頁より引用】

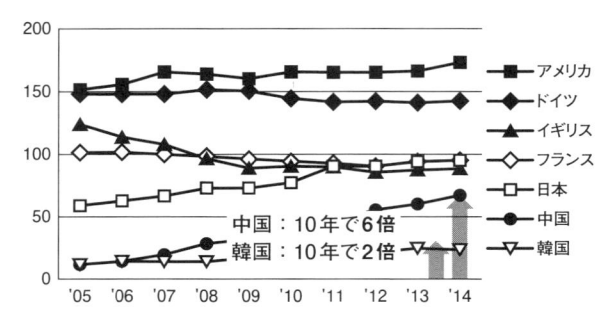

図6　IECにおける国際標準提案件数の推移【永野志保「知的財産と国際標準化」 特技懇268号 (2013年) 54頁より引用】

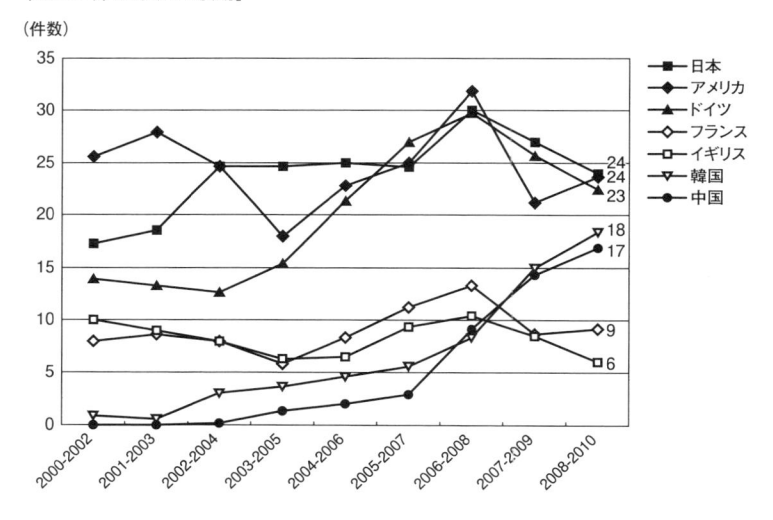

　また、例えば、下記**図7**に示されるように、近年、無線通信規格のW－CDMA及びLTEに関する必須特許として宣言された特許権の件数上位特許権者でみると、韓国のサムスン電子・LG電子、中国の華為技術(Huawei)・ZTE(中興通訊)、等の新興国企業の存在が目立っている。

図7 W-CDMA及びLTEにおける必須宣言特許数【経済産業省「知財マネジメントを行う際の標準に関わる諸問題報告書」(2012年3月) 53頁より引用】

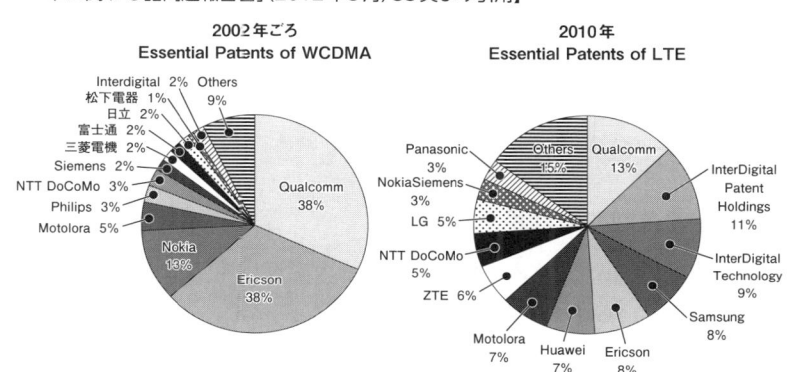

出所：Goodman, J. & Myers, A., "3G cellular standards and patents" 2005 International Conference on Wireless Networks, Communications and Mobile Computing, vols. 1 and 2, 2005, 415-420.、二又俊文「知財係争の激化と新たなパテントプールの潮流―移動体通信分野からの考察―」特許ニュース2011年9月20日

　さらに、企業においては、デジュール標準及びフォーラム標準に関する標準化団体の標準策定プロセスへの関与により、標準実装技術・製品・システム及び関連サービスの先行開発や差別化要素としての標準周辺技術・製品・システム及び関連サービスの先行開発・知的財産 (権) 化が可能化・容易化され得ることから、自企業の研究開発戦略において、同関与自体も重要となっている。

ウ．(国際) 標準化の動向

　かかる(国際) 標準化は、フロントランナー型・マーケットリーディング型の事業戦略として、企業の経営企画部門・事業部門及び標準化部門を中心に、研究開発部門・知的財産部門及び法務部門とも連携・協働しつつ、例えば社会システム関連分野 (スマート・マニュファクチャリング、IoT、ビッグデータ、自動走行システム、スマートグリッド、高齢化社会対応等) や最先端技術分野 (生活支援ロボット、水素関連技術等) において、革新的な技術それ自体よりも、寧ろ革新的なビジネスモデル・プラットフォーム・ソリューション等に基づき、仕様・インターフェース・プロトコル・性能基準・評価方法・サービス等について、ルール形成戦略マネジメントとして、多様な標準化スキームを戦略的に活用

して、遂行されるべきことが多くなっている。

　この点、例えば、日本水晶デバイス工業会は、業界全体で、日本企業の有する最高品質の水晶デバイスの品質評価基準をIEC化し、他国製品との差別化を実現し、市場を拡大する一方、水晶デバイスメーカー各社は、製造ノウハウをブラックボックス化し、競争力を維持している。

エ．標準化促進制度の活用

　かかる標準化を迅速に、より事業戦略に沿って遂行するために、トップランナーにおいては、業界団体を通じたコンセンサスを求めることなく、一般財団法人日本規格協会（JSA）が、国内標準（JIS）及び国際標準（ISO／IEC）に対して、それぞれ原案作成団体及び国内審議団体となる、又は、自らが国際標準の原案を策定することを可能とする、新市場創造型標準化制度を活用することが考えられる。また、さらに業種を超えた企業群からの標準化提案を推進すべく、業種横断的な分野での標準化のために国立研究開発法人を活用することが考えられる。さらに、中堅・中小企業等においては、パートナー機関（自治体、産業振興機関、地域金融機関、大学、公的研究機関等）を通じてJSAの標準化アドバイザーから標準化の戦略的活用のための専門的支援を受けるべく、標準化活用支援パートナーシップ制度を活用することが考えられる。さらに、平成30年改正工業標準化法（産業標準化法）によりデータ・サービス等を含めた民間主導による調査会の審議を経ないJIS（日本産業規格）制定の迅速化を企図することも考えられる。

オ．標準化による差別化・ブランド化

　そして、近年、特に、中堅・中小企業等において、上記標準化促進制度を活用しつつ、性能基準・評価方法等を標準化することにより、これを充たす自企業の技術・製品等の差別化・ブランド化を企図する動きが見られる。

　もっとも、性能基準・評価方法等を含めて一般に標準化は、競合企業等における研究開発テーマの的確な選定やテーマに係る研究開発の的確な方向付けを容易化し易いので、ある時点での自企業における標準に係る技術的な差別化それ自体は、中長期的には競合企業等において解消されてしまうおそ

れが高い。

　よって、かかる標準化による差別化・ブランド化は、かかる点に十分に留意しつつ行われる必要がある。

カ．標準化団体での標準化活動に係る留意点

（ア）はじめに

　そして、企業においては、デジュール標準及びフォーラム標準に係る標準化団体での標準化活動に当たり、特に以下の各点について、標準化団体の知的財産権ポリシー（Intellectual Property Right Policy）等を十分に認識・理解する必要がある。

（イ）寄書の取扱いと自企業の知的財産マネジメント

　すなわち、先ず、標準化団体での標準化活動において参加企業等により技術提案される寄書について、特に新興国企業により依拠した特許出願等が行われる事態が発生している。かかる特許出願等は、かかる寄書が、標準化団体の知的財産権ポリシー等及び当該標準化団体と各国特許庁との連携の下で、技術提案時に公知文献とされ易ければ、新規性又は進歩性欠如とされ得べきである一方、技術提案時に秘密文書とされ易ければ、冒認又は共同出願違反とされ得べきである。いずれにしても、標準化団体での標準化活動において寄書により技術提案する参加企業の標準化部門・知的財産部門においては、連携・協働により、かかる寄書が、標準化団体の知的財産権ポリシー等及び当該標準化団体と各国特許庁との連携の下で、技術提案時に公知文献とされ易いものか、又は、技術提案時に秘密文書とされ易いものかを的確に判断し、特に多くの前者の場合には、同提案技術に係る自企業の保護戦略の如何により、同技術提案前に自ら特許出願等を行うか、同技術提案自体の再検討を行うこと等が必要である。

（ウ）標準規格必須特許等の調査の在り方

　次に、標準化団体の知的財産権ポリシー等においては、参加者に対し、特許調査を義務化までではしないことが多いものの、参加企業の標準化部門・知的財産部門においては、連携・協働により、少なくとも標準化団体での（特に自企業の）標準化活動と自企業保有の特許（出願）等との関係につい

ては、特に標準化のタイミング・内容に対応したタイミング・内容で権利化できるよう、調査・把握しておく必要がある。

（エ）特許等の標準規格必須性の判断主体

また、標準化団体の知的財産権ポリシー等においては、特許等の標準規格必須性は、一般に、技術的なもの又は商業的なものとされているところ、いずれにしても、標準化団体への特許声明の際の同必須性の判断主体は、一般に、標準化団体ではなく、参加者自身とされている。よって、参加企業の標準化部門・知的財産部門においては、連携・協働により、自企業保有の特許等の標準規格必須性を的確に判断し、標準規格必須特許等について標準化団体へ特許声明を行うことが必要である。

（オ）特許声明書の提出時期

さらに、標準化団体の知的財産権ポリシー等においては、特許声明書の提出時期は、様々に規定されている。また、同規定への違反性や、同規定違反の場合に、他企業の標準規格実施品への標準規格必須特許等のエンフォースメントが否定されるかどうか等の法的効果も、必ずしも明らかではない。かかる状況の下で、参加企業の標準化部門・知的財産部門においては、連携・協働により、同規定を可及的に順守するよう努めることが必要である。

（カ）特許声明書での標準規格必須（宣言）特許等の特定

また、標準化団体の知的財産権ポリシー等においては、参加者に対し、特許声明書での標準規格必須（宣言）特許等の特定は、ライセンス・アウト拒否宣言の場合を除き、必須条件として求められないことが多い。その結果、特に無償やFRAND条件でのライセンス・アウトの宣言について、同知的財産権ポリシー等の如何にもより、参加企業及びそのグループ企業保有の多数の特許（出願）等のうち、同宣言の対象となる標準規格必須（宣言）特許等が具体的に特定し難く、同宣言に基づくライセンス・アウト交渉の支障となるおそれがあるとともに、後の他の異なる特許声明との関係も問題になり得る。かかる状況の下で、参加企業の標準化部門・知的財産部門においては、連携・協働により、特許声明書で標準規格必須（宣言）特許等を可及的に特定するよう努めることが必要である。

（キ）特許声明書の内容変更の可否

　さらに、標準化団体の知的財産権ポリシー等においては、特許声明書の内容変更について、例えばITU／ISO／IEC 共通パテントポリシーのように、ライセンシーにとって有利な内容変更しか認めないことが多いため、参加企業においては，自己保有の標準規格必須（宣言）特許等について、特許声明書の内容を後に例えば無償でのライセンス・アウトからFRAND条件でのライセンス・アウトへ変更すること等が認められない場合が多いことに留意する必要がある。

キ．FRAND宣言を伴う標準規格必須特許等のFRAND条件でのライセンス・アウト及びエンフォースメント

　そして、参加企業においては、標準化団体が策定した標準規格に必須の特許等について特許声明書によりFRAND宣言した場合、同標準規格を実施する他企業の製品・システム及び関連サービスについて、特許庁「標準必須特許のライセンス交渉に関する手引き」（平成30年6月）を参照しつつ、自ら交渉を行い、FRAND条件でライセンス・アウトすることにより、FRANDライセンス料を取得することが考えられる。ここで、自己保有の特許の標準必須性に争いがある場合には、さらに特許庁審判部「標準必須性に係る判断のための判定の利用の手引き」（平成30年3月）を参照しつつ、特許庁において標準必須判定（平成30年4月1日運用開始）を請求することも考えられる。

　また、上記交渉が不調の場合、さらに、上記特許等を、裁判所での侵害訴訟等により、エンフォースメントすることも考えられる。

　この点、同エンフォースメントにおいては、一般に、①対象製品が対象標準規格に準拠し、②対象標準規格に対象技術がマンデトリーとして規定され、③対象技術が対象特許等の保護範囲に含まれれば、対象製品の具体的な実装構成の解析等を要することなく、侵害立証が可能とされ易く、特に半導体チップセット等の対象製品の具体的な実装構成の解析等が著しく困難又は高価な事案では、その分だけ侵害立証が容易になり易い。

　もっとも、一般に、ホールドアップ問題等が考慮され、FRAND宣言等の結果、原則、差止請求やFRANDライセンス料相当額を超える損害賠償請求は、

権利濫用・第三者のためにする契約でのライセンス・独占禁止法違反等により、制限され、ＦＲＡＮＤライセンス料相当額の損害賠償請求しか肯認されない可能性が十分にあること（日本：知財高特判平26・5・16判タ1402号166頁〔移動通信システムにおける予め設定されたインジケータを用いてパケットデータを送受信する方法及び装置事件〕、米国：Microsoft Corp. v. Motorola Inc., 864 F.Supp.2nd 1023, 1029-33 (W.D.Wash. 2012).、Apple Inc. v. Motorola Inc., 886 F.Supp.2nd 1061, 1081-82 (W.D.Wis. 2012).、欧州：Huawei Techs. Co. Ltd. v. ZTE Corp. (Case C-170/13) 16th July 2015 [2015] Bus LR 1261.) に留意する必要がある。ただし、かかる制限が、ＦＲＡＮＤ宣言を伴う標準規格必須特許等の譲渡の場合に、譲受人にも同様に妥当するかどうかは、各国において、必ずしも明らかではないこと（例えば、日本では、独占禁止法の適用との関係において、公正取引委員会「知的財産の利用に関する独占禁止法上の指針」（平成19年9月28日、改正：平成28年1月21日））により、肯定されているものの、侵害訴訟に係る裁判例はない）にも留意する必要がある。

　また、損害賠償請求におけるＦＲＡＮＤライセンス料相当額の算定は、ロイヤリティスタッキング問題が考慮され、比較的低額のものとされる可能性が高いこと（日本：知財高特判平26・5・16判タ1402号166頁〔移動通信システムにおける予め設定されたインジケータを用いてパケットデータを送受信する方法及び装置事件〕、米国：Microsoft Corp. v. Motorola Inc., 864 F.Supp.2nd 1023, 1029-33 (W.D.Wash. 2012).) にも留意する必要がある。

　さらに、近年、特に標準規格必須特許等のエンフォースメント等による高額ライセンス・アウトに積極的な欧米企業が新興国において新興国企業に対する場合に、新興国の当局・裁判所においては、同欧米企業に独占禁止法を積極的に適用する傾向があるとともに、特に新興国企業の無断実施による標準規格必須特許等の権利者への逆ホールドアップ問題も懸念され得ることにも留意する必要がある。

ク．標準規格必須特許等とパテントプール

　かかるＦＲＡＮＤ宣言を伴う標準規格必須特許等のＦＲＡＮＤ条件でのライセンス・アウト及びエンフォースメントの状況の下で、企業、特に先進国の製造

業においては、①特許権者・事業者の立場から、標準規格関連市場全体のより一層の確実・迅速及び持続的な形成・拡大のために、②特許権者・ライセンサーの立場から、より効率的なFRANDライセンス料（相当額）の取得のために、また、③事業者・ライセンシーの立場から、より効率的・確実及び標準的なFRANDライセンスの取得のために、パテントプールを形成・促進することが考えられる。

この点、ＭＰＥＧ‐２（エムペグツー）は、ビデオ・オーディオ・関連システム等の復号化方式に係る複数の解像度・圧縮率に対応する規格としてISO／IECにおいて策定され、同規格の必須特許の保有企業25社から委託を受けたパテントプールの事務局であるMPEG LA, LLCは、FRAND条件でのライセンス・アウトを極めて多くの同規格の実施者に対し行った。

また、例えば、Blu－ray Discは、国際的な普及のために最低限の仕様をISO化しつつ、市場拡大のためにメーカーのみならずコンテンツホルダーも含めたフォーラムを形成した上で、フォーラム標準を基本とし、標準の実施に必要な特許のパテントプールを形成し、フォーラムのメンバー等に安価かつ無差別にライセンスするとともに、規格ロゴの商標権を取得し、模倣品・粗悪品を排除し、HD－DVDとの競合規格間競争に勝利した。

そして、近年、グローバルな産業構造の変化・転換の進展の下で、かかるパテントプールのニーズは、エレクトロニクス・情報通信・ＩＴ分野以外においても生じている。

一方、オープン＆クローズ戦略等の事業戦略の多様化・複雑化及び高度化、知的財産権の収益化を強く意識する権利者の増加、知的財産（権）ポートフォリオの獲得競争の進展等により、知的財産（権）の活用戦略が多様化・複雑化及び高度化するとともに、標準規格に関連する特許権ひいては特許権者の数も増加している。さらに、新興国企業の台頭等により、パテントプールのライセンサーとライセンシーも多様化している。

その結果、特にエレクトロニクス・情報通信・ＩＴ分野におけるパテントプールの形成・運用を巡っては、①パテントプールが取り扱う特許権等のシェアの減少、②権利侵害対応・ライセンス料（相当額）徴収の実効性の確保、③ライセンス料の設定・分配の難度の上昇、等がパテントプールのメリットを減

殺する課題として指摘されている。

　このような状況の下で、企業、特に先進国の製造業においては、かかるパテントプールを、特にFRAND宣言を伴う標準規格必須特許等について、あくまでも事業戦略・知的財産（権）の活用戦略の選択肢の一つとして位置付け、必要に応じて適宜利用すべき場合も少なくないことにも留意する必要がある。

ケ．標準化活動及びパテントプールと独占禁止法との関係

　ここで、関連事業者間で標準化活動を実施する場合、及び、標準規格必須特許等のライセンス・アウトのために関連事業者間でパテントプールを形成・運用する場合には、公正取引委員会「標準化に伴うパテントプールの形成等に関する独占禁止法上の考え方」（平成17年6月29日、改定：平成19年9月28日）等により、独占禁止法等との関係を考慮することが必要かつ有用である。

　この点、上記「標準化に伴うパテントプールの形成等に関する独占禁止法上の考え方」においては、標準化活動との関係において、例えば、「販売価格等の取決め」、「競合規格の排除」、「規格の範囲の不当な拡張」、及び、「技術提案等の不当な排除」、「標準化活動への参加制限」を除き、同「活動自体が独占禁止法上直ちに問題となるものではない」とされている。

　他方、パテントプールの形成・運用との関係において、「基本的な考え方」として、「複数の競争事業者が、規格に係る特許についてパテントプールを通じてライセンスする際に、ライセンシーの事業活動に対して一定の制限を課しても、規格を採用した製品の販売価格や販売数量を制限するなど明らかに競争を制限すると認められる場合などを除き、(1)当該プールの規格に関連する市場に占めるシェアが20％…… 以下の場合、(2)シェアでは競争に及ぼす影響を適切に判断できない場合は、競争関係にあると認められる規格が他に4以上存在する場合には、通常は独占禁止法上の問題を生じるものではない」とされている。

　また、「パテントプールに含まれる特許の性質」について、「パテントプールが必須特許のみにより構成される場合には、これらすべての特許は規格で規定される機能及び効用を実現する上で補完的な関係に立つことから、ライセンス条件が一定に定められても、これらの特許間の競争が制限されるお

それはない。したがって、パテントプールに含まれる特許の性質に関して独占禁止法上の問題が生じることを確実に避ける観点からは、パテントプールに含まれる特許は必須特許に限られることが必要である」とされている。

さらに、「パテントプールへの参加の制限」について、「パテントプールへの参加を一定の条件を満たす者に制限することは、制限の内容が、パテントプールを円滑に運営し、規格を採用する者の利便性を向上させるために合理的に必要と認められるものであり、競争を制限するものでなければ、通常は独占禁止法上の問題を生じるものではない。また、特定の規格を策定するに当たり、規格を迅速に広く普及させるため、標準化活動の参加者が、規格の策定後は規格に係る特許はパテントプールを通じてライセンスすることを事前に取り決めることは、対象が必須特許に限られ、かつ、ほかに当該特許の自由な利用が妨げられないなどの場合は、通常は独占禁止法上の問題を生じるものではない」とされている。

また、「パテントプールへの参加者に対する制限」について、「パテントプールに参加する者に対して、パテントプール運営のために一定のルールを課すことなどは、制限の内容がパテントプールを円滑に運営し、規格を採用する者の利便性を向上させるために合理的に必要と認められるものであり、かつ、特定の事業者にのみ不当に差別的な条件を課すものでない限り、通常は独占禁止法上の問題を生じるものではない。例えば、ライセンス料の分配方法を、パテントプールに含まれる特許が規格で規定される機能・効用を実現する上でどの程度重要か、パテントプールに参加する者も規格を採用した製品を生産・販売しているかなど様々な要因に基づいて決定したとしても、通常は独占禁止法上の問題を生じるものではない」とされている。

さらに、「パテントプールの運営」について、「独占禁止法違反行為を未然に防止し、パテントプールに期待される競争促進効果を十分に発揮させるためには、パテントプールの運営者に集中するライセンシーの事業活動に関する情報について、パテントプールへの参加者やライセンシーがアクセスできないようにすることが重要であり、例えば、パテントプールの参加者と人的・資本的に関係のない第三者に運営業務を委託するなどの措置が講じられることが望ましい」とされている。

　また、「パテントプールを通じたライセンス」における「異なるライセンス条件の設定」について、「ライセンスされる特許の利用範囲（技術分野、地域等）や利用時期を制限し、それらに応じてライセンス料に差を設けることは直ちに独占禁止法上問題となるものではなく、個々の事案について、差を設けることの合理的な必要性を踏まえつつ競争への影響が判断される。例えば、ライセンス料について、ライセンスを受けて生産・販売される個々の製品の需給関係を反映したものとすること又はライセンスを受けた製品の生産数量に応じたものとすることなどは、通常は独占禁止法上問題となるものではない」とされている。

　さらに、「パテントプールを通じたライセンス」における「規格の改良・応用成果のライセンス義務（グラントバック）」について、「ライセンシーによる規格技術の改良・応用の成果が必須特許となる場合……にライセンシーに対して上記の義務を課すことについては、制限の態様が必須特許に限り当該プールに非独占的にライセンスすることを義務付けるものであり、ほかに自由な利用を制限するものではなく、ライセンス料の分配方法等で他の当該プール参加者に比べて不当に差別的な取扱いを課すものでないと評価される場合は、通常は独占禁止法上問題となるものではない」とされている。

　また、「パテントプールを通じたライセンス」における「特許の無効審判請求等への対抗措置（不争義務）」について、「規格に係る特許の有効性について争われた場合に、パテントプールへの参加者のうち無効審判請求を起こされた特許権者のみが、当該特許をパテントプールから外すことなどにより、争いを起こしたライセンシーとの契約を解除することは、ライセンシーがライセンスされた特許の有効性について争う機会を失うとは認めにくいことから、通常は独占禁止法上問題となるものではない」とされている。

　さらに、「パテントプールを通じたライセンス」における「他のライセンシー等への特許権の不行使（非係争義務）」について、「当該規格に係る必須特許をライセンシーが有し又は取得する場合もあり得るところ、制限の態様が、必須特許……に限り当該プールに非独占的にライセンスすることを義務付けるものであり、ほかに自由な利用を制限するものではなく、ライセンス料の分配方法等で他のプール参加者に比べて不当に差別的な取扱いを課すもので

ないと評価される場合は、通常は独占禁止法上問題となるものではない」と
されている。

コ．役割分担

　かかる(国際)標準化・オープン化は、企業の経営戦略・事業戦略として、経
営企画部門・事業部門及び標準化部門を中心に、研究開発部門・知的財産部
門及び法務部門とも連携・協働しつつ、発明その他の技術情報の創造・取得
に係る研究開発戦略や保護・活用に係る知的財産戦略と整合させつつ、遂行
する必要がある。

　そのために、最高技術責任者(CTO：Chief Technical Officer又はChief
Technology Officer)・最高知的財産責任者(CIPO：Chief Intellectual
Property Officer)・最高事業責任者(CBO：Chief Buisiness Officer)等との兼
任も含めて、最高標準化責任者(CSO：Chief Standardization Officer)を設置
し、CSOにおいて、自企業の経営戦略・事業戦略に標準化戦略を組み込み、
経営層の理解を深め、経営層において、組織の体制と人事評価制度を明確に
し、CSOにおいて、教育・研修、OJT等の人材育成計画を策定・実行し、こ
れにより、①自企業の経営戦略・事業戦略を理解した上で、標準化を含めた
ルール形成戦略を策定する経営層として、ルール形成戦略マネジメント人材
を育成・確保し、②標準化を主たる業務とし、経営層が策定したルール形成
戦略に位置づけられた標準化を実現する社内外の人材として、標準化専門
家を育成・確保し、③標準化に関する基礎的な知識を有する人材として、標
準化を支える裾野人材を育成・確保することが必要かつ有用である(標準化
官民戦略会議標準化人材育成WG「標準化人材を育成する3つのアクションプラン」
(平成29年1月))。

　また、企業による発明等の国内・外国出願等の代理・仲介業務等を通じた
技術・産業財産権法に係る専門的・国際的な知識・経験に基づいた特許事
務所・外部弁理士の参画や、企業の知的財産契約のドラフト業務や知的財産
関連紛争の代理業務等を通じた知的財産(契約)法一般・紛争処理法に係る専
門的・国際的な知識・経験に基づいた法律事務所・外部弁護士の参画が、い
ずれも有用である場合が多い。

（4）川上企業による川下企業との共同研究開発

　また、企業間の垂直型共同研究開発の場合、一般に、川上企業は、消費者等の市場ニーズを熟知する川下企業が重要顧客である反面、原材料・素材若しくは部品を相手方に独占的に販売し、及び／又は、他の多くの川下企業にも自由に販売したい。その意味で、川上企業にとって、川下企業との共同研究開発は、自企業の原材料・素材若しくは部品、或いはこれらに関する自企業保有の既存の技術情報・その権利に係るライセンス・アウト、の市場の形成・拡大のためのアウトバウンド型オープン・イノベーションでもある。

（5）事業提携・合弁事業等

　さらに、アウトバウンド型オープン・イノベーションの契約態様として、企業、特に先進国の製造業は、特に新規分野・市場へ参入する場合に、特に異業種の他企業や外国企業、特に新興国企業との間において、事業提携や合弁事業(JV：Joint Venture)等を行うことが考えられる。

　この点、例えば、特に大企業においては、特にソフトウェア・関連サービス分野への新規参入の場合、ITベンチャー企業と事業提携・資本提携等を行うことが考えられる。

　また、特に新興国市場への新規参入の場合、新興国企業との事業提携・JV等は、自企業の技術・製品・システム及び関連サービスについて、新興国市場のニーズに合わせて、いわゆるグローカル化するために、有用であることが多い。また、かかる新興国企業との事業提携・JV等を通じて、低価格で機能をシンプル化した新たな製品を開発し、同製品を当該新興国のみならず先進国その他の国に事業展開することも考えられる。

　ただし、特に新興国企業との事業提携・JV等に当たっては、特に一方的な打切りによる解消を想定して、技術流出に対応すべく、特許等出願・契約・監査等により、当該新興国等における自企業の知的財産権の確保・管理を徹底することが必要である。

(6) 特許等の無償開放

　また、アウトバウンド型オープン・イノベーションの (契約) 態様として、自企業の次世代技術・製品について、関連する特許等の無償開放により、関連する他企業等による関連する市場への新規参入を促し、自企業の次世代技術・製品の市場形成・拡大を図るとともに、同じ次世代技術・製品内及び／又は他の次世代技術・製品間における自企業の次世代技術・製品のデファクト標準化を図ることが考えられる。

　例えば、テスラ・モーターズは、優れた商品企画力により、二次電池等の基幹部品を市場取引により外部から調達しつつ、高性能・高価格な電気自動車 (EV) を開発・製品化して新規参入する一方、自己保有のEV関連特許の実施権を外部に無償提供すること等により、急成長した。

　また、トヨタは、自己保有の燃料電池自動車 (FCV) 関連特許のうち、車両系・燃料電池システム関連特許については、市場導入初期に、また、インフラ系・水素ステーション関連特許については、無期限で、外部に実施権を無償提供することにより、EVその他の次世代自動車・その関連技術と対抗しつつ、FCVの関連市場の立上げと、同市場における自己保有のFCV関連技術の普及とを図っている。

　次に、例えば、エコ・パテントコモンズは、持続可能な開発の支援のために環境関連特許を開放することを通じて、参加企業に対し、社会に貢献する機会を提供するとともに、さらなるイノベーションやビジネス関係構築の機会を提供することを企図している。

(7) コーポレートベンチャリングによる自企業発のベンチャー企業の創出・育成

　さらに、特に大企業においては、自企業では直ちには事業化し難い、自企業の高度な技術シーズを死蔵させないために、カーブアウト・スピンアウト・社内ベンチャー等のコーポレートベンチャリングにより、自企業発の (研究開発型) ベンチャー企業を創出・育成すること、そのために、公的な事業化支援制度を活用しつつ、インキュベーションプログラム・アクセラレーションプロ

グラム等を構築・提供することが考えられる。

　すなわち、大企業において、遂行した研究開発のテーマが事業化に至る割合は、約3割に留まっており、創造・取得された研究開発の成果・技術シーズの多くが、直接的に活用されない技術資産として死蔵されがちである（株式会社テクノリサーチ研究所「コーポレートベンチャリングに関する調査研究調査報告書」（平成21年3月）2頁）。

　そして、大企業において、事業化が断念されたアイデア・技術等は、下記図8に示されるように、そのまま消滅してしまうことが多い。

図8　大企業における事業化断念のアイデア・技術等の顛末【オープンイノベーション協議会（JOIC）、国立研究開発法人新エネルギー・産業技術総合開発機構（NEDO）編「オープンイノベーション白書」（平成28年7月）50頁より引用】

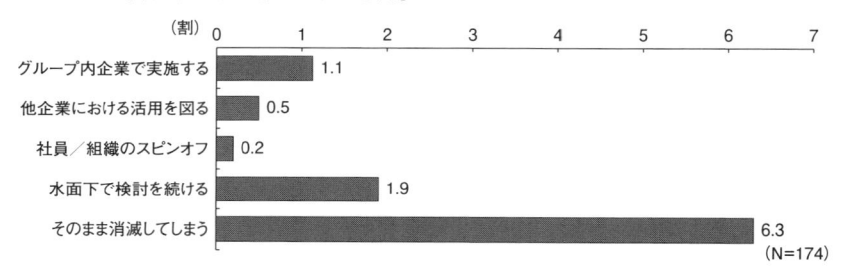

（割）

グループ内企業で実施する	1.1
他企業における活用を図る	0.5
社員／組織のスピンオフ	0.2
水面下で検討を続ける	1.9
そのまま消滅してしまう	6.3

（N=174）

　かかる状況は、大企業において、下記図9に示されるように、研究開発の成果・技術シーズの未活用の問題として自己認識されている。

図9　大企業における研究開発の成果・技術シーズの未活用の問題状況【株式会社テクノリサーチ研究所「コーポレートベンチャリングに関する調査研究調査報告書」（平成21年3月）2頁より引用】

＜アンケート調査結果：研究成果・技術シーズの未活用に係る問題状況＞

凡例：■ 当てはまる　□ ある程度当てはまる　▨ あまり当てはまらない　□ 当てはまらない　■ 不明

	当てはまる	ある程度当てはまる	あまり当てはまらない	当てはまらない	不明
1000億円〜（n=8）	25.0%	37.5%	25.0%	12.5%	
100〜1000億円未満（n=37）	5.4%	48.6%	29.7%	13.5%	2.7%
10〜100億円未満（n=54）	1.9%	29.6%	37.0%	31.5%	
10億円未満（n=15）		20.0%	33.3%	46.7%	

　かかる大企業の問題状況は、小規模な新興市場への新規参入では既存の大企業全体の成長ニーズを充足できない等の大企業病・イノベーションのジレンマによるところが大きく、その実効的な対処策として、カーブアウト・スピンアウト・社内ベンチャー等のコーポレートベンチャリングによる自企業発の（研究開発型）ベンチャー企業の創出・育成が有望であるものの、かかる対処策は、下記**図10**に示されるように、必ずしも活発に活用されているとは言い難い。

図10　大企業の社内技術の独立事業化の実績【オープンイノベーション協議会（JOIC）、国立研究開発法人新エネルギー・産業技術総合開発機構（NEDO）編「オープンイノベーション白書」（平成28年7月）38頁より引用】

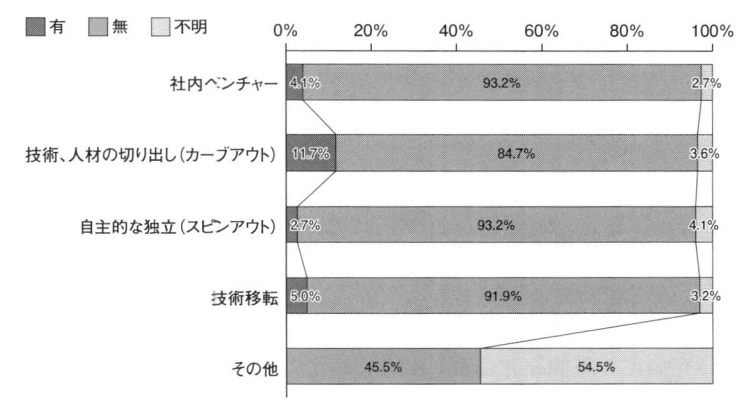

　そして、かかるコーポレートベンチャリングによる自企業発の（研究開発型）ベンチャー企業の創出・育成の不活性の主な原因は、例えば下記**図11**に示されるように、カーブアウト・スピンアウト・社内ベンチャー等のコーポレートベンチャリングへの支援策の有無・程度によるところが大きい。

　よって、特に大企業においては、かかる大企業病・イノベーションのジレンマを克服し、カーブアウト・スピンアウト・社内ベンチャー等のコーポレートベンチャリングによる自企業発の（研究開発型）ベンチャー企業の創出・育成を企図すべく、上記支援策を拡充するとともに、必要に応じて産総研のカーブアウト事業等の公的な事業化支援制度を活用することが望まれる。

図11　大企業からの組織・社員のスピンオフへの支援策【オープンイノベーション協議会（JOIC）、
　　　国立研究開発法人新エネルギー・産業技術総合開発機構（NEDO）編「オープンイノベーショ
　　　ン白書」（平成28年7月）50頁より引用】

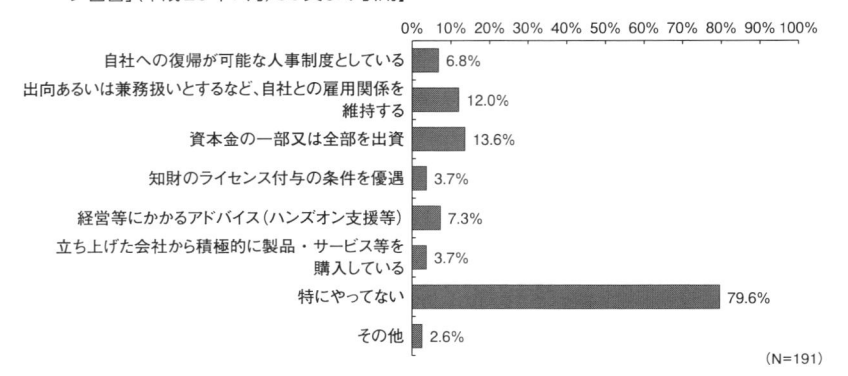

(N=191)

（8）アウトバウンド型オープン・イノベーションの限界

　以上のアウトバウンド型オープン・イノベーションは、自企業の技術・製品・システム及び関連サービスについて、改良と関連市場の形成・拡大と競合技術や競合企業等の可及的な封じ込めとに必要かつ有用であるものの、直接的かつ法的に独占的な市場機会を保障するものではない。例えば、国際的かつ充分に標準規格化され、オープン化された技術・製品・システム及び関連サービスの市場それ自体においては、先進国の企業、特に製造業は、一般に、原則としてFRAND条件でのライセンス・アウト及びエンフォースメントしか許容されない法的状況の下で、特に技術的なキャッチアップが容易になった新興国の製造業との価格競争上、不利な立場に置かれざるを得ないことが多い。よって、先進国の企業、特に製造業においては、自企業の技術・製品・システム及び関連サービスについて、直接的かつ法的に独占的な市場機会を享受し得るような、アウトバウンド型オープンイノベーションを補完し得る他の戦略の採用・遂行が必要不可欠となることが多い。

4. オープン&クローズ戦略

(1) 意義

　上記アウトバウンド型オープンイノベーションを補完し、先進国の製造業において、その技術・製品・システム及び関連サービスについて、直接的かつ法的に独占的な市場機会を享受し得るようにする、フロントランナー型・マーケットリーディング型の事業戦略が、小川紘一氏の提唱に係るオープン&クローズ戦略である。

　すなわち、同戦略においては、高水準の技術蓄積や新たな技術・製品及びシステムの開発・事業化及び市場化の比較優位性の下で、革新的なビジネスモデル・プラットフォーム・ソリューション等に基づき、事前に、競争領域とすべき自企業のコア・イノベーション領域（最先端技術・高付加価値技術・ニッチ技術等）と、協調領域とすべき自企業の非コア・イノベーション領域と、各領域の境界領域とを峻別する。

　その上で、自企業のコア・イノベーション領域においては、集中的・持続的な技術革新、秘匿化・ブラックボックス化と特許化の的確な使分け・組合せ、知的財産（権）ミックス、エンフォースメントによる差止め、クロスライセンスの排除等により、クローズ化を徹底する。

　他方、自企業の非コア・イノベーション領域においては、特に新興国の、相手方企業に対する、ライセンス・アウト、国際標準化・オープン化、事業提携・合弁事業、特許等の無償開放等により、グローバルな関連市場を形成・拡大する。そして、同領域や、特に同領域と自企業のコア・イノベーション領域との境界領域においては、知的財産（権）を持続的に集中させつつ、特に新興国の、相手方企業に対し、例えば、自企業のコア・イノベーション領域の技術・製品・システム及び関連サービスに最適なフルターンキー・ソリューションを提供したり、自企業の研究開発戦略や事業戦略の策定・遂行に有用な各種の拘束条件付でハイブリッド・ライセンス・アウトを行うこと等により、クローズな自企業のコア・イノベーション領域からオープンでグローバルな関連市

場へ「伸びゆく手」を形成する。かかる知的財産（契約）マネジメント等による「伸びゆく手」の形成により、形成・拡大されるオープンでグローバルな関連市場がクローズな自企業のコア・イノベーション領域に依存するよう、産業構造・競争ルールを自企業に比較優位に事前設計・構築する。

　これにより、特に自企業の非コア・イノベーション領域における新興国の相手方企業の成長を自企業の成長に取り込みつつ、自企業の技術・製品・システム及び関連サービスについて、グローバル市場での大量普及と高収益化を同時に実現することを企図する。

　この点、例えば、デンソーのQRコードは、物品流通管理の社内標準であったQRコードの基本仕様を普及のためにISO化し、必須特許を無償でライセンスして、市場を拡大する一方、QRコードの認識技術やデコード技術を差別化領域とし、リーダやソフトウェアを有償で販売して、リーダで国内トップシェアを獲得し、収益を確保している。

　また、IDECのロボット安全操作用スイッチは、研究開発活動・知的財産活動との一体体制で標準化活動を推進し、ロボット安全操作用の3ポジションイネーブルスイッチについて、自社の強みのあるスイッチ構造は特許化して独占しつつ、非差別化領域の国際標準化を実現し、世界シェア90％を達成している。

　そして、IoT、ビッグデータ、AI、ロボット等によるSociety 5.0等の第四次産業革命の進展の下で、先進国の企業、特に製造業においては、かかるオープン＆クローズ戦略について、その対象を、新たな競争力の源泉となるデータ、分析技術及びビジネスモデルや、新たに拡がる多様な応用産業分野まで、拡大するとともに、深化させることが必要である。

(2) 相手方へのフルターンキー・ソリューションの提供

ア．はじめに

　上述のように、先進国の製造業においては、特に新興国の、相手方企業に対し、自企業の非コア・イノベーション領域、特に同領域と自企業のコア・イノベーション領域との境界領域において、知的財産（権）を持続的に集中させつつ、自企業のコア・イノベーション領域の技術・製品・システム及び関連

サービスに最適なフルターンキー・ソリューションを(特にノウハウを含めたハイブリッド・ライセンス・アウトにより) 提供することが、クローズな自企業のコア・イノベーション領域からオープンでグローバルな関連市場へ「伸びゆく手」を形成するために有用である。

イ．事例

　この点、例えば、シスコシステムズは、インターネットにおいて基幹技術モジュールであるルーターに特化し、同ルーター用のオペレーティングシステムをインターネットの標準通信プロトコルに適合させて開発し、同ルータの内部に特許発明その他の技術情報を集中するとともに、その外部インターフェースを知的財産(権)を確保しつつ契約で改版を制限してオープン化・普及し、同ルーター自体もグローバルにOEM供給・販売ライセンスし、ネットワーク外部性を利用して、大量普及と高収益化を同時実現した。

　また、欧州のデジタル携帯電話システムに係るGSM方式においては、携帯電話端末の内部及び外部仕様を標準化・オープン化して低コストで大量普及させつつ、基幹ネットワークシステムにおける無線基地局・制御装置をブラックボックス化・クローズ化し、通信プロトコルに知的財産(権)を確保しつつ、その進化・改版を主導することにより、全体市場の支配を実現した(これに対し、無線基地局を介さず直接インターネット接続可能なWi−Fiアクセスポイントに係る米国主導の標準化・オープン化、さらにはインターネットのフルブラウザ機能(及びオープンなOS)を有するアップル社(及びグーグル社)のスマートフォンにより、該市場支配は打破されるに至った)。

　さらに、インテルは、自社の特許発明その他の技術情報を確保しつつ高速のPCIバスを契約により改版を制限してパソコンメーカーにオープン化し、自社の特許発明その他の技術情報を確保しつつマザーボードの製造を契約により改版を制限して柔軟な税制の政策支援を受けた新興国企業に許諾し、これらにより、パソコンの技術進化を主導しつつ、大量普及し、これにより、ネットワーク外部性を利用し、該PCIバス及び該マザーボードに最適な、パソコンの基幹部品であるMPUをパソコンメーカーに自社の特許発明その他の技術情報の下で外部インターフェースをオープン化しつつ内部をブラックボッ

クス化・クローズ化して供給して、高収益化を実現した。

　また、クアルコムは、デジタル携帯電話システムに係るＣＤＭＡ方式の基本技術・特許の優位性の下で、次世代のＬＴＥの関連技術・特許や無線基地局を介さず直接インターネット接続可能なＷｉ－Ｆｉの関連技術・特許をも取得しつつ、ＣＤＭＡ方式等に係る基幹部品である半導体チップセットに特化して自社の特許発明その他の技術情報を集中し、その外部インターフェースを知的財産（権）を確保しつつオープン化しつつ、その内部をブラックボックス化・クローズ化し、新興国の量産専業メーカーと分業し、これにより、大量普及するスマートフォンの市場シェアに影響を与えるとともに、スマートフォンの進化を主導し、該市場支配を実現した。

　さらに、三菱化学は、ＤＶＤの製造プラットフォームを構築・標準化・オープン化して新興国における経済特区・柔軟な税制による政策支援を受けた企業に提供し、該製造プラットフォームに最適な自社の記録材料及びスタンパーを該企業に自社の特許発明その他の技術情報の下でブラックボックス化・クローズ化して供給して、高収益化を実現した。

　また、アップルは、キャッチアップ型メーカーの参入阻止・クロスライセンス排除のため、ブランド・製品デザイン・ユーザーインタフェース・それらを支える統合型ソフトウェアプラットフォームを知的財産（権）を集中してクローズ化しつつ、該統合型ソフトウェアプラットフォーム・その専用部品の外部インターフェース・プロトコルを知的財産（権）を集中しつつ契約によりオープン化することにより、同専用部品の調達先及び同専用部品による完成品の製造委託先を専用工場化し、アプリ開発企業によるソフトウェア・ディベロップメント・キットの改版を制限してアプリ市場をコントロールし、また、専用コンテンツを安価かつ大量に提供してエンドユーザーを囲い込むことにより、高収益化を実現した。

ウ．「一括ライセンス」

　また、かかる相手方へのフルターンキー・ソリューションの提供態様としては、関連特許等の「一括ライセンス」が考えられるところ、かかる「一括ライセンス」について、公正取引委員会「知的財産の利用に関する独占禁止法上の

指針」(平成19年9月28日、改正：平成28年1月21日)においては、「不公正な取引方法の観点からの考え方」として、「ライセンサーがライセンシーに対してライセンシーの求める技術以外の技術についても、一括してライセンスを受ける義務を課す行為……は、ライセンシーが求める技術の効用を保証するために必要であるなど、一定の合理性が認められる場合には、」「(その)観点から必要な限度を超えてこのような制限を課す行為は、公正競争阻害性を有する場合には、不公正な取引方法に該当する」(一般指定第10項(抱き合わせ販売等)、第11項(排他条件付取引)、第12項(拘束条件付取引))ものとされている。また、「私的独占の観点からの検討」として、特に、「製品の規格に係る技術又は製品市場で事業活動を行う上で必要不可欠な技術(必須技術)について、当該技術に権利を有する者が、他の事業者に対してライセンスをする際に、合理的理由なく、当該技術以外の技術についてもライセンスを受けるように義務を課す行為、又はライセンサーの指定する製品を購入するように義務を課す行為は、ライセンシーの事業活動を支配する行為又は他の事業者の事業活動を排除する行為に当たり得る」ところ、「一定の取引分野における競争を実質的に制限する場合には、私的独占に該当することになる」ものとされている。

エ．「原材料・部品に係る制限」

　また、かかる相手方へのフルターンキー・ソリューションの提供のために、ライセンス対象技術の実施のための原材料・部品の品質又は購入先を制限することも考えられるところ、かかる「原材料・部品に係る制限」について、上記指針においては、「不公正な取引方法の観点からの考え方」として、「ライセンサーがライセンシーに対し、原材料・部品その他ライセンス技術を用いて製品を供給する際に必要なもの(役務や他の技術を含む。以下「原材料・部品」という。)の品質又は購入先を制限する行為は、当該技術の機能・効用の保証、安全性の確保、秘密漏洩の防止の観点からであるなど一定の合理性が認められる場合がある。しかし、ライセンス技術を用いた製品の供給は、ライセンシー自身の事業活動であるので、原材料・部品に係る制限はライセンシーの競争手段(原材料・部品の品質・購入先の選択の自由)を制約し、また、代替的な原材料・部品を供給する事業者の取引の機会を排除する効果を持つ。

したがって、上記の観点から必要な限度を超えてこのような制限を課す行為
は、公正競争阻害性を有する場合には、不公正な取引方法に該当する」（一般
指定第10項（抱き合わせ販売等）、第11項（排他条件付取引）、第12項（拘束条件付
取引））ものとされている。

オ．「技術への機能追加」

　さらに、かかる相手方へのフルターンキー・ソリューションの提供のために、
ライセンサーが既にライセンスした技術に新機能を追加してライセンスする
ことが考えられるところ、かかる「技術への機能追加」について、上記指針に
おいては、「不公正な取引方法の観点からの考え方」として、「ある技術がその
技術の仕様や規格を前提として、次の製品やサービスが提供されるという機
能（以下「プラットフォーム機能」という。）を持つものであり、当該プラットフォー
ム機能を前提として、多数の応用技術が開発され、これら応用技術の間で競
争が行われている状況において、当該プラットフォーム機能を持つ技術のラ
イセンサーが、既存の応用技術が提供する機能を当該プラットフォーム機能に
取り込んだ上で新たにライセンスをする行為は、ライセンシーが新たに取り
込まれた機能のライセンスを受けざるを得ない場合には、当該ライセンシー
がその他の応用技術を利用することを妨げ、当該応用技術を提供する他の事
業者の取引機会を排除する効果を持つ。したがって、このような行為は、公
正競争阻害性を有する場合には、不公正な取引方法に該当する」（一般指定第
10項（抱き合わせ販売等）、第12項（拘束条件付取引））ものとされている。

（3）相手方への拘束条件付ハイブリッド・ライセンス・アウト

ア．はじめに

　また、上述のように、先進国の製造業においては、特に新興国の、相手方
企業に対し、自企業の非コア・イノベーション領域、特に同領域と自企業のコ
ア・イノベーション領域との境界領域において、知的財産（権）を持続的に集
中させつつ、自企業の研究開発戦略や事業戦略の策定・遂行に有用な各種
の拘束条件付でノウハウを含むハイブリッド・ライセンス・アウトを行うこと

が、クローズな自企業のコア・イノベーション領域からオープンでグローバルな関連市場へ「伸びゆく手」を形成するために有用である。

イ．用途のフィードバック

この点、上記拘束条件の態様として、ライセンス対象技術の具体的な用途のフィードバックを要求することが考えられるところ、かかる「取得知識、経験の報告義務」について、上記指針においては、「不公正な取引方法の観点からの考え方」として、「ライセンサーがライセンシーに対し、ライセンス技術についてライセンシーが利用する過程で取得した知識又は経験をライセンサーに報告する義務を課す行為は、ライセンサーがライセンスをする意欲を高めることになる一方、ライセンシーの研究開発意欲を損なうものではないので、原則として不公正な取引方法に該当しない」ものとされている。

ウ．「研究開発活動の制限」

また、上記拘束条件の態様として、例えば、上述したシスコシステムズ・インテル・アップル等の事例のように、ライセンス対象技術の改版を制限することが考えられる。この点、アドビシステムズも、PDF（Portable Document Format）の作成・編集ソフトウェア（Adobe Acrobat）を有償で販売する一方、PDFの読み取りソフトウェア（Adobe Reader）を無償で公開・提供するとともに、PDFの仕様への準拠を条件に、PDFの読み取り関連特許及び著作権を無償開放することにより、他企業等による同仕様の独自拡張を制限して、技術と製品の開発の方向性を主導し、これにより、ＰＤＦ関連市場を拡大しつつ、高い利益率を実現した。

かかる「研究開発活動の制限」について、上記指針においては、「不公正な取引方法の観点からの考え方」として、「ライセンサーがライセンシーに対し、ライセンス技術又はその競争技術に関し、ライセンシーが自ら又は第三者と共同して研究開発を行うことを禁止するなど、ライセンシーの自由な研究開発活動を制限する行為は、一般に研究開発をめぐる競争への影響を通じて将来の技術市場又は製品市場における競争を減殺するおそれがあり、公正競争阻害性を有する……。したがって、このような制限は原則として不公正

な取引方法に該当する」（一般指定第12項（拘束条件付取引））ものの、「当該技術がノウハウとして保護・管理される場合に、ノウハウの漏洩・流用の防止に必要な範囲でライセンシーが第三者と共同して研究開発を行うことを制限する行為は、一般には公正競争阻害性が認められず、不公正な取引方法に該当しない」ものとされている。

エ．「競争品の製造・販売又は競争者との取引の制限」

　さらに、上記拘束条件の態様として、ライセンス対象技術・製品との競合技術・製品に係る自己実施又は第三者からのライセンス・インを制限することが考えられるところ、かかる「競争品の製造・販売又は競争者との取引の制限」について、上記指針においては、「不公正な取引方法の観点からの考え方」として、「ライセンサーがライセンシーに対し、ライセンサーの競争品を製造・販売すること又はライセンサーの競争者から競争技術のライセンスを受けることを制限する行為は、ライセンシーによる技術の効率的な利用や円滑な技術取引を妨げ、競争者の取引の機会を排除する効果を持つ。したがって、これらの行為は、公正競争阻害性を有する場合には、不公正な取引方法に該当する」（一般指定第2項（その他の取引拒絶）、第11項（排他条件付取引）、第12項（拘束条件付取引））ものの、「当該技術がノウハウに係るものであるため、当該制限以外に当該技術の漏洩又は流用を防止するための手段がない場合には、秘密性を保持するために必要な範囲でこのような制限を課すことは公正競争阻害性を有さないと認められることが多いと考えられる。このことは、契約終了後の制限であっても短期間であれば同様である」ものとされている。

オ．特にライセンス対象技術が必須技術の場合における「研究開発活動の制限」及び／又は「競争品の製造・販売又は競争者との取引の制限」

　また、上記「研究開発活動の制限」及び／又は「競争品の製造・販売又は競争者との取引の制限」について、特に、ライセンス対象技術が「製品の規格に係る技術又は製品市場で事業活動を行う上で必要不可欠な技術（必須

技術)」の場合、上記指針においては、「不公正な取引方法の観点からの考え方」として、「当該技術に権利を有する者が、他の事業者にライセンスをする際、当該技術の代替技術を開発することを禁止する行為は、原則として、ライセンシーの事業活動を支配する行為に当たる。また代替技術を採用することを禁止する行為は、原則として、他の事業者の事業活動を排除する行為に当たる」ため、「一定の取引分野における競争を実質的に制限する場合には、私的独占に該当することになる」ものとされている。

カ．相手方創造の改良技術

さらに、上記拘束条件の態様として、ライセンス対象技術に基づき相手方にて創造される改良技術について、フィードバックを要求することが考えられるところ、かかる「取得知識、経験の報告義務」について、上記指針においては、「不公正な取引方法の観点からの考え方」として、「ライセンサーがライセンシーに対し、ライセンス技術についてライセンシーが利用する過程で取得した知識又は経験をライセンサーに報告する義務を課す行為は、ライセンサーがライセンスをする意欲を高めることになる一方、ライセンシーの研究開発意欲を損なうものではないので、原則として不公正な取引方法に該当しない」ものとされている。

また、オプションバックを要求することが考えられるところ、かかるオプションバックについて、上記指針においては、「不公正な取引方法の観点からの考え方」として、「ライセンシーが開発した改良技術が、ライセンス技術なしには利用できないものである場合に、当該改良技術に係る権利を相応の対価でライセンサーに譲渡する義務を課す行為については、円滑な技術取引を促進する上で必要と認められる場合があり、また、ライセンシーの研究開発意欲を損なうとまでは認められないことから、一般に公正競争阻害性を有するものではない」ものとされている。

さらに、アサインバック・共有バック・(完全)独占的ライセンスバック・ソールライセンスバック・非独占的ライセンスバック等を要求することが考えられるところ、かかる要求について、上記指針においては、「不公正な取引方法の観点からの考え方」として、「ライセンサー又はライセンサーの指定する

事業者にその権利を帰属させる義務、又はライセンサーに独占的ライセンス……をする義務を課す行為は、……原則として不公正な取引方法に該当する」（一般指定第12項（拘束条件付取引））ものの、「ライセンシーが開発した改良技術に係る権利をライセンサーとの共有とする義務は、……公正競争阻害性を有する場合には、不公正な取引方法に該当する」（一般指定第12項（拘束条件付取引））ものとされ、また、「当該改良技術のライセンス先を制限する場合（例えば、ライセンサーの競争者や他のライセンシーにはライセンスをしない義務を課すなど）は、……公正競争阻害性を有する場合には、不公正な取引方法に該当する」（一般指定第12項（拘束条件付取引））ものとされるに留まるとともに、「ライセンサーがライセンシーに対し、ライセンシーによる改良技術をライセンサーに非独占的にライセンスをする義務を課す行為は、ライセンシーが自ら開発した改良技術を自由に利用できる場合は、ライセンシーの事業活動を拘束する程度は小さく、ライセンシーの研究開発意欲を損なうおそれがあるとは認められないので、原則として不公正な取引方法に該当しない」ものとされている。

　なお、例えば中国企業等へのライセンス・アウトの場合には、中国の技術輸出入管理条例27条により、ライセンシーによるライセンス対象技術の改良技術のライセンシー帰属が強行規定として規定されていることについて、自企業から中国関連会社へのライセンスと中国関連会社から中国企業等へのサブライセンス及び有償での共有バック又は（ソールライセンスの）グラントバックとし、中国国内の契約法354条所定の改良技術に係る取決めの問題とすること、ライセンス契約の準拠法を香港法等の外国法とし、香港等の外国の仲裁機関を選択すること、等により、対処できないかどうか、を検討する必要がある。

キ．「非係争義務」

　また、上記拘束条件の態様として、ライセンシー保有又は取得の知的財産権に基づくライセンサー及び／又は他のランセンシーへのエンフォースメントを制限することが考えられるところ、かかる「非係争義務」について、上記指針においては、「不公正な取引方法の観点からの考え方」として、「ライ

センサーがライセンシーに対し、ライセンシーが所有し、又は取得すること
となる全部又は一部の権利をライセンサー又はライセンサーの指定する事
業者に対して行使しない義務……を課す行為は、…… 公正競争阻害性を有
する場合には、不公正な取引方法に該当する」（一般指定第12項（拘束条件付取
引））ものの、「実質的にみて、ライセンシーが開発した改良技術についてライ
センサーに非独占的にライセンスをする義務が課されているにすぎない場
合は、…… 改良技術の非独占的ライセンス義務と同様、原則として不公正な
取引方法に該当しない」ものとされている。

ク．「一方的解約条件」

さらに、上記拘束条件の態様として、特に他の拘束条件への違反を理由に
直ちに一方的に契約を解除できるようにすることが考えられるところ、かかる
「一方的解約条件」について、上記指針においては、「不公正な取引方法の観
点からの考え方」として、「ライセンス契約において、ライセンサーが一方的
に又は適当な猶予期間を与えることなく直ちに契約を解除できる旨を定める
など、ライセンシーに一方的に不利益な解約条件を付す行為は、独占禁止法
上問題となる他の制限行為と一体として行われ、当該制限行為の実効性を確
保する手段として用いられる場合には、不公正な取引方法に該当する」（一般
指定第2項（その他の取引拒絶）、第12項（拘束条件付取引））ものとされている。

(4) オープン＆クローズの見直し

そして、先進国の製造業においては、一旦検討・決定したオープン＆クロー
ズ戦略について、事業環境等の変化に応じて、適時に適切に見直すことが必
要である。

この点、例えば、一般に、製品ライフサイクルとの関係において、自企業保
有の技術・知的財産（権）について、事業戦略・活用戦略として、①導入期に
は、アウトバウンド型オープン・イノベーション等により、当該製品市場の形
成・拡大を企図し、②成長期には、アウトバウンド型オープン・イノベーショ
ン＆クローズ、特に相手方へのフルターンキー・ソリューションの提供や拘

束条件付ハイブリッド・ライセンス・アウト等により、拡大する当該製品市場への浸透を企図し、③成熟期には、オープン＆クローズ、特に、差別化特許・標準規格周辺特許等のエンフォースメントによる侵害差止めや高額ライセンス・アウト、知的財産（権）ミックスのエンフォースメントによる侵害差止め、等により、拡大した当該製品市場でのシェアの維持を企図し、また、④衰退期には、オープン＆クローズ、特に知的財産（権）ミックスでの差別化や更なる高機能化・高品質化でのニッチトップ化を企図するか、当該製品市場からの撤退と技術・知的財産（権）の収益化を企図することが考えられる。

5. 差別化特許・標準規格周辺特許等の エンフォースメント

（1）差止め等又は高額ライセンス・アウト等

そして、先進国の製造業は、特に自企業のコア・イノベーション領域においては、上記オープン＆クローズ戦略の一環として、差別化特許・標準規格周辺特許等に基づき、自企業の技術・製品・システム及び関連サービスについて、直接的かつ法的に独占的な市場機会を享受し得るようにすべく、他企業等の侵害に対し、侵害警告・裁判所での侵害訴訟・税関等での侵害品の取締り等を利用して、徹底的にエンフォースメントを行うことにより、クロスライセンスを排除しつつ、（過去分の損害賠償とともに、）差止めを求める必要がある。

また、特に自企業の非コア・イノベーション領域においては、差別化特許・標準規格周辺特許等に基づき、自企業の技術・製品・システム及び関連サービスについて、機能的・品質的又はコスト的・価格的な比較優位を確保すべく、他企業等の侵害に対し、侵害警告・裁判所での侵害訴訟・税関等での侵害品の取締り等を利用して、可及的にエンフォースメントを行うことにより、（過去分の損害賠償とともに、）差止め又は和解等による高額ライセンス・アウトを求める必要がある。

(2) 侵害警告

　そして、かかる他企業等の侵害に対する差別化特許・標準規格周辺特許等に基づくエンフォースメントの契機につき、侵害者が日本（・欧米）企業の場合で、特に日本でエンフォースメントするときには、侵害警告に基づき非侵害論・無効論等に係る十分な事前交渉を経る場合が多い。かかる侵害警告においては、一般に、対象特許及び請求項並びに対象製品等及びその構成を具体的に特定しつつ対比し、対象製品等の構成が対象特許の対象請求項に係る発明の構成要件を充足すること、又は、非充足部分は均等であること（特許法70条）、及び、同発明に係る侵害者の実施行為（特許法2条3項）等を説明する必要がある（特許法68条）。他方、侵害者が（欧米・）新興国企業の場合で、特に米国・中国等の外国でエンフォースメントするときには、侵害者に有利な裁判地で侵害者から先に確認訴訟等を提起されることを回避するために、侵害警告に基づく事前交渉を経ることなく、直ちに侵害訴訟の提起に至る場合が少なくない。

(3) 裁判所での侵害訴訟等

ア．はじめに

　また、かかる他企業等の侵害に対する差別化特許・標準規格周辺特許等に基づくエンフォースメントの方法につき、日本と欧米の裁判所での特許権等侵害訴訟等の制度・運用の特徴を比較すると、以下のとおりである。

イ．救済

　すなわち、特許権等の侵害に対する救済について、日本においては、損害賠償として懲罰賠償は認められない（特許法102条等参照、最判平9・7・11民集51巻6号2573頁［万世工業事件］）一方、権利濫用（民法1条3項）に当たらない限り、差止めが認められる（特許法100条等）。また、独国においては、損害賠償として懲罰賠償に認められない（独国特許法139条2項等参照）とともに、損害賠償額の算定のためには別途訴訟手続きが必要とされる一方、原則とし

て、差止めが認められる（独国特許法139条1項等）。他方、米国においては、懲罰賠償が認められ得る（米国特許法284条等）一方、①回復不能の損害を被っていること、②その損害を補償するのに、制定法により提供される救済手段では不十分であること、③永久的差止命令が下された場合に被告の被る困難と原告の損害とを比較考量すると、被告の困難の方がより小さいこと、④永久的差止命令によって公共の利益が阻害されないこと、という4要件が充足されない限り、差止めが認められない（米国特許法283条等、eBay Inc. v. MercExchange, L.L.C., 547 U.S. 388 (2006).）。

　そして、特に日本の特許関連訴訟（第一審）における裁判官算定の損害賠償額は、特に米国の陪審算定の場合と比較すると、下記**図12**に示されるように、低額であるものの、日米の市場規模の違いを勘案する必要があるとともに、特に米国の裁判官算定の場合と比較すると、下記**図13**に示されるように、近年、必ずしも低額ではなくなっていることに留意する必要がある。

図12　特許関連訴訟（第一審）における損害賠償額の中央値（日本と米国（裁判官・陪審））【産業構造審議会知的財産分科会特許制度小委員会「我が国の知財紛争処理システムの機能強化に向けて」（平成29年3月）16頁より引用】

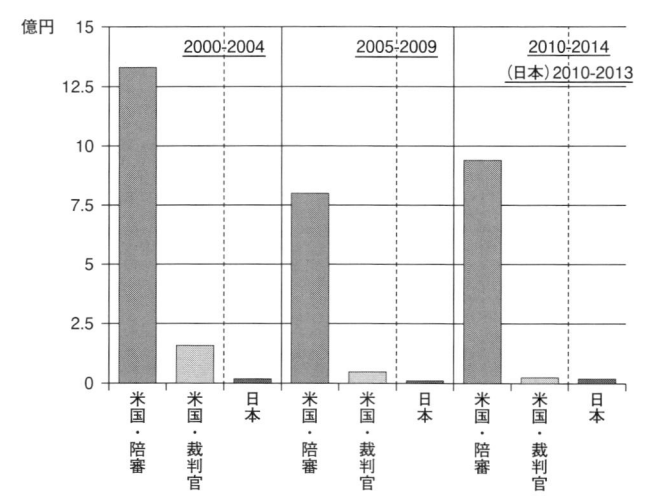

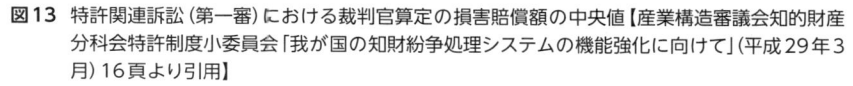

図13 特許関連訴訟（第一審）における裁判官算定の損害賠償額の中央値【産業構造審議会知的財産分科会特許制度小委員会「我が国の知財紛争処理システムの機能強化に向けて」（平成29年3月）16頁より引用】

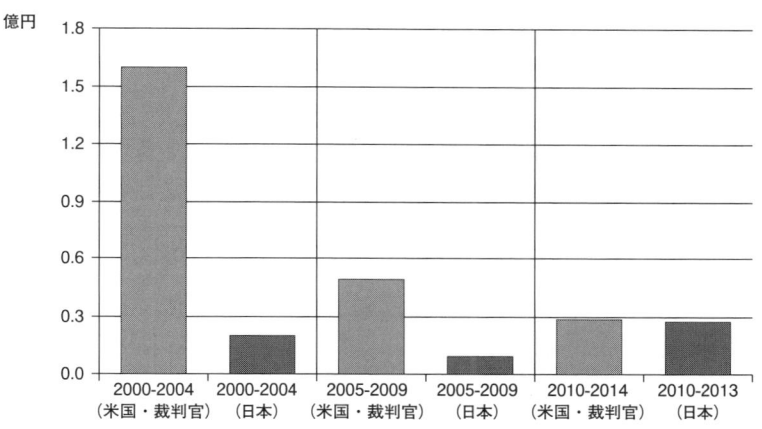

ウ．侵害論

（ア）クレーム解釈・文言侵害・均等侵害

　そして、上記救済のための特許権侵害の成否について、文言侵害に係るクレーム解釈は、一般に、米国（Rhine v. Casio, Inc., 183 F.3d 1342 (Fed. Cir. 1999).）及び独国（BGH GRUR 2007, 410 Kettenradanordnung〔自転車チェーン配置事件〕）においては、明細書に記載されていない公知技術等が参酌されず、比較的広いことが多いのに対し、日本（最判昭37・12・7民集16巻12号2321頁〔炭車トロ等における脱線防止装置事件〕）においては、明細書に記載されていない公知技術等も参酌され、比較的狭いことが多い。他方、日本（最判平10・2・24民集52巻1号113頁〔ボールスプライン軸受事件〕）・米国（Festo Corp. v. Shoketsu Kinzoku Kogyo K. K., 122 S. Ct. 1831 (2002).）及び独国（BGH GRUR 1986, 803 Formstein〔フォルムシュタイン事件〕）においては、いずれも、文言侵害のみならず、均等侵害も認められ得る。

（イ）侵害立証・証拠収集

　また、かかる特許権侵害の立証のため証拠収集について、特に製法、BtoB製品、インターネット上のシステム等に関する被疑侵害者の被疑侵

害態様に係る証拠が被疑侵害者側に偏在することが多いとともに、日本においては、米国におけるようなディスカバリー（28 U.S.C.§26）や独国におけるような査察制度（独国特許法140c条）がなく、同立証のための書類提出命令（特許法105条1項）・同書類に係るインカメラ手続（特許法105条3項）・秘密保持命令（特許法105条の4）等も、それ自体としては、必ずしも活発に運用されてこなかったため、同立証が構造的に困難である場合がある。この点、平成30年改正特許法により、書類提出命令の必要性判断におけるインカメラ手続の導入、インカメラ手続への技術専門家である専門委員の関与等、証拠収集手続が強化されている。

エ．無効論

さらに、上記救済のための特許権の有効性について、日本においては、特許権侵害訴訟の被告は、当該訴訟において無効の抗弁を提出し得る（特許法104条の3）とともに、特許庁において特許無効審判も請求し得る（特許法123条）。また、米国においても、特許権侵害訴訟の被告は、当該訴訟において特許無効の略式判決を申し立て得る（Rule 56 of the FRCP）とともに、米国特許商標庁（USPTO：United States Patent and Trademark Office）の審判部（PTAB：Patent Trial and Appeal Board）のIPR（Inter Partes Reexamination）・CBM（The Transitional Program for Covered Business Method Patents）等も利用することができる。他方、独国においては、特許権侵害訴訟の被告は、当該訴訟において特許権の有効性を争うことができず、別途、連邦特許裁判所において特許無効訴訟を提起し得るに留まる。

そして、かかる無効論に対する特許権の安定性については、下記**図14**及び**図15**に示されるように、近年、日本の特許権侵害訴訟及び特許無効審判における各無効率は、いずれも、概ね3割程度であり、米国・英国及び独国との比較からも、日本の特許権は、相当程度安定していると評価される。

図14 特許権侵害訴訟における無効率の国際比較【産業構造審議会知的財産分科会特許制度小委員会「我が国の知財紛争処理システムの機能強化に向けて」(平成29年3月) 17頁より引用】

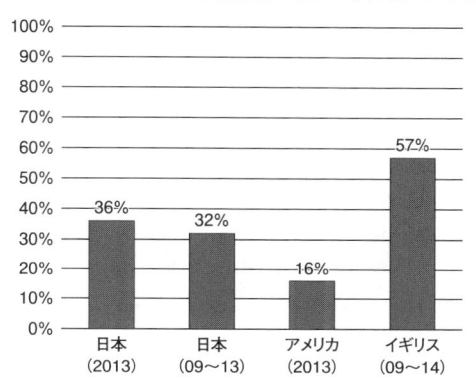

図15 特許無効審判等における無効率の国際比較【産業構造審議会知的財産分科会特許制度小委員会「我が国の知財紛争処理システムの機能強化に向けて」(平成29年3月) 17頁より引用】

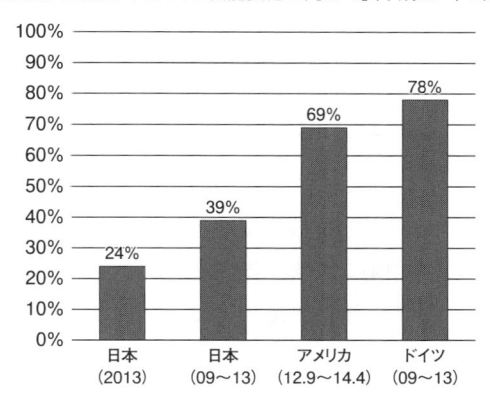

オ．勝訴率

　そして、1995年〜2008年の日本の特許権侵害訴訟における特許権者の勝訴率は、下記**図16**に示されるように、判決においては、23％であり、米国・独国等と比較して、低いようにも思われなくもない。

図16　特許権者の勝訴率の各国比較【知財紛争処理システム検討委員会参考資料集3頁より引用】

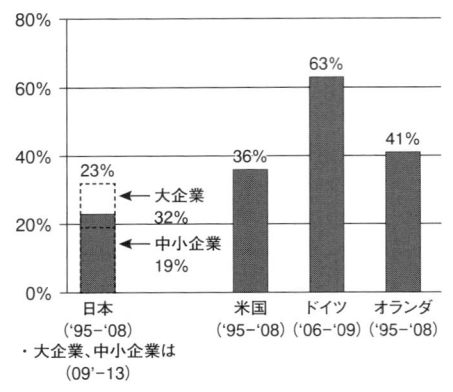

・大企業、中小企業は
　（09'-13）

※勝訴率は、判決で終結した事案で算出。和解等は含まれ.ない。
　日本においては、4割強が判決、4割弱が和解で終結
　米国においては、9割弱が和解、3.5%が公判判決で終結
　ドイツにおいては、4割が判決で終結
※日本の提訴者は、中小企業が60%、大企業が27%、外国企業が13%。

　もっとも、独国の特許権侵害訴訟における特許権者の勝訴率が高い点は、上記図15に示されるように独国の連邦特許裁判所の特許無効訴訟における無効率が高い点を割り引く必要がある。また、特に米国と比較して日本の特許権侵害訴訟における和解の特徴が裁判所の心証が反映されることが多い点にあるところ、判決のみならず、かかる和解をも勘案すると、下記図17に示されるように、近年、日本の特許権侵害訴訟（第一審）において、認容判決又は差止給付条項を含む和解の率は、28％となり、さらに差止給付条項を含まず、金銭給付条項を含む和解を加えた率は、43％となる。このように、特許権侵害訴訟における実質的な特許権者の勝訴率は、日本・米国・独国等で、上記図15に示されるほど顕著な差がある訳ではない。

　また、個別・具体的な事件においては、寧ろ、特許権者の勝訴率一般よりも、当該事件における当該特許権者の勝訴の見込みの方が重視されるところ、一般に、このような個別・具体的な事件における判決の予見可能性については、欧米と比較しても、日本の特許権侵害訴訟は、高く評価されている。

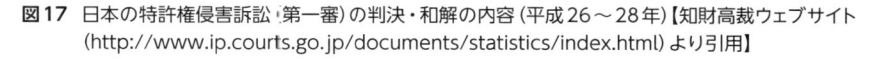

図17 日本の特許権侵害訴訟（第一審）の判決・和解の内容（平成26〜28年）【知財高裁ウェブサイト（http://www.ip.courts.go.jp/documents/statistics/index.html）より引用】

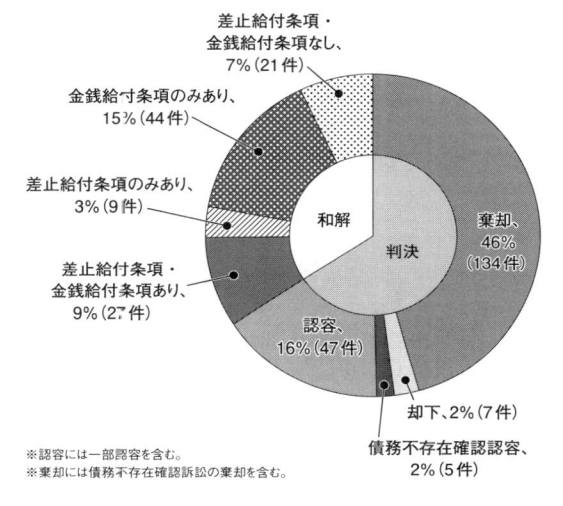

力．審理期間

さらに、日本の特許権等侵害訴訟等の審理期間は、以下のとおり、比較的短期である。一般に、このような日本の特許権等侵害訴訟等の審理の迅速性は、特に米国と比較して、高く評価されている。

すなわち、知的財産権関係民事事件の全国地裁第一審の平均審理期間は、下記図18に示されるように、過去10年間、約14カ月程度であり、特許権侵害民事事件も同程度である。

また、知的財産権関係民事事件の知財高裁控訴審の平均審理期間は、下記図19に示されるように、過去10年間、約8カ月程度であり、特許権侵害民事事件も同程度である。

さらに、特許無効審判の平均審理期間は、下記図20に示されるように、過去10年間、約9カ月程度であり、特許権侵害訴訟関連のものも、同程度である。

また、無効審判一般に係る審決の取消訴訟の平均審理期間は、下記図21に示されるように、過去10年間、約8カ月程度であり、特許無効審判に係る審決の取消訴訟も、同程度である。

図18 知的財産権関係民事事件の新受・既済件数及び平均審理期間（全国地裁第一審）【知的財産高等裁判所ウェブサイト（http://www.ip.courts.go.jp/documents/statistics/index.html）より引用】

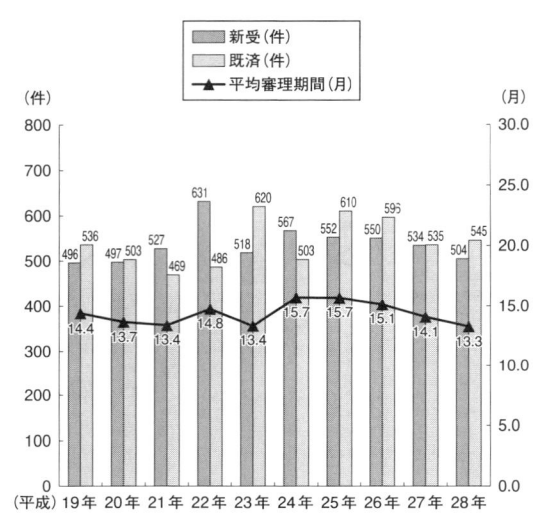

図19 知的財産権関係民事事件の新受・既済件数及び平均審理期間（知財高裁控訴審）【知的財産高等裁判所ウェブサイト（http://www.ip.courts.go.jp/documents/statistics/index.html）より引用】

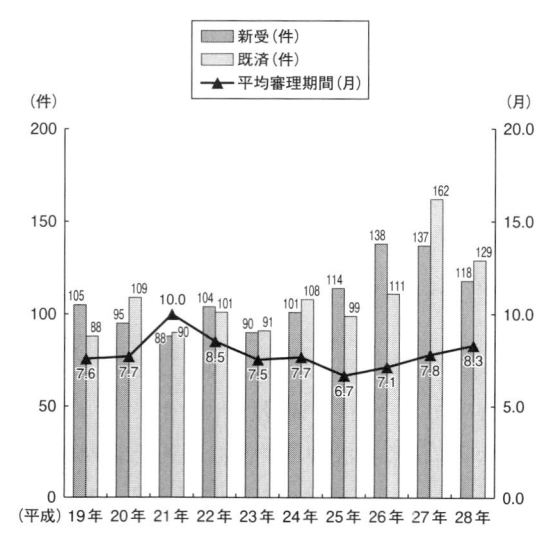

図20　特許無効審判の平均審理期間の推移【特許庁審判部「日本における特許無効審判について」(平成28年11月) 4頁より引用】

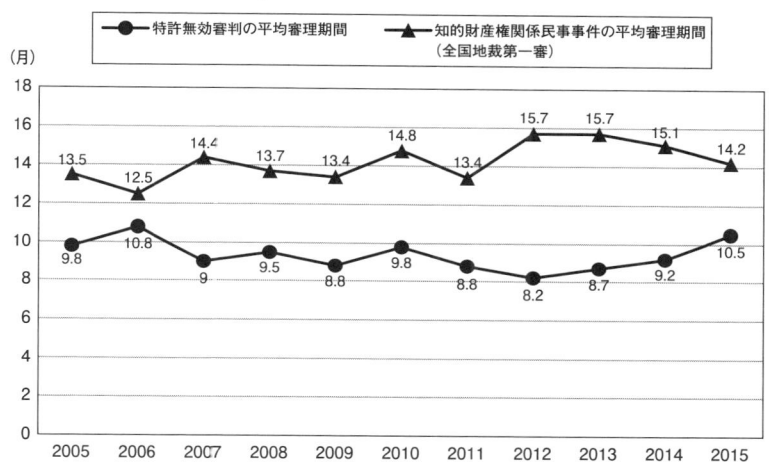

図21　審決取消訴訟の新受・既済件数及び平均審理期間【知的財産高等裁判所ウェブサイト (http://www.ip.courts.go.jp/documents/statistics/index.html) より引用】

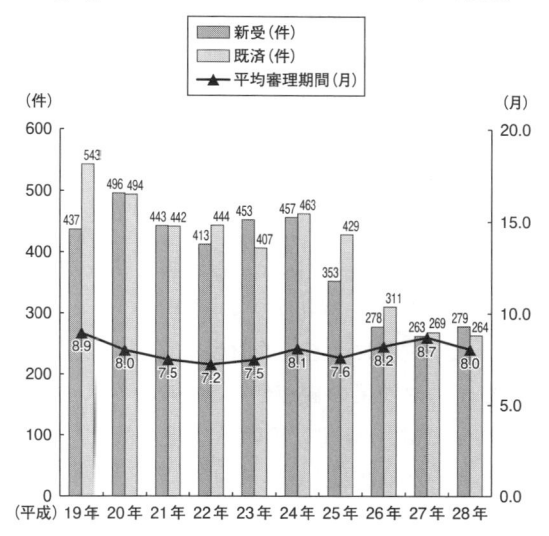

キ．費用

　また、弁護士・弁理士費用を中心とする特許権等の侵害紛争の解決コストの高低については、一般に、日本の特許権等侵害訴訟は、特に米国と比較して、その低廉性が高く評価されている。

　なお、日本では、判例（最判昭44・2・27民集23巻2号441頁）上、一般に、不法行為の被害者が、余儀なく訴訟追行を弁護士に委任した場合、その弁護士費用は、諸般の事情を斟酌して相当額の範囲内において、不法行為と相当因果関係にある損害とされる。そして、裁判例上、特許権等侵害による損害賠償請求訴訟についても、一般に、弁護士等代理人等費用相当額の損害賠償請求が、多くは認容額の1割程度において、認容され得る。また、米国では、近年、連邦最高裁判所により、特許権侵害訴訟の敗訴者が勝訴者の弁護士費用を負担すべき「例外的（exceptional）」な場合（35 U.S.C.§ 285）について、認定判断の基準が大幅に緩和される（Octane Fitness LLC v. ICON Health & Fitness, Inc., 134 S. Ct. 1749 (2014).)とともに、この点に関する連邦地方裁判所の認定判断は上級審で覆り難くされている（Highmark Inc. v. Allcare Health Management Systems, Inc., 134 S. Ct. 1744 (2014).)。さらに、独国では、原則として特許権等侵害訴訟の敗訴者が勝訴者の法定の弁護士費用を含む訴訟費用を勝訴割合に応じて負担すべきものとされる（独国民事訴訟法91条）。

(4) 税関等での侵害品の取締り

　さらに、日本では、模倣品の製造販売・輸出国・地域が中国等の海外である場合、侵害警告・刑事告訴・裁判所での侵害訴訟等の国内での企業の模倣対策一般と比較して、税関による知的財産侵害物品の輸入差止めの申立てが、時間・費用及び労力対効果の観点から、一般にベストプラクティスといい得る。この点、同申立ては、一般に、模倣品の輸入差止・抑止効果上、高い実効性を有するとともに、その性質上、本来的に、行政機関である税関による禁制品としての模倣品の水際取締りのための簡易迅速かつ廉価に利用可能な手続きとして、設計・運用されている。そして、かかる同申立てのメリットは、特許権等の侵害品についても、外観から侵害性を判断し易い場合には、なお

享受し得ることに留意する必要がある。

　他方、米国では、侵害品の製造販売・輸出国・地域が日本・中国等の海外である場合、自企業による米国内産業要件の充足を前提に、迅速な輸入差止めを求めて、ITCにおいて特許権侵害調査開始を申し立てることも考えられる。

（5）ADR

　なお、日本では、知的財産権の紛争を取扱う唯一の認証紛争解決事業者として、日本弁護士連合会と日本弁理士会により設立された日本知的財産仲裁センター（JIPAC：Japan Intellectual Property Arbitration Center）があるが、同センターにおける調停・仲裁の申立件数は、2007年以降、年間10件以下に留まり、余り活用されていない。

6. 知的財産（権）ミックス

（1）選択的・複合的なエンフォースメントによる侵害差止め

　さらに、先進国の企業、特に製造業においては、製品・システムのコモディティ化・ライフサイクルの短期化やモノからコトへの市場ニーズの変移の下で、技術・製品・システムの研究開発において、ソフトウェア・ユーザーインターフェース・形態・デザイン・商品パッケージ・関連サービス・ブランド等を含めて差別化・付加価値要素を研究開発し、その成果を営業秘密・実用新案権・著作権・意匠権・商標権等を含む知的財産（権）として保護した上で、同知的財産（権）の活用戦略として、選択的・複合的なエンフォースメントにより、侵害差止めを実現することも重要となっている。

　この点、例えば、iPhone（アイフォーン）を製造販売するアップルは、グーグルのアンドロイド搭載のスマートフォンを製造販売するサムスンに対し、その保有に係るアイフォーンのデザインに関する意匠特許やユーザーインターフェー

スに関するいわゆる"Bounce-Back Effect"、"On-screen Navigation"、"Tap To Zoom"等に係る実用特許等をエンフォースメントした。また、例えば、Blu－ray Discは、国際的な普及のために最低限の仕様をISO化しつつ、市場拡大のためにメーカーのみならずコンテンツホルダーも含めたフォーラムを形成した上で、フォーラム標準を基本とし、標準の実施に必要な特許のパテントプールを形成し、フォーラムのメンバー等に安価かつ無差別にライセンスするとともに、規格ロゴの商標権を取得し、模倣品・粗悪品を排除し、HD－DVDとの競合規格間競争に勝利した。

　また、模倣・巧妙化対策として、新興国・発展途上国等に係る特許庁・JETROの模倣対策マニュアル等を参照し、また、経済産業省の政府模倣品・海賊版対策総合窓口等を活用しつつ、形態・デザイン等について、創作内容・創作主体・創作年月日等を証拠化したり、実用新案登録出願・意匠登録出願及び／又は立体商標登録出願を行った上で、不正競争防止法・実用新案権・著作権・意匠権・立体商標権等を選択的・複合的にエンフォースメントすることが、侵害差止めに有用である。特に、中国では、実用新案権・意匠権のエンフォースメントが、侵害差止めに有用である場合が多く、また、他の外国でも、意匠権のエンフォースメントが、侵害差止めに有用であるところが多いとともに、立体商標権のエンフォースメントが、侵害差止めに有用であるところも少なくない。さらに、英国法系の著作権法では、直接利用のみならず、直接利用に係る市場の管理等も、オーソライゼーション法理の下で、本来的な直接侵害になり得るとともに、模倣品が真正品に係る図面の著作権の侵害になり得るため、かかるエンフォースメントが有用になり得る。

　そして、かかる（外国での）模倣品へのエンフォースメントの端緒は、（外国の）営業部門の探知による場合が少なくないため、日本企業の知的財産部門においては、自企業の（外国の）営業部門との連携や営業担当者への知的財産教育・研修の実施が必要かつ有用である。また、かかる内外国での模倣品へのエンフォースメントの契機につき、相手方が日本（・欧米）企業の場合で、特に日本でエンフォースメントするときには、事前交渉を経る場合が多いが、相手方が（欧米・）新興国企業の場合で、特に米国・中国等の外国でエンフォースメントするときには、事前交渉を経ることなく、直ちに提訴に至る場

合が少なくない。さらに、かかる内外国での模倣品へのエンフォースメントの仕方につき、世界並行エンフォースメントにより、独国・米国・日本等の先進国での同時又は順次提訴から中国・韓国・台湾等の新興国での手続きへ展開することが得策である場合が多い。また、特に新興国での模倣品へのエンフォースメントにつき、中国での地方保護主義の問題や、新興国の模倣企業が特に先進国の製造業の技術・製品・システムのうちエンフォースメントの緩い企業のものに遷移することが多いこと等に留意すべきである。

　そして、先進国の企業、特に製造業においては、かかるエンフォースメントの結果を、自企業の研究開発戦略・知的財産保護戦略及び事業戦略にフィードバックすることが必要かつ有用である。

（2）独自技術等のブランド化

　また、先進国の企業、特に製造業においては、製品・システムのコモディティ化・ライフサイクルの短期化やモノからコトへの市場ニーズの変移の下で、技術・製品・システムの研究開発において、ソフトウェア・ユーザーインターフェース・形態・デザイン・商品パッケージ・関連サービス・ブランド等を含めて差別化・付加価値要素を研究開発し、その成果を営業秘密・実用新案権・著作権・意匠権・商標権等を含む知的財産（権）として保護した上で、同知的財産（権）の活用戦略として、特定の独自技術等の名称に由来するブランドについて商標登録出願を行った上で、同技術等を見える化・ブランド化して市場に浸透させ、同技術ブランドを、同技術等を採用した個別の製品・システム等の宣伝広告に、同技術等に係る特許権等の消滅後も、横断的に活用できるようにすることも有用である。

　この点、例えば、Blu－ray Discは、国際的な普及のために最低限の仕様をISO化しつつ、市場拡大のためにメーカーのみならずコンテンツホルダーも含めたフォーラムを形成した上で、フォーラム標準を基本とし、標準の実施に必要な特許のパテントプールを形成し、フォーラムのメンバー等に安価かつ無差別にライセンスするとともに、規格ロゴの商標権を取得し、模倣品・粗悪品を排除し、HD－DVDとの競合規格間競争に勝利した。

　ここで、かかる技術ブランドのライセンスについて、公正取引委員会「知的財産の利用に関する独占禁止法上の指針」（平成19年9月28日、改正：平成28年1月21日）においては、「不公正な取引方法の観点からの考え方」として、「ライセンサーがライセンシーに対し、特定の商標の使用を義務付ける行為は、商標が重要な競争手段であり、かつ、ライセンシーが他の商標を併用することを禁止する場合を除き、競争を減殺するおそれは小さいと考えられるので、原則として不公正な取引方法に該当しない」とされている。

7. 休眠特許等の収益化

(1) はじめに

　もっとも、特に大企業においては、事業の多角化を超える研究開発の多角化、研究開発の成果に係る現有技術資産との非適合性、事業化に必要な基盤技術・改良技術・周辺技術等の利用困難性、小規模な新興市場への新規参入では既存の大企業全体の成長ニーズを充足できないこと等により、特に基礎研究・応用研究分野において、下記**図22**に示されるように、その保有に係る特許の相当数が活用されていない。

図22 国内特許権所有件数と利用状況【特許庁「平成27年知的財産活動調査結果の概要」より引用】

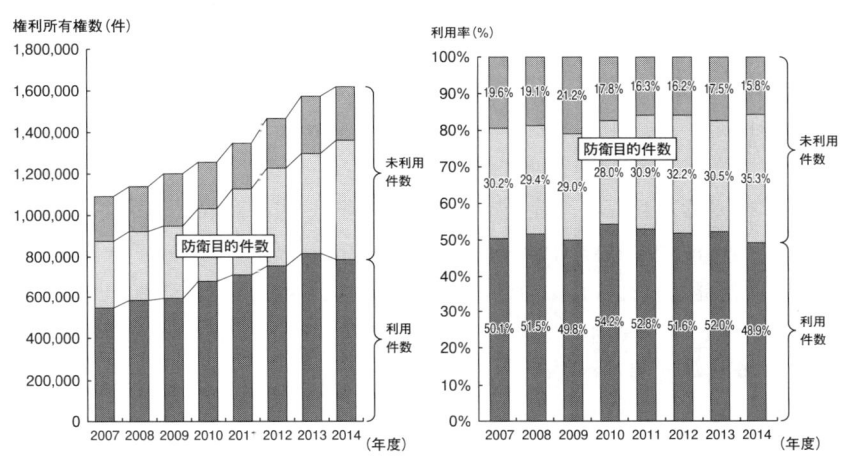

(2) 知財ビジネスマッチング

　かかる休眠特許等について、大企業においては、必要に応じて、INPITの開放特許情報データベース（https://plidb.inpit.go.jp/）に登録したうえ、地域産業・経済の活性化等の観点から、例えば川崎市知的財産交流会等の川崎モデルのような地方自治体・地域金融機関・地域支援機関等による中小企業支援策としての知財ビジネスマッチングを利用して、特に異業種における意欲的な地元の中小企業へ、製品化・事業化・ブランド化等の提案・ノウハウ提供・開発支援等とともに、ライセンス・アウトすることが考えられる。

(3) パテントプール・管理型信託・匿名組合等

　また、かかる休眠特許等について、企業においては、（他企業とともに、集約された知的財産（権）ポートフォリオに基づく、）ライセンス・アウトによる収益化のために、各スキームの利害得失を考慮した上で、パテントプールを形成すること、信託会社へ管理型信託を行うこと、営業者と匿名組合を組成すること、例えば官民ファンドの株式会社産業革新機構を中心に設立された株式会

社IP Bridgeが提供する未活用知的財産の事業化支援事業や知財ポートフォリオ運営事業を利用すること等が考えられる。

（4）売却

さらに、かかる休眠特許等、特にソフトウェア・電子商取引・パソコン・携帯電話・通信等の、PAE（Patent Assertion Entity）（ないしパテント・トロール）の活動が活発な産業分野におけるものについて、企業、特に製造業においては、投資回収・資金調達等のために、仲介業者・オークション・取引所・イベント・データベース等を介して、他の製造業、特に特許ポートフォリオが脆弱な新興の製造業や、NPEのうち、例えば、RPX Corp、Allied Security Trust、Open Invention Network等の防衛的特許集約サービス提供企業や、官民ファンドの株式会社産業革新機構を中心に設立され、知財ポートフォリオ運営事業を提供する株式会社IP Bridge等に対し、当然対抗制度（特許法99条、実用新案法19条3項、意匠法28条3項等）等の下で必要な範囲でライセンス・バックを受けつつ、その技術的・経済的価値評価を参考に、一括売却方式又は成功報酬方式により、売却することも考えられる。

8. 自企業保有の産業財産権の定期的な棚卸し

そして、企業においては、一定期間毎に、知的財産（権）ポートフォリオ・マネジメントの観点から、自企業保有の産業財産権の棚卸し・取捨選択を実施し、自企業の事業戦略・活用戦略において価値が低いと判断された産業財産権を放棄等することにより、不要なコストを削減し、他の知的財産活動に振り向けるようにすることが必要である。この点、例えば、IBMでは、毎年、多数の特許を取得する一方、保有特許について、各年金支払い時期毎に、価値を再評価して、大胆に放棄・売却等を行うことにより、膨大な特許ポートフォリオを継続的にメンテナンスしている。

　かかる棚卸しでは、出願（・取得）済みの産業財産（権）につき、棚卸し時点において、第3章1、(2) に述べた技術的価値・性質の評価の確認に加えて、特に、第3章1、(3) に述べた経済的価値の再評価を行う必要がある。ここで、自企業の事業戦略・活月戦略との関係において、自企業保有の休眠特許等の防衛機能・技術力ＰＲ機能等の適切なプラス評価も必要である一方、自企業保有の実施特許等でも他企業等の侵害の抑止・排除に実際上有効でない場合には適切なマイナス評価が必要である。

9. 事業化における他企業等の特許（出願）等の クリアランス

(1) はじめに

　他方、企業、特に製造業においては、自企業の製品・システム・その製造工程及び関連サービスについて、事業化に当たり、経営企画部門・事業部門・営業部門・知的財産部門等により、いわゆるフリーダム・トゥー・オペレート（FTO）調査として、他企業等の特許（出願）等の非侵害性、(拒絶理由・) 無効理由を検討・確認する必要がある。かかる検討・確認においては、他企業等により知的財産（権）ミックス戦略が採用・遂行されているであろうことにも留意する必要がある。

(2) 他企業等の権利化阻止・権利無効化

　そして、かかるＦＴＯ調査結果の如何により、必要に応じて、知的財産部門において、他企業等の特許（出願）等について、特許化等を阻止し、また、特許等を無効化することが必要である。

　そして、かかる他企業等の権利化阻止・権利無効化においては、拒絶理由・無効理由の性質（新規性欠如、進歩性欠如、記載不備、冒認、共同出願違反等）・強弱、関連する自企業の製品・システム・その製造工程及び関連サービスの事

業化の予定・地域、他企業等からの警告・提訴等による侵害紛争の顕在化・激化の有無・程度等に応じて、情報提供、異議申立て、無効審判、侵害訴訟での無効の抗弁等を使い分け、組み合わせることが必要である。

　また、かかる他企業等の権利化阻止・権利無効化には、その性質上、クライアント企業による発明等の国内・外国出願は勿論、相手方企業の特許（出願）等に対する情報提供・異議申立て・無効審判等をも含む代理・仲介業務等を通じて技術・産業財産権法に係る専門的・国際的な知識・経験を有する特許事務所・外部弁理士への相談・業務委託が有用である。特に、かかる特許事務所・外部弁理士は、かかる知識・経験を、国内・欧米は勿論、新興国も含めて、自企業が選択・集中した分野において、侵害紛争対応も含めて、十分に有するものであるか、又は、法律事務所・外部弁護士との連携・協働により、かかる点を補完できるものであることが望ましい。

（3）設計変更・回避

　また、他企業等が同業種である場合等、必要に応じて、上記権利化阻止・権利無効化に代えて、又はこれと共に、事業化予定の自企業の製品・システム・その製造工程及び関連サービスについて、設計変更により他企業等の特許（出願）等を回避する必要がある。

（4）ライセンス・イン、M＆A、部品・素材の外部調達等による権利処理

　さらに、他企業等が他業種である場合等、場合によっては、他企業等の特許（出願）等について、他企業等からのライセンス・イン、他企業等又はその特許（出願）等のM＆A、他企業等又はそのライセンシーからの部品・素材の外部調達等により、権利処理することも考えられる。

10. 他企業等による知的財産権のエンフォースメントへの防御

(1) 競合企業一般

　そして、競合企業から侵害警告・侵害訴訟等により特許権等のエンフォースメントを受けた日本企業においては、基本的には、非侵害論・無効論等に基づき、十分に反論し、及び／又は、特許等無効審判を請求する一方、可及的に、競合企業の実施事業に対して、自企業保有の特許権等のカウンター・エンフォースメントを行った上で、状況に応じて、裁判所の判決・特許庁の審決により、又は、自企業の非コア・イノベーション領域での（クロス）ライセンス（・イン又はアウト）等の和解により、紛争解決を図ることになる。なお、かかるエンフォースメントが新興国企業により新興国において行われる場合には特に当該国、特に地方における保護主義の傾向に留意する必要がある。

(2) PAE

ア．意義

　PAE（Patent Assertion Entity）（ないしパテント・トロール）とは、一般に、自ら研究開発を行わず、専らエンフォースメントでの収益化の目的で特許権を他企業等から取得し、同特許権に係る発明を自ら実施せず、専ら収益化のために同特許権のエンフォースメントを業として行う企業等をいう。かかるPAEは、実施企業は勿論、同じ非実施企業等（NPE（Non-practicing Entity））でも、自ら研究開発を行う大学・公的研究機関、研究開発及びライセンシング・アウトをビジネスモデルとする企業、標準規格の普及と市場の形成・拡大のためにFRAND条件でライセンス・アウトを行うパテント・プール等とは区別される。

イ．特徴

　上記PAEによる専ら収益化のための特許権のエンフォースメント業の特徴は、典型的には、主に米国において、特に特許権者に有利な裁判地を選択

（フォーラム・ショッピング）して、ソフトウェア・電子商取引・パソコン・携帯電話・通信等の産業分野において、他企業等から買い集めて構築した特許ポートフォリオに基づき、同ポートフォリオに係るライセンス・プログラム毎に設立されたLLC等の法人として、成功報酬ベースの訴訟代理人により、同産業分野における完成品の製造業者や販売業者等の多数の川下企業に対し、侵害警告に基づく十分な侵害論・無効論等の事前交渉を経ることなく、簡易かつ低費用で侵害訴訟を提起し、ディスカバリ等及びそのための弁護士費用等に係る多大な片務的負担や、特許権者に有利又は不確実な陪審審理等を梃子にして、段階的に漸増する低額な和解金の可及的に早期の支払いか、又は3倍賠償も含めて一般に高額な損害賠償を求めるところにある。

この点、近年、米国における特許権侵害訴訟の提起について、下記図23の濃いグレーが示すとおり、PAEを含むNEPによるものの件数は、約3000件であり、その割合は、約70％を占めている。

図23　米国における特許権侵害訴訟の提起件数【Page 7 of Annual NPE Litigation, Patent Marketplace, and NPE Cost Reports for 2015 by RPX (http://www.rpxcorp.com/reports/)より引用】

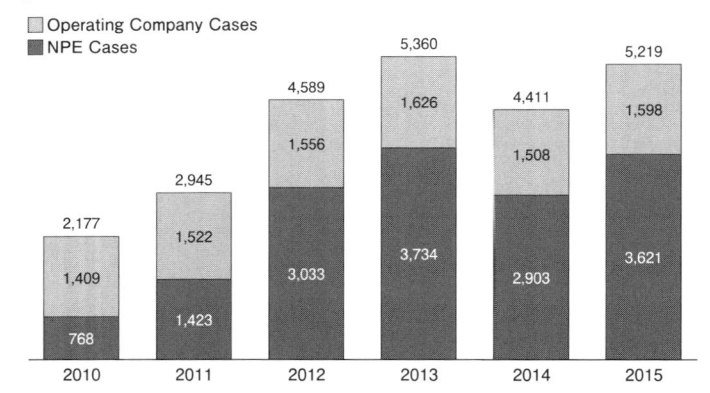

また、2015年の米国におけるNPEによる特許権侵害訴訟提起の件数のうち、PAEによるものは、下記図24の濃いグレーが示すとおり、約80％を占めている。

図24 米国における特許権侵害訴訟の提起のNPEの内訳 (2015年)【Page 13 of Annual NPE Litigation, Patent Marketplace, and NPE Cost Reports for 2015 by RPX (http://www.rpxcorp.com/reports/) より引用】

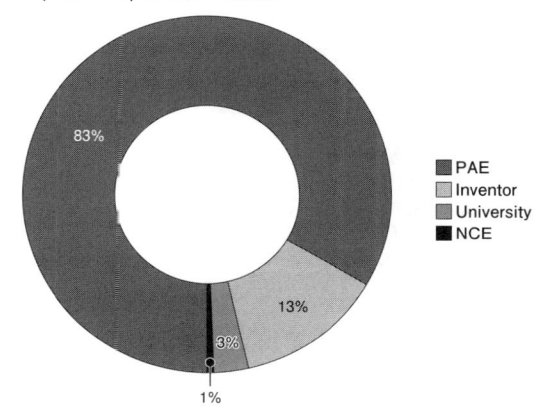

ウ. 米国での対処策

（ア）はじめに

　上記PAEによる特許権のエンフォースメントに対し、従前PAEを誘発・助長し易い制度・運用であった米国において、特有の対処策は、典型的には、以下のように、特許権侵害訴訟等において裁判地・特許適格性・特許の有効性等を争いつつ、可及的に低額な和解金の支払いでの早期の和解を目指すか、さらに抗戦した上でより有利な条件での和解を目指すか、又は、さらに弁護士費用の敗訴者負担等をも含めて徹底抗戦するか、である。

（イ）特許権侵害訴訟

i. 裁判地

　すなわち、従前、ＰＡＥは、下記**図25**の濃いグレー及び薄いグレーが示すとおり、テキサス州東部地区連邦地方裁判所やデラウェア州連邦地方裁判所等の特許権者に有利な裁判地を選択（フォーラム・ショッピング）してきた。

図25　米国におけるNPEの特許権侵害訴訟の提起の裁判地の内訳【Page 26 of Annual NPE Litigation, Patent Marketplace, and NPE Cost Reports for 2015 by RPX (http://www.rpxcorp.com/reports/)より引用】

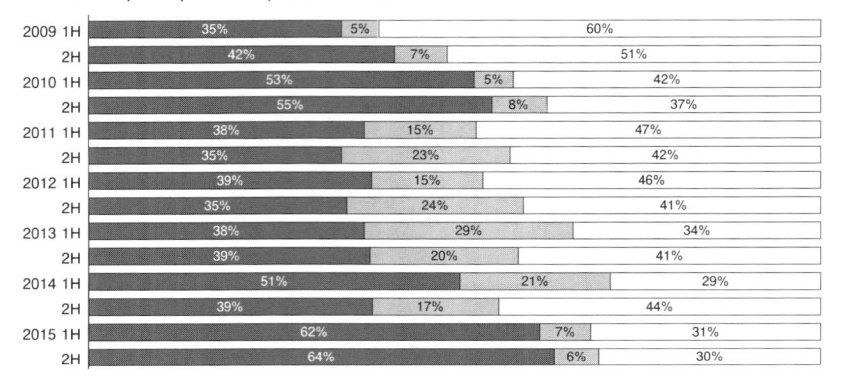

もっとも、近時、連邦最高裁判所により、the Patent Venue Statute、28 U. S. C. §1400(b)について、内国法人は、設立登記地又は侵害行為地且つ営業所所在地においてのみ、特許権侵害訴訟を提起され得るとの解釈が判示されている（TC Heartland LLC v. Kraft Foods Group Brands LLC, No. 16-341 (May 22, 2017).）。よって、同判示の射程範囲は、内国会社にのみ及び、外国企業には及ばないものの、PAEから米国における営業所を有さない地の連邦地方裁判所に（他の多数の被告とともに）特許権侵害訴訟を提起された（日本企業及び）日本企業の米国子会社においては、（PAEに相異する裁判地での同時の訴訟追行の負担を負荷させるべく、）同判示に基づき、同裁判所において、移送（28 U.S.C. § 1406(a)）の申立てを行うことが考えられる。さらに、PAEが、米国子会社ではなく、日本企業のみに対し、米国における営業所を有さない地の連邦地方裁判所に特許権侵害訴訟を提起した場合には、日本企業としては、米国子会社において、設立登記地又は被疑侵害行為地且つ営業所所在地の連邦地方裁判所に、消極的確認訴訟を提起した上で、移送（28 U.S.C. § 1406(a)）の申立てを行うことが考えられる。

ii.　特許適格性

また、PAEは、下記**図26**に示されるように、ソフトウェア・電子商取引

等の産業分野において、下記図27の濃いグレーが示すとおり、特許適格性（35 U.S.C. §101）が緩やかだった時期における特許権をエンフォースメントすることが多い。

図26 2015年の米国における特許権侵害訴訟の被告の産業分野【Page 30 of Annual NPE Litigation, Patent Marketplace, and NPE Cost Reports for 2015 by RPX (http://www.rpxcorp.com/reports/)より引用】

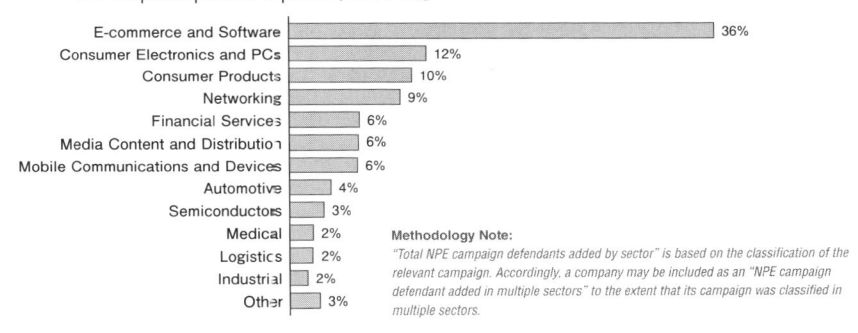

図27 2015年の米国における侵害訴訟で行使された特許権の優先日【Page 40 of Annual NPE Litigation, Patent Marketplace, and NPE Cost Reports for 2015 by RPX (http://www.rpxcorp.com/reports/)より引用】

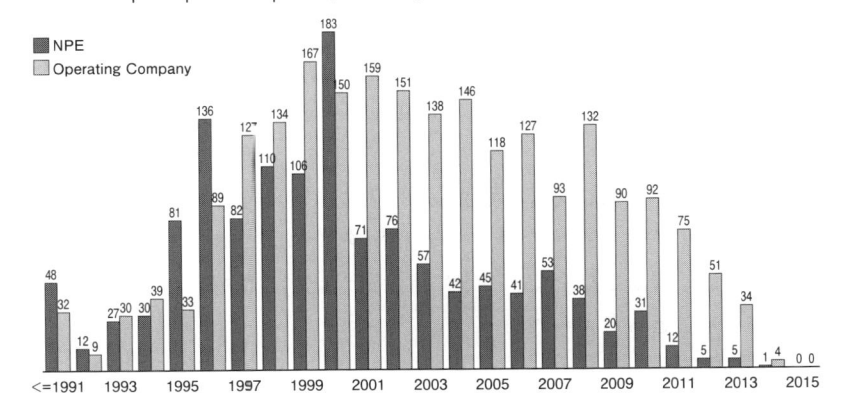

　もっとも、近年、連邦最高裁判所により、ソフトウェア・電子商取引等の技術分野における特許適格性の判断基準は、大幅に厳格化されている（Alice Corp. v. CLS Bank International, 134 S.Ct. 2347 (2014); Mayo

Collaborative Services v. Prometheus Labs, 132 S.Ct. 1289 (2014).)。よって、かかる特許権に基づきPAEから侵害訴訟を提起された日本企業においては、同判例に基づき、連邦地方裁判所において、特許適格性の欠如により、訴えの却下（Rule 12(b)(6) of the FRCP）又は略式判決（Rule 56 of the FRCP）の申立てを行うことが考えられる。

ⅲ．手続きの停止

　さらに、PAEから特許権侵害訴訟を提起された日本企業においては、攻守を逆転させ、PAEの重要な資産である特許権の対世的な無効性自体を直接的な争点としつつ、PAEに成功報酬ベースではない代理人費用を現実に出捐させる一方、同訴訟におけるディスカバリ等及びそのための弁護士費用等に係る多大な片務的負担を回避するために、USPTOのPTABのIPR又はCBMを利用した上で、連邦地方裁判所において、同訴訟手続きの停止を申し立てることが考えられる。

ⅳ．弁護士費用の敗訴者負担

　また、近年、連邦最高裁判所により、特許権侵害訴訟の敗訴者が勝訴者の弁護士費用を負担すべき「例外的（exceptional）」な場合（35 U.S.C.§285）について、認定判断の基準が大幅に緩和される（Octane Fitness LLC v. ICON Health & Fitness, Inc., 134 S. Ct. 1749 (2014).）とともに、この点に関する連邦地方裁判所の認定判断は上級審で覆り難くされている（Highmark Inc. v. Allcare Health Management Systems, Inc., 134 S. Ct. 1744 (2014).）。よって、PAEから特許権侵害訴訟を提起された日本企業においては、低額な和解金の支払いでの早期の和解や、さらに抗戦した上でのより有利な条件での和解を進め難い場合には、さらに徹底抗戦して勝訴した上で、PAEに自企業が出捐した弁護士費用の負担まで求めることも考えられる。

ⅴ．共同防御

　さらに、複数の（共同）被告間において、共同防御契約により、共通の防御方法について、作業を分担し、又は、場合により共通の代理人を選任して、弁護士費用を節減することも考えられる。

（ウ） IPR又はCBM

　また、PAEから特許権侵害訴訟を提起された日本企業においては、攻守を逆転させ、PAEの重要な資産である特許権の対世的な無効性自体を直接的な争点としつつ、PAEに成功報酬ベースではない代理人費用を現実に出捐させるために、USPTOのPTABのIPR又はCBMを利用することが考えられる。

　この点、特許の無効理由の審理・判断について連邦地方裁判所での特許権侵害（無効確認）訴訟とPTABのIPR及びCBMとを比較すると、以下のとおりである。すなわち、審理・判断の主体は、前者では、事実問題が素人の陪審であり、法律問題が裁判官であるのに対し、後者では、専門的な特許審判官である。また、審理・判断の対象である無効理由は、前者では、特に限定されていないのに対し、後者では、先行特許文献・刊行物に基づく新規性欠如・非自明性に限定されている。さらに、審理・判断の際のクレーム解釈の基準は、前者では、狭く（plain and ordinary meaning）、無効になり難いのに対し、後者では、広く（broadest reasonable interpretation）、無効になり易い。また、特許の有効性の推定は、前者では、ある（35 U.S.C. §282）のに対し、後者では、ない。その結果、無効の立証基準は、前者では、高く（clear and convincing evidence）、無効になり難いのに対し、後者では、低く（preponderance of evidence）、無効になり易い。さらに、所要期間は、前者では、数年を要するのに対し、後者では、原則として審理開始から1年以内である。また、ディスカバリは、前者では、広いのに対し、後者では、狭い。その結果、弁護士費用等は、前者では、高額に上るのに対し、後者では、低額に留まる。このように、IPR及びCBMにおいては、特許権侵害（無効確認）訴訟と比較して、一定の無効理由について質の低い特許を低費用で迅速かつ容易に無効化し得るように制度設計されている。

　そして、実際、IPR及びCBMにより、近年、下記**図28**に示されるように、大多数が和解であろう中途終了の件数が審理開始前に529件、最終判断前に391件と最終判断の件数である714件よりも多いことは勿論、和解が成立しない場合でも、下記**図29**及び**図30**に示されるように、約50％の事件において、全てのクレームについて、また、約15パーセントの事件におい

て、少なくとも1つのクレームについて、審理が開始され、また、その最終判断として、約60％の事件において、全てのクレームが、また、約30％の事件において、少なくとも1つのクレームが、無効と判断されている。

図28 2015年末までのIPR及びCBMにおける審理状況【Page 16 of Annual NPE Litigation, Patent Marketplace, and NPE Cost Reports for 2015 by RPX (http://www.rpxcorp.com/reports/）より引用】

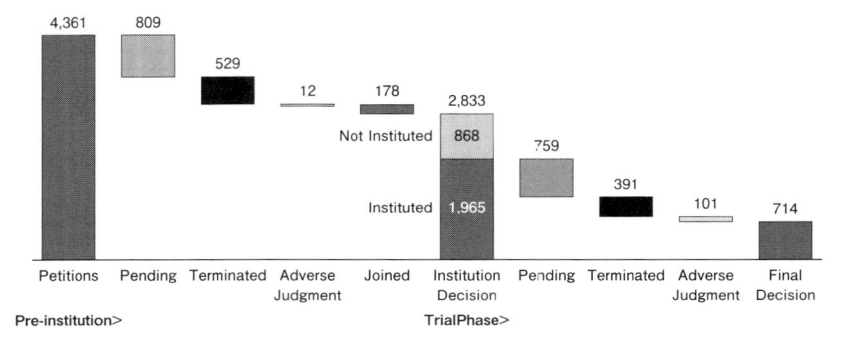

図29 IPR及びCBMにおける審理開始の状況【Page 17 of Annual NPE Litigation, Patent Marketplace, and NPE Cost Reports for 2015 by RPX (http://www.rpxcorp.com/reports/）より引用】

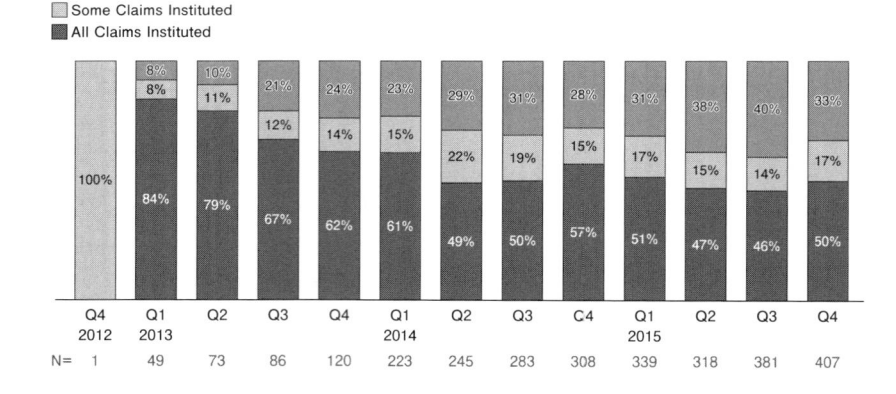

図30 IPR及びCBMにおける最終判断の状況【Page 18 of Annual NPE Litigation, Patent Marketplace, and NPE Cost Reports for 2015 by RPX (http://www.rpxcorp.com/reports/)より引用】

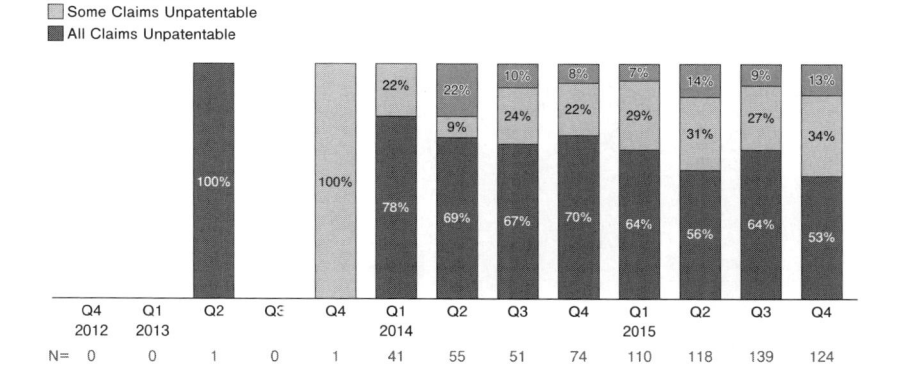

（エ）ITC

　なお、PAEを含むNPEの申立てに基づくITCの特許権侵害調査開始の件数は、下記図31の濃いグレーが示すように、連邦最高裁判所により特許権侵害訴訟における差止めが実質的に制限された (eBay Inc. v. MercExchange, L.L.C., 547 U.S. 388 (2006).) 後、代替手段としての同申立ての増加に伴い、一旦増加したものの、近年、ライセンス・アウト活動による国内産業要件の充足判断の厳格化 (John Mezzalingua Associates, Inc. v. U.S. Int'l Trade Comm'n, 660 F.3d 1322 (Fed. Cir. 2011); InterDigital Commc'ns, LLC v. U.S. Int'l Trade Comm'n, 707 F.3d 1295 (Fed. Cir. 2013); Motiva, LLC v. U.S. Int'l Trade Comm'n, 716 F.3d 596 (Fed. Cir. 2013).) により、減少傾向にある。

図31 米国におけるITCの特許権侵害調査開始の件数【Page 14 of Annual NPE Litigation, Patent Marketplace, and NPE Cost Reports for 2015 by RPX (http://www.rpxcorp. com/reports/)より引用】

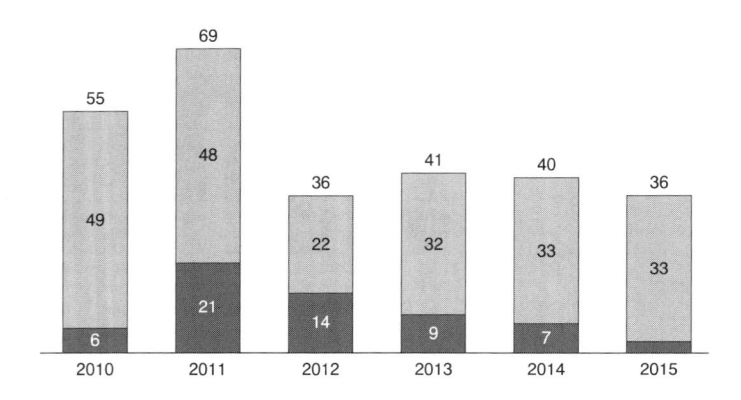

■ Operating Company ITC Investigations
■ NPE ITC Investigations

エ．日本での対処策

　他方、日本においては、元来、基本的に、PAEを誘発・助長し難い特許制度及び特許権侵害訴訟制度の設計及び運用が行われてきた。

　すなわち、日本においては、従前より、和解交渉における特許権者と被疑侵害者との間のバーゲニング・パワーの不均衡を生じさせる、従前の米国におけるような事情は、存在していない。すなわち、特許権侵害訴訟において、ディスカバリーの不存在等により、審理期間が短期であるとともに、被疑侵害者における代理人費用等も低額に留まる。他方、特許権者における代理人費用として成功報酬方式は余り一般的ではない。さらに、特許権者に有利又は不確実な陪審審理は存在せず、特許権侵害訴訟の第一審は、東京地方裁判所又は大阪地方裁判所の専属管轄とされ（民事訴訟法6条1項）、同各地方裁判所の知的財産関係事件の専門部における豊富な経験を有する裁判官により審理判断される。その結果、特許権者が特許権侵害訴訟を提起・追行しても、被疑侵害者は状況に応じて和解応諾か勝訴判決かを随意選択することが比較的容易である。

　よって、ＰＡＥから特許権侵害訴訟を提起された日本企業においては、基本的には、通常の特許権侵害訴訟対応と同様に、非侵害論・無効論等に基づき、同訴訟を追行し、及び／又は、特許無効審判を請求し、状況に応じて和解に応諾すれば足りる。

　そして、実際、日本においては、これまで、ＰＡＥによる日本の製造業に対する特許権侵害訴訟が請求認容されたことは殆ど全くない（知財高判平28・3・28判タ1428号53頁［アクセス権限を通信網の少なくとも1つの移動局に設定する方法事件］、知財高判平26・1・29（平成25年（ネ）第10055号）最高裁HP［無線アクセス通信システム事件］、知財高判平22・3・30判時2074号125頁［携帯型コミュニケータ事件］等）。

　もっとも、米国とは異なり、日本においては、元来、特許権侵害に対しては、原則差止めが認められる（特許法100条）ため、ＰＡＥによる特許権のエンフォースメント態様等に照らして、例外的に、権利濫用（民法1条3項）として、差止めが認められない場合の考慮要素や要件について、裁判例の集積等により、明確化される必要があろう。また、近年、米国・欧州とは異なり、日本においては、ソフトウェア関連発明やビジネス関連発明の発明性（特許適格性）や進歩性が認められ易い傾向にあるため、かかる傾向と日本におけるＰＡＥによる特許権のエンフォースメントとの関係性も検討される必要があろう。

オ．その他

　その他、上記ＰＡＥによる特許権のエンフォースメントへの対処策としては、例えばRPX Corp.、Allied Security Trust、Open Invention Network等が提供する防衛的特許集約サービスを利用すること、例えばUnified Patents, Inc.等が提供する特許権無効化サービスを利用すること、例えば官民ファンドの株式会社産業革新機構を中心に設立された株式会社IP Bridgeが提供する防衛支援事業を利用すること、会員企業の特許権譲渡の際に他の会員企業が無償ライセンス・アウトを受け得るLOT（License on Transfer）ネットワークに参加すること等が考えられる。

11. 役割分担

　かかる発明その他の技術情報・その権利の活用は、その性質上、企業の知的財産部門及び／又は法務部門において、主体的に、経営層・経営企画部門・事業部門・営業部門等と連携・協働して、遂行する必要がある。

　特に、企業における発明その他の技術情報・その権利の活用は、上述のとおり、知的財産情報開示・知的資産経営報告から、ビッグデータを含むライセンス・アウト一般、アウトバウンド型オープン・イノベーション（（国際）標準化・オープン化、事業提携・合弁事業等、特許等の無償開放、コーポレートベンチャリング等）、オープン＆クローズ（フルターンキー・ソリューションの提供、拘束条件付ハイブリッド・ライセンス・アウト等）、差別化特許・標準規格周辺特許等のエンフォースメント（侵害警告、裁判所での侵害訴訟等、税関等での侵害品の取締り、ADR等）、知的財産（権）ミックス、休眠特許等の収益化（知財ビジネスマッチング、パテントプール・管理型信託・匿名組合等、売却等）、産業財産権の棚卸し、事業化における他企業等の特許（出願）等のクリアランス（他企業等の権利化阻止・権利無効化、設計変更・回避、ライセンス・イン、M＆A、部品等の外部調達等）、競合企業・PAE等による知的財産権のエンフォースメントへの防御まで、企業の経営・事業活動に重大な影響を与え得る、極めて多岐に亘る諸活動を含む。よって、知的財産部門及び／又は法務部門においては、各活動毎に、育成・確保した各専門人材により、各関係部門等と連携・協働しつつ、対応する必要性が高い。

　また、かかる発明その他の技術情報・その権利の活用には、その性質上、知的財産権エンフォースメント・知的財産（契約）関連紛争・会社法・契約法・訴訟法・独占禁止法等に係る専門的・国際的な知識・経験を有する法律事務所・外部弁護士への相談・業務委託が有用である。特に、かかる法律事務所・外部弁護士は、問題となる技術・特許出願等に係る専門的・国際的な知識・経験をも、相応に有するものであるか、又は、特許事務所・外部弁理士との連携・協働により、かかる点を補完できるものであることが望ましい。

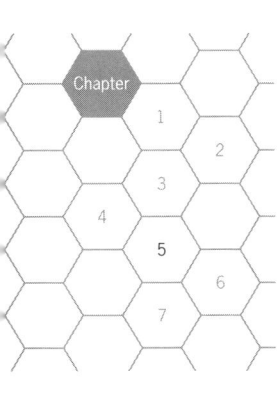

第5章
企業の基本理念・戦略の策定、組織・体制の構築、人材の育成・確保

1. はじめに

　以上のとおり発明その他の技術情報を創造・取得し、保護し、活用するために、知的資産経営戦略の一環として、研究開発戦略・事業戦略及び知的財産戦略を三位一体の戦略として採用し、企業の具体的な研究開発活動・事業活動及び知的財産活動において、統合的に、同戦略に沿った戦術が、計画(Plan)され、実行(Do)され、評価(Check)され、改善(Act)されるようにする(PDCAサイクルを構築する)ためには、企業において基本理念・戦略を策定し、組織・体制を構築し、人材を育成・確保することが必要である。

　かかる必要性は、特に、近年の先進国の企業、特に製造業において非常に有用・重要である、インバウンド型オープン・イノベーション、アウトバウンド型オープン・イノベーションやオープン＆クローズ、及び、より高度・複雑な知的財産(契約)マネジメント、を適切に実行するためには、より顕著になる。

　この点、例えば、下記図1に示されるように、オープン・イノベーションについて、全社的戦略の有無により、①新しい技術シーズの探索・獲得、③既存事業の強化、④知的財産の取得、⑥研究開発スピードの短縮、等の成果の有無・程度に顕著な違いが生じ得る。

　また、例えば、下記図2に示されるように、オープン・イノベーションについて、活動の実施が難しい主な理由は、④実施するための経営能力や人材が不足していること、⑤必要とされる組織体制の不備、等とされている。

図1　オープン・イノベーションに係る全社的戦略の有無と成果の違い【21世紀政策研究所「日本型オープンイノベーションの研究」(2015年6月) 33頁より引用】

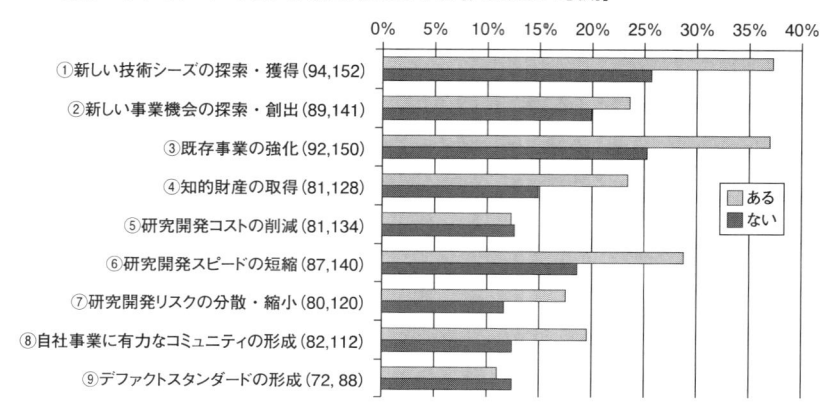

備考：棒グラフは各目的の成果あり(「成果を挙げている」、「十分な成果を挙げている」)と回答した企業の割合を示す。
　　　カッコ内の値(A, B)について、Aは「ある」企業群の企業数、Bは「ない」企業群の企業数を表す。企業数は、回答数から成果の質問(設問Q11-3)で「事例がない」と回答した企業を引いた数である。

図2　オープンイノベーション活動の実施が難しい理由【オープンイノベーション協議会 (JOIC)、国立研究開発法人新エネルギー・産業技術総合開発機構 (NEDO) 編「オープンイノベーション白書」(平成28年7月) 43頁より引用】

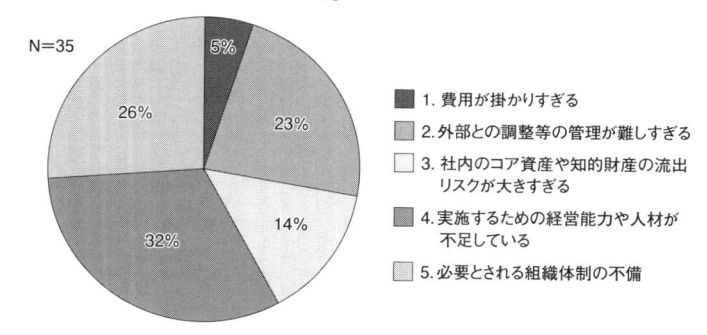

2. 経営層、基本理念・戦略の策定

　このような企業における基本理念・戦略の策定、組織・体制の構築、人材

の育成・確保のためには、先ず、経営トップ・幹部自身のイノベーション・コミットメント・イニシアティブ等が必須である。

　そのためには、先ず、CIPOを設置することが有用である。かかるCIPOは、企業の研究開発戦略・事業戦略の先行指標として、企業の知的財産戦略の基本方針を策定し、同方針を反映した企業の経営戦略の策定に参画した上で、知的財産部門を統括して、同経営戦略に基づく具体的な知的財産戦略を策定し、同知的財産戦略に基づく具体的な知的財産活動を遂行せしめ、同知的財産活動を把握・監督し、その結果・成果・課題・その対応策、ひいては必要に応じて企業の知的財産戦略の基本方針さらには経営戦略の見直しを経営層へ報告・提案することが求められる。その結果、かかる役割を果たすべく、必然的に、適切な組織・体制の構築、人材の育成・確保にも重要な役割を果たすことが期待され得る。

　また、CTO及び／又はCBOにおいては、自身のイノベーションをも含めて、クローズド・イノベーションを超えて、インバウンド型オープン・イノベーションについて、最高責任者として、コミットメント・イニシアティブ等により、企業の経営戦略の策定に参画した上で、同経営戦略に基づく具体的な戦略を策定し、同戦略に基づく具体的な活動を遂行せしめ、同活動を把握・監督し、その結果・成果・課題・その対応策、ひいては必要に応じて企業の経営戦略の見直しを経営層へ報告・提案することが求められる。その結果、かかる役割を果たすべく、必然的に、適切な組織・体制の構築、人材の育成・確保にも重要な役割を果たすことが期待され得る。

　さらに、CTO、CIPO及び／又はCBO等において、自身のイノベーションをも含めて、アウトバウンド型オープン・イノベーションのうち、特に（国際）標準化・オープン化に、CSOとして、コミットメント・イニシアティブ等により、最高責任を果たすようにすることが有用である。また、CIPO及び／又はCBOにおいて、自身のイノベーションをも含めて、その余のアウトバウンド型オープン・イノベーションやオープン＆クローズに、コミットメント・イニシアティブ等により、最高責任を果たすようにすることも有用である。かかる最高責任者は、コミットメント・イニシアティブ等により、企業の経営戦略の策定に参画した上で、同経営戦略に基づく具体的な戦略を策定し、同戦略に基づく具

体的な活動を遂行せしめ、同活動を把握・監督し、その結果・成果・課題・その対応策、ひいては必要に応じて企業の経営戦略の見直しを経営層へ報告・提案することが求められる。その結果、かかる役割を果たすべく、必然的に、適切な組織・体制の構築、人材の育成・確保にも重要な役割を果たすことが期待され得る。

　この点、例えば、下記図3に示されるように、オープン・イノベーションについて、担当役員の有無により、①新しい技術シーズの探索・獲得、③既存事業の強化、⑥研究開発スピードの短縮、⑦研究開発リスクの分散・縮小、等の成果の有無・程度に顕著な違いが生じ得る。

図3　オープン・イノベーションに係る担当役員の有無と成果の違い【21世紀政策研究所「日本型オープンイノベーションの研究」(2015年6月) 35頁より引用】

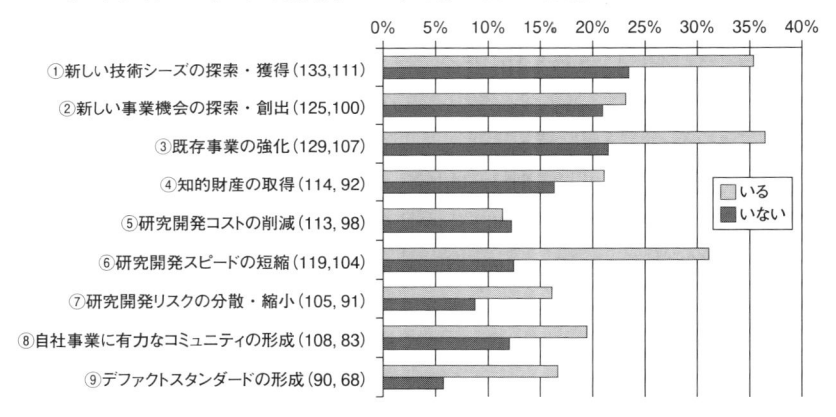

備考：棒グラフは各目的の成果あり（「成果を挙げている」、「十分な成果を挙げている」）と回答した企業の割合を示す。
　　　カッコ内の値（A、B）について、A は「いる」企業群の企業数、B は「いない」企業群の企業数を表す。企業数は、回答数から成果の質問（設問Q11-3)で「事例がない」と回答した企業を引いた数である。

3. 組織・体制の構築

（1）また、近年の先進国企業の知的財産（契約）マネジメントの高度化・複雑化に対応すべく、同企業の組織・体制の構築においては、従来のような、

主に発明に係る、クローズド・イノベーション、特許化、ライセンス・アウト一般、他企業等の特許（出願）のクリアランス、競合企業による特許権のエンフォースメントへの防御、に適合しただけの組織・体制に留まらない、技術情報一般に係る、インバウンド型オープン・イノベーション、特許化・秘匿化等及び公知化の使分け・組合せ、知的財産（権）ミックス、秘匿化における秘密管理・証拠化・漏洩時対策、アウトバウンド型オープン・イノベーション、オープン＆クローズ、休眠特許等の収益化、PAEによる知的財産権のエンフォースメントへの防御、等にも対応し得る組織・体制を、構築することが必要である。

（2）かかる組織・体制として、企業、特に製造業において、形式的には、企業規模や業種の特性等により、知的財産部門を一つに集中した体制（集中型）の場合、研究開発部門・事業部門等に分散した体制（分散型）の場合、及び、本社部門と研究開発部門・事業部門等とに併設・分散した体制（併設型）の場合が考えられる。

　　もっとも、いずれの場合でも、実質的には、研究開発部門・知的財産部門・事業部門等において研究開発活動・知的財産活動・事業活動等を適切に役割分担しつつ、各部門間において特に各部門に特有な各活動間の境界領域の各活動について連携・協働し、しかも各部門の各活動が知的資産経営戦略の下での研究開発戦略・事業戦略及び知的財産戦略に基づく三位一体の統合的な活動になるようにすることが必要である。

　　また、特に、大規模かつ多様な業種のグローバルな企業グループにおいては、集中型は馴染み難いとともに、併設型も、グループ企業間に共通の知的財産戦略を統括的・効率的に採用・遂行し得る一方、権限配分の如何によっては、グループ企業間の利害調整型となり、問題の事業に必要とされる迅速かつ大胆な知的財産戦略を採用・遂行し難くなり得ることに留意する必要がある。

（3）そして、知的財産部門においては、経営戦略に基づく知的財産戦略の下で、その活動の目的を、経営戦略に基づく事業戦略・研究開発戦略等の下での事業部門・研究開発部門等の活動の目的と摺り合わせた上で、事業部門・研究開発部門等へ同目的達成に有用な知的財産情報を能動的・

積極的に発信・提供し、その活動を見える化しつつ、事業部門・研究開発部門等から事業活動・研究開発活動等に係る情報を入手し、もって、自部門の知的財産活動を事業部門・研究開発部門等の事業活動・研究開発活動等と連携・協働できるようにすることが必要である。

　そのためには、特に近年、技術情報一般に係る、インバウンド型オープン・イノベーション、特許化・秘匿化等及び公知化の使分け・組合せ、知的財産（権）ミックス、秘匿化における秘密管理・証拠化・漏洩時対策、アウトバウンド型オープン・イノベーション、オープン＆クローズ、休眠特許等の収益化、ＰＡＥによる知的財産権のエンフォースメントへの防御、等にも対応し得るようにすべく、より高度・複雑な知的財産（契約）マネジメントの観点から、知的財産部門において、従来より一層、経営戦略に基づく事業戦略・研究開発戦略等の下での事業部門・研究開発部門等の活動へ能動的・積極的に関与することが必要である。

　また、特にグローバルな企業、特に製造業においては、企業グループ内におけるグローバルな知的財産会議や知的財産サービス会社の設置、現地の知的財産部門の独立運営、知的財産部門におけるグローバル人材の育成・確保、等が考えられる。

(4)　また、企業、特に製造業において、かかる知的財産活動に関連する予算・支出及び収益が知的財産部門・研究開発部門・事業部門等において適切に管理・分担・配分されるようにすることが必要かつ有用である。

4. 人材の育成・確保

(1)　そして、近年の先進国企業の知的財産（契約）マネジメントの高度化・複雑化に対応すべく、同企業の知的財産人材の育成・確保においても、総体として、主に発明に係る、クローズド・イノベーション、特許化、ライセンス・アウト一般、他企業等の特許（出願）のクリアランス、競合企業による特許権のエンフォースメントへの防御、に適合した従来からの人材に

加えて、さらに、技術情報一般に係る、インバウンド型オープン・イノベーション、特許化・秘匿化等及び公知化の使分け・組合せ、知的財産（権）ミックス、秘匿化における秘密管理・証拠化・漏洩時対策、アウトバウンド型オープン・イノベーション、オープン＆クローズ、休眠特許等の収益化、ＰＡＥによる知的財産権のエンフォースメントへの防御、等に対応し得る人材をも、専門人材やこれを支える裾野人材のみならず、これらを統括するマネジメント人材や世界を舞台に活躍できるグローバル人材も含めて、育成・確保することが必要である。

　ここで、特に、マネジメント人材・グローバル人材や、より高度・複雑かつ自企業に新規な知的財産（契約）マネジメント分野における専門人材については、自企業において初めから育成するよりも寧ろ外部登用により確保することが必要かつ有用であり得る。

(2) かかる企業の知的財産人材の育成・確保においては、その指標として、例えば経済産業省「知財スキル標準 version 2.0」(2017年2月) 等のツールを活用することが考えられる。

(3) また、かかる企業の知的財産人材の育成においては、全社的に経営層・研究開発担当者・知的財産担当者・事業担当者等を対象として体系的な知的財産教育・研修プログラムを構築し、計画的に組み合わせて中期的・長期的に運用すること、各部門での各担当者のOJT、各部門間での各担当者間の人材ローテーション、グローバル人材の育成のための海外留学・研修・駐在、等が必要かつ有用である。

(4) さらに、マネジメント人材、特に軍師型人材の早期育成・確保が困難な場合には、同人材の代替機能を奏し得るように組織・体制横断型のタスクフォース・プロジェクトチーム等を創設することが考えられる。

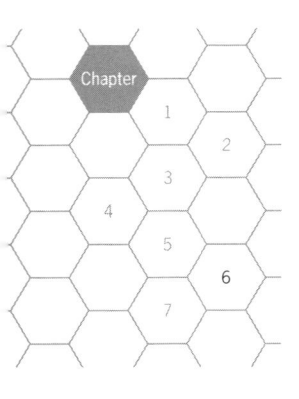

第6章
外部の知的財産人材の確保・活用

1. はじめに

　さらに、企業においては、自企業の知的財産戦略・戦術の採用・遂行に当たり、内部に構築した組織・体制の下で内部で育成・確保した知的財産人材を活用することに加えて、外部の知的財産専門家（弁理士・知的財産弁護士等）やコンサルタント・公認会計士・税理士等を確保・活用することが有用である。

2. 外部の知的財産専門家（弁理士・知的財産弁護士等）の確保・活用

（1）外部の弁理士の活用の有用性

　この点、外部の弁理士・特許事務所においては、IPテクニカルアシスタント・IPリーガルアシスタント・IPサーチャー・IPトランスレータ等を統括しつつ、以下の各業務において、クライアント企業の知的財産戦略・戦術の採用・遂行を効果的に支援・代理し得る。

　すなわち、発掘段階での発明その他の技術情報の拡充・展開及び証拠化、迅速かつ的確な保護戦略の検討・決定・実行、クローズド・イノベーション、研究開発委託、共同研究開発等の場合の権利確保・保全には、企業における発明等の創作・発掘の段階・現場への日常的な関与による技術的・産業財産権法的な知識・経験に基づいた外部の弁理士の参画が、有用である場合

が多い。

　また、M＆A、ライセンス・インの場合の権利確保・保全には、企業による国内・外国の特許出願等の代理・仲介業務や各種の調査等を通じた技術・産業財産権法に係る専門的・国際的な知識・経験に基づいた外部の弁理士の参画が、有用である場合が多い。

　さらに、技術情報の保護戦略の検討・決定及び見直しには、企業による国内・外国の特許出願等の代理・仲介業務や各種の調査等を通じた技術・産業財産権法に係る専門的・国際的な知識・経験に基づいた外部の弁理士の参画が、有用である場合が多い。

　また、秘匿化における秘密管理・証拠化には、企業における発明等の発掘等、保護戦略の検討・決定・見直し、特許出願等のための特許明細書・特許請求の範囲等の記述、等への日常的な関与による技術・特定不正競争防止法（技術上の営業秘密の保護）・特許法（特許権の保護・先使用権の保護）等に係る専門的な知識・経験に基づいた外部の弁理士の参画が、有用である場合が多い。

　さらに、特許化その他の産業財産権化は、企業による国内・外国の特許出願等の代理・仲介業務や各種の調査等を通じた技術・産業財産権法に係る専門的・国際的な知識・経験を有する外部の弁理士への相談・（リエゾン）業務委託が有用である。特に、かかる弁理士は、かかる知識・経験を、国内・欧米は勿論、新興国も含めて、自企業が選択・集中した分野において、秘匿化への理解や、標準化、模倣・巧妙化対策、エンフォースメントその他の活用への理解も含めて、十分に有するものであるか、又は、外部の弁護士との連携・協働により、かかる点を補完できるものであることが望ましい。

　また、公知化する技術内容について、引用例としての適格性を上げるために、明細書化すべく、クライアント企業による発明等の国内・外国出願は勿論、相手方企業の特許（出願）等に対する情報提供・異議申立て・無効審判等をも含む代理・仲介業務等を通じて技術・産業財産権法に係る専門的・国際的な知識・経験を有する外部の弁理士へ相談・（リエゾン）業務委託することが考えられる。

　さらに、（国際）標準化・オープン化は、企業による国内・外国の特許出願等

の代理・仲介業務等を通じた技術・産業財産権法に係る専門的・国際的な知識・経験に基づいた外部の弁理士の参画が、有用である場合が多い。

　最後に、他企業等の権利化阻止・権利無効化には、クライアント企業による国内・外国の特許出願等は勿論、相手方企業の特許（出願）等に対する情報提供・異議申立て・無効審判等をも含む代理・仲介業務等を通じて技術・産業財産権法に係る専門的・国際的な知識・経験を有する外部の弁理士への相談・（リエゾン）業務委託が有用である。特に、かかる弁理士は、かかる知識・経験を、国内・欧米は勿論、新興国も含めて、自企業が選択・集中した分野において、侵害紛争対応も含めて、十分に有するものであるか、又は、外部の弁護士との連携・協働により、かかる点を補完できるものであることが望ましい。

(2) 外部の知的財産弁護士の活用の有用性

　他方、外部の知的財産弁護士・法律事務所においては、IPパラリーガル・IPリーガルアシスタント等を統括しつつ、以下の各業務において、クライアント企業の知的財産戦略・戦術の採用・遂行を効果的に支援・代理し得る。

　すなわち、クローズド・イノベーション、研究開発委託、共同研究開発、M&A、ライセンス・イン、ビッグデータの取得・利活用の場合の権利確保・保全に、会社法・労働法・個人情報保護法・独占禁止法・契約法・知的財産（契約）関連紛争等の知識・経験に基づいた外部の知的財産弁護士の参画が、有用である場合が多い。

　さらに、技術情報の保護戦略の検討・決定及び見直しに、企業の知的財産契約のドラフト業務や知的財産（契約）関連紛争の代理業務等を通じた知的財産（契約）法一般・紛争処理法に係る専門的・国際的な知識・経験に基づいた外部の知的財産弁護士の参画が、有用である場合が多い。

　また、秘匿化における秘密管理・証拠化・漏洩時対策においては、知的財産権エンフォースメント・会社法・労働法・契約法・訴訟法・刑事事件等に係る専門的な知識・経験に基づいた外部の知的財産弁護士の参画が、有用である場合が多い。

　さらに、（国際）標準化・オープン化は、企業の知的財産契約のドラフト業務

や知的財産関連紛争の代理業務等を通じた知的財産（契約）法一般・紛争処理法に係る専門的・国際的な知識・経験に基づいた外部の知的財産弁護士の参画が、有用である場合が多い。

　最後に、ビッグデータを含むライセンス・アウト一般、アウトバウンド型オープン・イノベーション、オープン＆クローズ、知的財産（権）ミックス、休眠特許等の収益化、事業化における他企業等の特許（出願）等のクリアランス、競合企業・PAE等による知的財産権のエンフォースメントへの防御等、発明その他の技術情報・その権利の活用には、知的財産権エンフォースメント・知的財産（契約）関連紛争・会社法・契約法・訴訟法・独占禁止法等に係る専門的・国際的な知識・経験を有する外部の知的財産弁護士への相談・（リエゾン）業務委託が有用である。特に、かかる弁護士は、問題となる技術・特許出願等に係る専門的・国際的な知識・経験をも、相応に有するものであるか、又は、外部の弁理士との連携・協働により、かかる点を補完できるものであることが望ましい。

（3）外部の弁理士と知的財産弁護士との連携・協働の有用性

　そして、(1) 及び (2) から明らかなように、企業の知的財産戦略・戦術の採用・遂行をより一層効果的に支援・代理し得るためには、外部の弁理士と知的財産弁護士との連携・協働が、有用である。これにより、弁理士においては、知的財産（契約）法一般・紛争処理法、取得・秘匿化・活用業務、知的資産経営への知見を補完・拡充し得る。また、知的財産弁護士においても、技術、創造・権利化業務、知的資産経営への知見を補完・拡充し得る。

（4）有用な外部の弁理士・知的財産弁護士の確保の必要性

　そして、企業において、このように自企業の知的財産戦略・戦術の採用・遂行を効果的に支援・代理し得る外部の弁理士・知的財産弁護士を確保するためには、このように有用な外部の弁理士・知的財産弁護士、特にその連携・協働が必ずしも一般的とは限らないとともに、外部の弁理士・知的財産

弁護士が所属する特許事務所・法律事務所においては、他のクライアント企業等との関係上、特に紛争案件について、コンフリクトが問題になり易いことに留意する必要がある。よって、企業においては、所望の外部の弁理士・特許事務所・知的財産弁護士・法律事務所との間においては、中長期的に、継続的・安定的な関係を構築しておくことが望ましい。

3. 外部のコンサルタント・公認会計士・税理士等の確保・活用

　また、コンサルタント・公認会計士・税理士等においては、特に国際的な知的財産（権）に関連する各専門分野の知見を有する場合に、特に国際的なビジネスモデル構築、M＆A、ライセンス・イン、ベンチャー企業への投資、ライセンス・アウト、事業提携、知的財産価値評価等の財務・会計や、パテントボックス税制、移転価格税制、タックス・ヘイブン対策税制等の国際知的財産税務等について、企業の知的財産戦略・戦術の遂行を効果的に支援し得る。

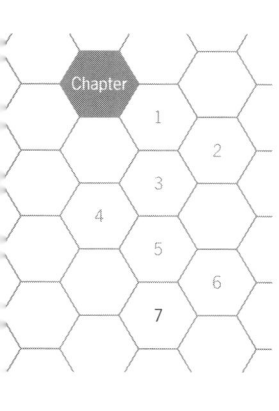

第7章
（革新的）中小企業・（研究開発型）ベンチャー企業の場合

1. はじめに

　日本の中小企業数は、下記図1に示すとおり、およそ381万社と全企業数の99.7％以上を占め、イノベーションを促進させる上で中小企業の果たすべき役割は大きい。そして、かかる中小企業・ベンチャー企業にも、基本的には、上記創造・取得、保護及び活用戦略・戦術が同様に妥当する。けだし、上記創造・取得、保護及び活用戦略・戦術は、近年の（グローバル）市場において、企業の規模・ステージの如何にかかわらず、該市場でのプレーヤーとなる企業一般にとって、基本的に必要とされるものであるからである。

　ここで、一般に、大企業と比較して、上記戦略・戦術に不慣れな中小企業・ベンチャー企業では、同戦略・戦術上の失敗例が多いことに加えて、自前の技術・知的財産・製品等が少なく、企業規模も小さいことから、かかる失敗により、より深刻な損害を被り易い。また、特に、技術・知的財産（権）が事業の競争力の源泉となり得る革新的中小企業・研究開発型ベンチャー企業の場合には、同戦略・戦術の優劣が事業の成否をより大きく左右し得る。

　しかるに、革新的中小企業・研究開発型ベンチャー企業を含めて中小企業・ベンチャー企業においては、一般に、上記戦略・戦術の採用・遂行を実際上阻害し得る、資金・情報及び人材の不足、パートナーの不足、グローバル化の不足等の諸問題がある。

　その結果、例えば、中小企業の特許出願件数は、下記図2に示すとおり、近年、増加傾向にあるものの、依然として、2016年の内国人の特許出願件数に占める中小企業の割合は、下記図1に示すとおり、15％に過ぎない。

図1　企業数・特許出願件数に占める中小企業の割合【特許行政年次報告書2017年版65頁より引用】

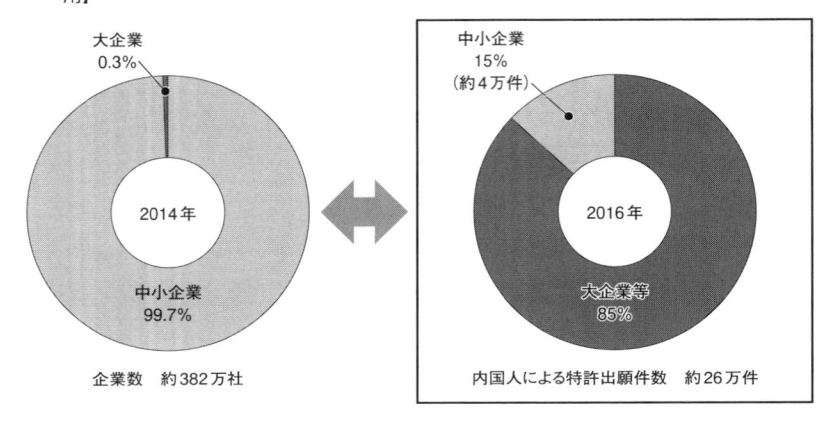

企業数　約382万社　　　　　内国人による特許出願件数　約26万件

図2　中小企業の特許出願件数の推移【特許行政年次報告書2017年版66頁より引用】

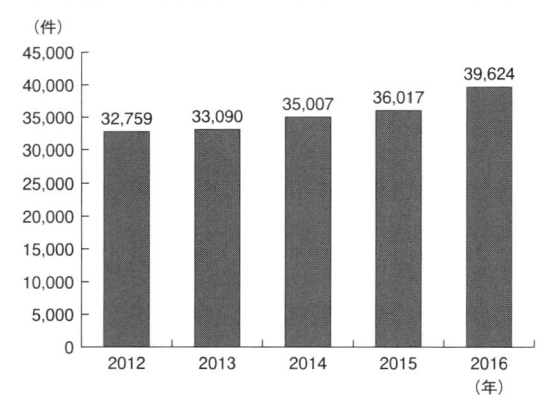

　また、中小企業の海外出願率は、下記**図3**に示すとおり、近年、増加傾向にあるものの、大企業の海外出願率に比べると未だ低いレベルに留まっている。

　このように、中小企業・ベンチャー企業の知的財産戦略・戦術への取組みは、必ずしも進んでいないことが窺われる。

図3 中小企業の海外出願率の推移【特許行政年次報告書2017年版67頁より引用】

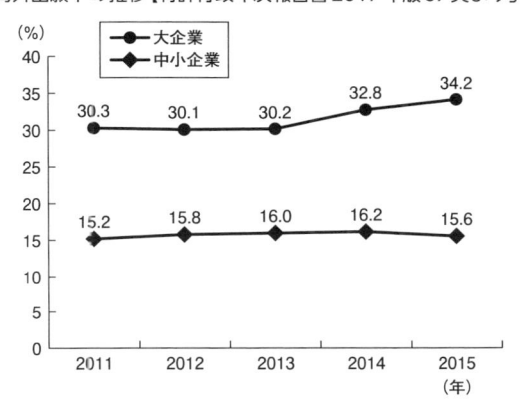

2. 外部の知的財産人材のより積極的な確保・活用

　かかる状況の下で、中小企業・ベンチャー企業、特に革新的中小企業・研究開発型ベンチャー企業においては、本来、大企業と比較してより一層喫緊な知的財産戦略・戦術への取組みを促進すべく、より高度・複雑な知的財産（契約）マネジメントについて、自企業の基本理念・戦略を策定し、組織・体制を構築し、人材を育成・確保し得るようにすることが望まれる。

　そして、これらの点を実際上阻害し得る、資金・情報・人材の不足、パートナーの不足、グローバル化の不足等の諸問題に対処すべく、中小企業・ベンチャー企業、特に革新的中小企業・研究開発型ベンチャー企業においては、公的費用助成制度や公的機関の支援制度を活用しつつ、自企業の知的財産部門・知的財産人材を補充・代替するものとして、弁理士・知的財産弁護士・コンサルタント・公認会計士・税理士等は勿論、技術士・中小企業診断士等をも含めて、より幅広い外部の知的財産人材を、必要に応じてチームとして、より幅広い自企業の知的財産活動について、より積極的に確保・活用することが必要かつ有用である。

3. 公的費用助成制度の活用

　そして、（革新的）中小企業・（研究開発型）ベンチャー企業において、自企業の知的財産活動について、主に資金の不足の問題に対処すべく、活用し得る公的費用助成制度として、例えば、平成29年度には、経済産業省・地方自治体等による研究開発の支援のための各種の補助金・助成金のほか、次のものがあった。

　すなわち、一般に、地方自治体には、例えば横浜市のように、所定の中小企業に対し、知的財産戦略の策定、知的財産に係る調査・分析、知的財産に係る評価、知的財産に関する管理・運営体制の整備等について、外部の知的財産人材への委託費用を助成するところがある。

　また、特に研究開発・保護段階において、例えば、INPIT・一般社団法人発明推進協会（発明推進協会）では、研究開発段階・出願段階及び審査請求段階の特許情報分析の費用負担について、中小企業等特許情報分析・活用支援事業を実施している。また、東京都知的財産総合センターでは、所定の中小企業等に対し、開発戦略策定・特許出願戦略策定・継続的なウォッチング又は侵害予防を目的とする特許調査費用助成事業や、先行調査費用の助成を含むグローバルニッチトップ助成事業を実施している。

　さらに、特に保護段階において、例えば東京都のように、多くの地方自治体では、所定の中小企業の国内出願費用を助成している。また、例えば、日本弁理士会では、所定の中小企業等に対し、国内出願費用について、特許出願等援助制度を運用している。

　また、例えば、特許庁・独立行政法人日本貿易振興機構（JETRO）・各都道府県等中小企業支援センター等では、外国出願費用の助成事業（中小企業等外国出願支援事業）を実施している。また、東京都知的財産総合センターでは、所定の中小企業等に対し、外国出願費用の助成や、外国権利取得・維持費用の助成を含むグローバルニッチトップ助成事業を実施している。さらに、他の多くの地方自治体でも、所定の中小企業の外国出願費用を助成している。

　さらに、例えば、特許庁では、中小ベンチャー企業・小規模企業等に対する

審査請求料・特許料等の軽減措置や、研究開発型中小企業に対する審査請求料・特許料の軽減措置を実施している。また、特許庁では、PCT国際出願について、中小ベンチャー企業・小規模企業等に対し、手数料の軽減措置を実施するとともに、国際出願促進交付金を交付している。さらに、平成30年改正特許法により、中小企業等の特許料等の一律半減制度が導入されている。

また、例えば、特許庁・JETROでは、海外商標冒認対策の費用負担について、冒認商標無効・取消係争支援事業（中小企業等海外侵害対策支援事業）を実施している。

さらに、特に活用段階において、例えば、経済産業省・JETROでは、所定の中小企業・ベンチャー企業等に対し、海外での展示会出展・デモ広報展示等に関する経費の補助、海外ニーズ調査費の補助、知財や海外ビジネスの専門家の助言の費用の補助等を含む日本発知財活用ビジネス化支援事業（ジェトロ・イノベーション・プログラム（JIP））を実施している。また、地方自治体には、例えば横浜市のように、所定の中小企業に対し、知的財産を活用した販路開拓、海外展示会商談会出展等の費用について、助成するところがある。さらに、公益財団法人日本発明振興協会では、所定の中小企業等による国内特許発明等の実施化等について、発明研究奨励金を交付している。

また、例えば、特許庁・JETROでは、海外侵害調査・警告状の作成・行政摘発の実施等の費用の助成について、模倣品対策支援事業（中小企業海外侵害対策支援事業）を実施している。また、東京都知的財産総合センターでは、所定の中小企業等に対し、外国侵害調査・鑑定・警告費用や水際対策費用の助成について、外国侵害調査費用助成事業を実施している。

さらに、例えば、特許庁・JETROでは、外国で外国企業等から産業財産権に係る係争に巻き込まれた場合の対策費用の助成について、防衛型侵害対策支援事業（中小企業海外侵害対策支援事業）を実施している。また、特許庁では、所定の中小企業に対し、海外知財訴訟費用保険に加入する際の掛金の補助について、海外知財訴訟費用保険事業を実施している。さらに、東京都知的財産総合センターでは、所定の中小企業等に対し、知財トラブル対策費用助成を含むグローバルニッチトップ助成事業を実施している。

4. 公的機関の支援制度の活用

　また、（革新的）中小企業・（研究開発型）ベンチャー企業において、自企業の知的財産活動について、資金・情報・人材の不足、パートナーの不足、グローバル化の不足等の諸問題に対処すべく、活用し得る公的機関の支援制度として、例えば、平成29年度には、中小企業庁のミラサポ・独立行政法人中小企業基盤整備機構（中小機構）のよろず支援拠点等の全般的なもののほか、次のものがあった。

　すなわち、例えば、特許庁では、①中小企業等への同庁の支援策に係るガイドブック「解決は知財で　知恵を事業に活かす虎の巻」を配布している。また、②産業財産権専門官の中小企業への個別訪問・中小企業関連セミナーへの講師派遣を実施している。さらに、③知的財産権制度説明会（初心者向け）（実務者向け）を開催し、テキストを配布している。また、④中小企業等の特許出願について、早期審査を申請可能とし、出張面接審査・テレビ面接審査を実施している。さらに、⑤中小企業等の特許出願の拒絶査定不服審判請求について、早期審理を申請可能とし、出張面接審理を実施している。また、⑥中小企業等の無効審判請求等について、巡回審判を実施している。さらに、⑦「知的財産権活用企業事例集2016」等により、知的財産を積極的に活用する中小企業等の具体的な取組を紹介している。また、⑧中小企業向け海外知財訴訟リスク対策マニュアルを配布している。さらに、⑨知財分野における地域・中小企業支援について、地域知財活性化行動計画を決定している。また、⑩先導的・先進的な地域による知財の取組を支援するために、地域中小企業知的財産支援力強化事業を実施している。さらに、⑪各地域経済産業局とともに、各地域において、巡回特許庁を実施している。

　また、例えば、INPITでは、①知的財産相談・支援ポータルサイト（https://faq.inpit.go.jp/industrial/faq/type.html）、知財人材データベース（https://chizai-jinzai-db.go.jp/）等を提供するとともに、②産業財産権相談、③営業秘密・知財戦略相談、④営業秘密・知財戦略セミナー、営業秘密・タイムスタンプセミナー及び知財活用支援セミナーの開催、⑤特許情報プラットフォーム

(J-PlatPat)講習会の開催、⑥IP・eラーニングの提供、⑦中小企業・ベンチャー企業の知財人材のための研修、⑧グローバル知財マネジメント人材育成教材の提供、⑨海外知的財産プロデューサーへの無料相談、セミナー・講演会への無料講師派遣等の海外展開知財支援、等の支援事業を実施している。

さらに、例えば、INPITが全国各地に設置する知財総合支援窓口では、①知財ポータルを提供するとともに、アイデア段階から出願手続・事業化・海外展開まで、②窓口支援担当者が幅広く相談を受け付け、助言を提供するほか、③弁理士・弁護士・中小企業診断士等の専門家が窓口支援担当者と協働して助言を提供し、④INPITの産業財産権相談窓口、営業秘密・知財戦略相談窓口及び海外展開知財支援窓口、中小機構のよろず支援拠点、商工会・商工会議所、中小企業支援センター等とも連携する、ワンストップサービスを提供している。

また、例えば、経済産業省・JETROでは、所定の中小企業・ベンチャー企業等に対し、①調査事業、②ビジネスモデル構築支援事業、③特定分野専門家による支援事業、④マッチング促進事業(海外見本市・見本会出展支援)等を含む日本発知財活用ビジネス化支援事業(ジェトロ・イノベーション・プログラム(JIP))を実施している。

さらに、例えば、特許庁・発明推進協会では、日常相談、模倣被害アドバイザー(弁理士、弁護士等)によるアドバイスを含む外国産業財産権侵害対策等支援事業を実施している。

また、例えば、各地域経済産業局等知的財産室では、地域ニーズに応じた支援事業の展開・支援制度の紹介等を実施している。また、各地域知的財産戦略本部では、各地域知財戦略推進計画を策定し、同計画に基づき中小企業等への総合的な支援策を実施している。

さらに、地方自治体には、例えば東京都知的財産総合センターのように、①知的財産相談、②知的財産セミナー・シンポジウムの開催、③知的財産マニュアルの提供、④ニッチトップ育成支援、⑤弁理士マッチング支援、⑥知的財産活用製品化支援、等の支援事業を実施しているところがある。また、例えば横浜市のように、①資金調達支援、②企業PR支援、③フォローアップ、④知的財産コンサルティング、⑤ビジネスマッチングの支援を実施しているところ

がある。さらに、例えば川崎市知的財産交流会等の川崎モデルのように、大企業保有の休眠特許等をライセンス・インし、大企業の提案・ノウハウ提供・開発支援等の協力を得つつ、中小企業・ベンチャー企業のニッチな技術を活用し、又は、中小企業・ベンチャー企業のニッチな市場向けに、製品化・事業化・ブランド化することを企図して、地方自治体・支援機関・金融機関等によるマッチング支援を実施しているところがある。

5.　知財金融の活用

そして、（革新的）中小企業・（研究開発型）ベンチャー企業においては、自企業が創造・取得した知的財産（権）について、資金不足の問題に対処しつつ、さらに知的財産（権）の創造・取得のサイクルを回すべく、担保化により知財金融を活用することが考えられる。この点、例えば、特許庁では、①知財金融ポータルサイト（http://chizai-kinyu.go.jp/）を提供するとともに、②金融機関に対し、中小企業の知財ビジネス評価書の作成支援事業を実施している。また、地方自治体にも、中小企業の知財ビジネス評価書の作成支援事業を実施しているところがある。

6.　（革新的）中小企業・（研究開発型）ベンチャー企業特有の知的財産戦略・戦術

（1）はじめに

（革新的）中小企業・（研究開発型）ベンチャー企業、特にスタートアップ企業の勝負所は、顧客志向の新規市場向けに、技術の立ち上がり時までに、オンリーワン技術を開発・提供し、同技術を特許等の知的財産（権）により保護することにある。かかる観点から、かかる企業特有の知的財産戦略・戦術として、

（グローバル）ニッチトップ戦略や大企業・事業会社との連携が考えられる。

(2)（グローバル）ニッチトップ戦略

　すなわち、革新的中小企業・研究開発型ベンチャー企業は、一般に、独自の技術・研究開発力により特に新たな市場・顧客向けの製品・システム等の迅速・効率的な開発を遂行し得る一方、資金・情報及び人材の不足、パートナーの不足、グローバル化の不足等の諸問題があることから、そもそも、自企業に適合的な（グローバルで）ニッチな市場・顧客向けに、直接的又は間接的に、オンリーワン・ナンバーワンの技術・製品・システム等の開発・提供を企図することが合理的である。

(3) 大企業・事業会社との連携

　また、新たな技術・製品・システム等に係る研究開発の高度化・複雑化・大規模化及び業際化の進展や、その市場ニーズの早期化・短期化の状況の下で、迅速・効率的な研究開発・事業化が不可欠である。そして、そのためには、独自の技術・研究開発力により特に新たな市場・顧客向けの製品・システム等の迅速・効率的な開発を遂行し得るものの、自企業のリソース（資金・情報及び人材）、ネットワーク、グローバル化、ブランド力等に課題を有する（革新的）中小企業・（研究開発型）ベンチャー企業においては、豊富なリソース、既存の（グローバル）市場での知見・ネットワーク・ブランド力等を有するものの、いわゆる大企業病・イノベーションのジレンマに課題を有する大企業・事業会社と、相互補完のために積極的に連携することが必要かつ有用である。
　特に、①自企業の（共同）研究開発（受託）のために大企業・事業会社と資金的、バックグラウンド技術・知財的及び人材的に連携すること、②自企業創造の研究開発成果に係る特にグローバルな産業財産権化のために大企業・事業会社と資金的・知見的及び人材的に連携すること、並びに、③自企業保有又は共有の知的財産（権）に係る特にグローバルな事業化・活用、特に、量産、販売促進・宣伝広告、標準化・オープン化、事業提携・JV、（拘束条件付ハイブ

リッド・）ライセンス・アウト、エンフォースメント、他企業等の特許（出願）等のクリアランス、他企業等による知的財産権のエンフォースメントへの防御等のために、大企業・事業会社と資金的・知見的及び人材的に連携すること、が考えられる。

　かかる連携上の課題と対策については、経済産業省「事業会社と研究開発型ベンチャー企業の連携のための手引き（初版）」（平成29年5月）が参考になる。特に、（研究開発型）ベンチャー企業は、戦略策定において、中長期的な事業展開を見据えて連携すべき大企業・事業会社を選別し、将来的な事業展開を阻害しないように領域を切り分けて大企業・事業会社と連携する必要がある。また、契約交渉において、短期的な資金獲得だけでなく、中長期的に見据え、依存関係に繋がる資金の受入れを回避し、自企業に不利な条件に対してバランスを取るための条項を盛り込むこと等により、大企業・事業会社との間で対等かつWin-Winの関係を構築する必要がある。さらに、不成功の場合に、痛手を最小化しながら、早期に再チャレンジに向かえるようにするために、明確なマイルストンを設定し、当初合意した条件を満たさない場合は連携内容を途中で見直せるようにする必要がある。また、特に、スタートアップ企業においては、出口戦略として、IPOのみならず、大企業・事業会社によるM＆Aが活性化される必要があり、そのためには、自企業のグローバル化も必要となる。

（4）大企業・事業会社との連携に関連する公的機関の支援制度の活用

　また、かかる大企業・事業会社との連携に関連して、NEDOの運営事務局によるオープンイノベーション・ベンチャー創造協議会（JOIC：Japan Open Innovation Council）においては、国内外のオープン・イノベーションに係る成功事例の調査、イベントを通しての情報の共有、これらにより得られた知見を踏まえた「オープンイノベーション白書」の取り纏め、ベンチャー企業に係る啓発普及活動等を行っている。また、NEDOにおいても、ベンチャー・エコシステムの構築のために、研究開発型ベンチャー支援事業として、起業家候補支援事業、シード期の研究開発型ベンチャーに対する事業化支援、企業

間連携スタートアップに対する事業化支援等を行っている。

7.（革新的）中小企業・（研究開発型）ベンチャー企業特有の事例

（1）はじめに

　以上に述べた、外部の知的財産人材のより積極的な確保・活用、費用助成制度の活用、公的機関の支援制度の活用、知財金融の活用、（グローバル）ニッチトップ戦略、大企業・事業会社との連携等に関する、（革新的）中小企業・（研究開発型）ベンチャー企業特有の事例を、経済産業省・特許庁「知的財産権活用企業事例集2016」（平成28年3月）等より分野別に摘示すると、以下のとおりである。

（2）健康食品・医薬品

ア．北海道バイオインダストリー（北海道札幌市）

　コア技術であるネギ属植物処理法（BRC製法）とBRC製法によりタマネギから生成される揮発性含硫化合物（DTPS）とを特許保護しつつ、BRC製法を活用したコンディショニング調味食品について、大手食品卸企業と専売契約を締結し、全国への販路を拡大した。

イ．JITSUBO（東京都小金井市）

　関東経済産業局特許室の知財戦略コンサルティング事業の活用により、革新的なペプチド合成基盤技術について、新たなビジネスモデルの確立、知財の位置付けの明確化、特許情報の活用等について、社内知財体制を強化し、大手医薬品メーカーと共同開発契約を締結した。

ウ．富士化学工業（富山県中新川群上市町）

大手企業が参入しない領域で高品質の医薬品を開発・製造し、海外での権利化も重視して、ニッチなグローバル市場で排他・独占することを経営上の方針としている。

（3）建築・建設・土木

大阪府大阪市のユニオンは、ニッチなドアハンドル中心のファブレス企業として、デザイン力による付加価値向上と差別化のためにメリハリのある知財戦略を採用し、市場に新しいデザインを投入するとのポリシーの下で、グローバルに権利化を進めている。

（4）金型・プレス加工・工業部品

ア．エディプラス（埼玉県さいたま市）

全く新しい発想の羽根がない攪拌体について知財総合支援窓口の活用により類まれな基本特許の取得に成功している。

イ．サイベックコーポレーション（長野県塩尻市）

関東経済産業局特許室の知財戦略コンサルティング事業の活用により、知財意識を向上させ、営業秘密保護・そのための証拠化により、取引先への信頼や牽制等の効果を得ている。

ウ．木下精密工業（愛知県名古屋市）

ニッチな工業用ミシン付帯装置でオンリーワン技術と（グローバルな）特許権取得による独占的シェアを実現・（企図）するとともに、特許庁による金融機関に対する中小企業の知財ビジネス評価書の作成支援事業を活用し、金融機関からの知財金融を実現している。

エ．内山工業（岡山県岡山市）

グローバルにニッチなベアリングシール、特にエンコーダシールについて、業界のパイオニアとして、特許保護し、3割のグローバル・シェアを確保している。

オ．ビック・ツール（鳥取県西伯郡日吉津村）

オンリーワンのグローバルな特許技術を製品化して高性能のドリルを開発し、国内外で注目され、売上を増大させるとともに、地元大学と連携して他分野への応用研究も実施している。

カ．岩崎目立加工所（島根県大田市）

地元大学や地元産業技術センターと共同研究開発を実施し、その成果を共同特許出願しつつ、製造ノウハウに基づきメタルインジェクションで製造するインサートチップ刃に係るオンリーワン製品により、同製品を装着した食品加工用の帯ノコの全国市場シェア3割を実現するとともに、外国出願補助制度を活用しながらグローバルにも特許出願して、販促のツールとしている。

キ．東洋ステンレス研磨工業（福岡県太宰府市）

超繊細意匠研磨技術を駆使した複合化研磨技術と、大手製鉄メーカーとの共同研究・特許出願による先進の真空堆積技術により、軽量で高耐食かつ加工容易なIPゴールドチタンを開発し、グローバルに用途を拡大する一方、九州経済産業局の地域中小企業知財戦略支援事業の活用により知財意識を向上させている。

ク．フジコー（福岡県北九州市）

自社の事業基盤となる溶射技術で、産学連携研究開発により高速フレーム低音溶射法を確立し、九州経済産業局の助成事業の活用成果として高速フレーム低音溶射法に基づく光触媒成膜技術を開発し、産学連携研究開発により新規の製品分野へ進出し、社内知財体制を整備するとともに、海外展開を見据えた特許取得・商標権取得を行っている。

ケ．トライテック（大分県大分市）

　大手製鉄メーカーの製鉄所の高炉操業に必要不可欠な開孔ロッド・PCバーナー等の設備を独自のアイデアで開発し、特許保護し、国内シェア2割程度を実現し、社内知財体制の整備により知財の重要性を再認識するとともに、知財総合支援窓口やINPITの海外知的財産プロデューサーを有効活用している。

（5）化学・プラスチック・材料

ア．根本特殊化学（東京都杉並区）

　ニッチな夜光塗料分野に事業資本を集中し、画期的な蓄光性顔料を開発し、世界主要国で特許を取得し、時計の文字盤で世界シェア約100％を実現する等、世界シェアトップメーカーとして、様々な製品に採用されるとともに、経営トップの知財戦略への関与により、社内知財体制を構築・運用し、多数の製造工程が重要な先端技術は、特許化せず、秘匿化し、グローバルには現地メーカーへの蓄光材料の供給やライセンス・アウトによりWIN－WINの関係を構築している。

イ．岐阜プラスチック工業（岐阜県岐阜市）

　外国のベンチャー企業から実施許諾を受けた技術に基づき、中小企業高度化事業の補助金を活用して公設試験研究所と共同開発を実施し、熱可塑性樹脂の連続成形技術により、高強度・超軽量のハニカムコア材の世界初の量産化に成功し、特許及び商標権を取得し、様々な産業の省エネルギー化に貢献しつつある。

ウ．ミヤゲン（福井県敦賀市）

　知財総合支援窓口の支援制度を積極的に活用しつつ、地元の弁理士の助言を受けて、フィルム1枚で自動作成可能な低コストのコンビニコーヒーの持ち帰り用レジ袋の開発に成功し、製法特許及び意匠権を取得し、付加価値・差別化により、大規模市場をターゲット化している。

エ．高木綱業（香川県高松市）

　大手繊維メーカー・公的研究機関と共同研究を実施して、静電気除去機能を有しつつ強度・作業性・低コストを実現する船舶用繊維ロープの開発に成功し、単独で特許を取得し、新市場創造型標準化制度を活用して、国際標準化を企図している。

オ．トリム（沖縄県那覇市）

　廃ガラスを原料に製造する軽石状のガラス発砲軽量資材及び製造プラントの開発に成功し、知財総合支援窓口や特許事務所を活用しながら、関連技術を権利化とブラックボックス化とを峻別しつつ保護し、地域融合型のリサイクルシステムとして国内外へ展開している。

（6）農業機械・食品機械

ア．フジキカイ（愛知県名古屋市）

　日本の包装機械業界のリーディング・カンパニーとして、オンリーワン技術と高率での特許取得を連動させ、セールストークに活用するとともに、競合他社を牽制してきた。

イ．石野製作所（石川県金沢市）

　回転寿司店に関連するシステム・機器の開発・提案に特化し、回転寿司経営のトータルコーディネート事業を展開し、技術を特許、デザインを意匠、製品名を商標で徹底的に保護する知的財産（権）ミックス戦略に力を入れ、回転寿司コンベア機の国内シェア60％以上を確保している。

ウ．タカキタ（三重県名張市）

　ニッチな国内の畜産酪農機械の市場環境に適応し、1つの開発テーマに1件以上の特許出願を目標としつつ、高い特許率を実現し、高い国内シェアを確保しつつ、グローバルな市場の拡充・特許化を企図している。

エ．フジワラテクノアート（岡山県岡山市）

　原料の特性と微生物の能力を最大限に引き出しながら、製麹プロセスを大規模化、自動システム化、高品質化するオンリーワンの技術力と、その特許化、特許紛争の回避及び営業時の差別化により、国内の製麹装置の台数で約65％、製麹能力で約80％のシェアを確保しつつ、グローバルな市場の拡充・特許化を企図している。

オ．ヤナギヤ（山口県宇部市）

　熟練のオンリーワン技術に係る製法の秘匿化と他の技術の特許化やブランド力により、練り製品加工機械の世界トップシェアを維持し、特にカニカマ製造装置の世界シェアの70％を占めている。

カ．松元機工（鹿児島県南九州市）

　地域の茶生産に密着した動力式茶摘機のトップランナーとして、適地適品の動力式茶摘機を開発し、主に特許化により保護・差別化し、侵害品には毅然と対応することにより、全国の8割のシェアを実現するとともに、更なる市場拡大のために外国へ輸出しつつ、現地での安定した商取引の環境の確保のために、中小企業等外国出願支援事業等を活用しつつ、外国での権利化を企図している。

（7）産業機械・環境関連機器

ア．三立機械工業（千葉県千葉市）

　廃電線リサイクル処理機のパイオニアとして、廃電線からの金属回収技術に係る剥線機を独自開発し、特許を取得することにより、自社技術の保護と市場の優位性を確保しつつ、政府開発援助（ODA）事業での活動によるグローバルな普及を企図している。

イ．旭精工（東京都港区）

　コイン・紙幣の選別機を開発・製品化し、特許料等の減免制度を活用して、

高い査定率で特許保護し、海外では、東京都の外国出願助成金を活用して、主要市場国で特許化する一方、ノウハウを秘匿化して積極的に先使用権を確保し、模倣品等には断固たる対応で自己防衛を企図している。

ウ．シンキー（東京都千代田区）

自転公転ミキサー（攪拌脱泡機）を開発・製品化し、国内外の広範な企業・大学等へ供給しつつ、経営・開発・知財が一体で活動できるよう構築した体制の下で、権利化・秘匿化の使分けに配慮しつつ、知的財産（権）ミックス戦略を遂行し、かかるコア技術の潜在能力の最大化のために、同技術に係る単独の権利を確保・保全した上で、大企業・大学等と積極的に技術開発や技術提携を行っている。

エ．伸和コントロールズ（神奈川県川崎市）

ソレノイドバルブ（電磁弁）や半導体・液晶パネル製造装置向け温度湿度管理装置を事業戦略と一体化した戦略により開発・製品化し、知財予算を増額し、知財管理体制を拡充しつつ、特許化し、半導体製造装置向け温度湿度管理装置の世界市場で第3位の導入実績を挙げている。

オ．フルタ電機（愛知県名古屋市）

顧客ニーズを迅速・的確に反映させるマーケット・イン戦略により防霜ファン等の風力機器を開発・製品化し、独創的な技術・デザインの差別化として知的財産（権）ミックス戦略に注力し、海外では、日本での権利化により信頼度を高めて当局の検定・指定にアピールしつつ、特許庁から外国出願の費用助成やアドバイスを受けて権利化し、模倣品には断固たる姿勢で対応し、防霜ファンの国内シェア6割超を実現している。

（8）医療機器・医療用具・介護用品

ア．京都医療設計（京都府京都市）

生体吸収性ステントに係る独自の開発技術を、経営トップのリーダーシップ

の下で、外部の弁理士の活用により、グローバルに特許権・意匠権の知的財産(権)ミックス戦略により保護し、多くの企業とグローバルに戦っている。

イ．湯山製作所 (大阪府豊中市)

　分包機を主力とする調剤機器を開発・製品化し、経営層の知財重視の方針により社内知財体制を強化するとともに、特許庁の各種の施策をフル活用して、欧米・韓中台の主要な輸出先を含めて、積極的に権利化を目指し、分包機の基本特許技術のグローバルなスタンダード化を実現し、病院や調剤薬局の調剤機器の国内シェアにおいて業界トップクラスの約4割を占めるとともに、調剤機器分野において世界のトップランナーとして走り続けている。

ウ．コーポレーションパールスター (広島県東広島市)

　地域の産学官の連携により予防医療分野における転倒予防靴下等を開発・製品化し、権利化・秘匿化の使分け・組合せや知的財産(権)ミックス、特に医療機器認定に基づく技術ブランド化を遂行し、地域の病院との連携での相乗効果を生むビジネスモデルにより、また、人力工程でのオンリーワン商品の社内一貫生産により、下請からの脱却を実現しつつある。

エ．三鷹光器 (東京都三鷹市)

　天体望遠鏡の高度な技術ノウハウにより大学病院と連携して脳外科手術用顕微鏡を開発・特許化し、国内では垂直統合型でビジネス展開しつつ、海外では外国大手メーカーに共同ブランドで供給している。

(9) IT・電気機器・電子機器・分析機器

ア．ミラック光学 (東京都八王子市)

　顧客が求めるオンリーワン製品を生み出すマーケット・イン戦略と社内体制により、匠の技による駆動機構等のコア技術・ノウハウに基づき、汎用性が高いアリ溝式ステージを開発・製品化し、知財を付加価値と捉え、権利化・秘匿化の使分け・組合せや知的財産(権)ミックスを遂行し、PR効果の拡充や

信用力の向上に繋げ、カメラ・センサー・測定機を使用する様々な製造現場において大ヒットさせている。

イ．エス・イー・アイ（三重県津市）

　自動車の車載用リチウムイオン電池の素材や製造工程の開発企業として、国内外の自動車・素材・製造設備の各メーカーと協業しながら開発を遂行し、同開発成果のグローバルな権利化による同各メーカーの事業上の安心感の向上のために、顧問弁理士とのブラッシュアップ会議を開催し、迅速・確実で、より広く、より明確な、グローバルな権利化を企図するとともに、同権利に基づく国際標準化・オープン化のための公平なライセンス・アウトを企図している。

ウ．テンパール工業（広島県広島市）

　公的機関の支援制度を活用して、社員の知財意識や知財スキルを向上させつつ、知財部門を置かず、開発部門の中に専任の知財担当を配置して、技術・デザイン開発と一体となった権利化・秘匿化の使分け・組合せや知的財産(権)ミックス等の知財活動を遂行し、主力製品の遮断器が中国地方において安全ブレーカの代名詞として広く受け入れられるとともに、主力製品の分電盤が数々の表彰を受賞している。

エ．ベルニクス（埼玉県さいたま市）

　大手メーカーと新材料を共同開発しつつ、コア部品であるシステム半導体を自社で開発・設計し、大手メーカーへ製造委託し、精密な産業用電源装置をメーカーに製造委託して、高度かつ多様な特注品ニーズを先導役に標準品を開発・製品化し、安定・持続収益化を実現している。

オ．エリオニクス（東京都八王子市）

　パートナー・ユーザーである大企業研究開発部門・大学・公的研究機関のニーズにより超高精度電子ビーム描画装置を企画・設計し、特殊部品を関連会社で製造し、重要部材を大手メーカと共同開発し、一般部品の製造・加工

を中小企業に外注して、組立・調整し、国内・海外で特許化している。

(10) 生活文化用品

ア．楽プリ（東京都中央区）

　マイクロファイバーを使っためがねクリーナー生地に独自の昇華染色技術を施す等の構造から成る、スマートフォン等の画面の汚れの拭取りのためのノベルティー商品を開発・製品化し、関東経済産業局の知財戦略コーディネートへの参加や特許庁・JETROの模倣品対策支援事業（中小企業海外侵害対策支援事業）の活用等により、特許権と商標権によりグローバルに知財保護するとともに、グローバルに模倣品対策を遂行して、グローバルな代理店網のマーケティングツールとして拡販を実現している。

イ．曙産業（新潟県燕市）

　プラスチック製家庭日用品について、企画・設計から金型・成形まで一貫して内製し、新商品開発のアイデアから試作品を作るまで知財担当が関与して、よりシンプルで機能性を兼ね備えた商品として仕上げる社内体制において、二重の凸凹形状「Wエンボス加工」の開発に成功し、特許を取得しつつ、これにより次々にユニークなヒット商品を生み出すとともに、デザインは意匠保護し、ノウハウは営業秘密保護することにより、模倣の抑止を企図している。

ウ．ホーユー（愛知県名古屋市）

　ヘアカラーについて、様々な剤形の開発とともに、経営陣の高い知財意識に基づき、丹念に周辺特許を取得し、大手に対抗して、国内シェアでトップの40％を占めるとともに、外国においても、積極的に権利化しつつ、販売範囲を拡大し、特許庁・JETROの模倣品対策支援事業（中小企業海外侵害対策支援事業）を活用した積極的な模倣品対策により、自社のブランドイメージの保護、売上減少の防止及び粗悪な模倣品による消費者の健康被害の防止を企図している。

エ．MTG（愛知県名古屋市）

　優れた機能性の追求とデザインとの融合を重視して、美容ローラーを開発・製品化し、大幅に強化した知的財産部門の下で、知的財産（権）ミックスの権利化により保護・活用し、税関での取締りを積極的に利用して模倣品の徹底的な排除を企図し、販売開始以来6年半でシリーズ累計400万本を売り上げ、アジアを中心にグローバルに展開している。

オ．サラヤ（大阪府大阪市）

　開発者と知財担当者との日常的な関わり合いにより知財を発掘し、関係部署の主要メンバーを委員とする社長直轄の知的財産委員会により、事業分析を踏まえて計画的に、知財の権利化や産業財産権の取捨選択等の重要事項の戦略的判断・意思決定を迅速に行い、ブランド確立を企図している。

カ．タカラベルモント（大阪府大阪市）

　オンリーワン・ナンバーワンを目指して差別化した理美容機器等のデザイン等の開発・製品化に注力し、意匠制度を最大限に活用した知的財産（権）ミックスを遂行して、模倣品対策に活用し、特に美容イスの世界シェアトップを実現している。

キ．山本光学（大阪府東大阪市）

　曇り除去技術の開発・権利化による優位性の確保で知財（権）を重視し、世界初の特許製品を次々と開発し、経営トップの下での知財会議において、知的財産（権）ミックスの遂行により差別化・ブランド化を企図し、模倣品対策に活用することにより、スポーツ用ゴーグルの国内シェア60％とレーザー用保護メガネの国内シェア80％を実現している。

ク．finetrack（兵庫県神戸市）

　世界初の濡れに強く軽量コンパクトな立体構造保温素材を独自開発し、特許庁の特許料等の軽減措置や早期審査制度を活用して、特許権・商標権を取得しつつ、同素材を使用した保温ウェアを素材から加工・縫製までＭＡＤＥ

IN　JAPANを徹底して商品化・ブランド化して、他社の模倣からの防衛を企図している。

ケ. ココスアイランドオキナワ (沖縄県那覇市)

　オリジナルの沖縄ジュエリーを大手キャラクター企業とのコラボレート商品等の戦略的なシリーズ展開を含めて開発・商品化し、地元の法律特許事務所を活用して、海外も含めて、知的財産(権)ミックスの遂行や知財管理の効率化により、他社商品との差別化や取引における信頼性の向上と模倣対策とを企図している。

8. (革新的)中小企業・(研究開発型)ベンチャー企業の知的財産マネジメント上の強み

　7に述べた(革新的)中小企業・(研究開発型)ベンチャー企業特有の事例によると、特に大企業との比較における、(革新的)中小企業・(研究開発型)ベンチャー企業の知的財産マネジメント上の強みは、①企業の基本理念・戦略の策定、組織・体制の構築、人材の育成・確保のための経営層からのトップダウン、②知的財産担当と研究開発担当・事業担当との緊密な連携、③知的財産(権)ミックスの重視等にあることが窺われる、逆に言うと、これらの点が、いわゆる大企業病・イノベーションのジレンマに課題を有する大企業の知的財産マネジメントにおいて、同課題解決のための鍵になることが多いものと考えられる。

参考資料

小川紘一「オープン&クローズ戦略—日本企業再興の条件　増補改訂版」(翔泳社、2015)

米山茂美・渡部俊也・山内勇「オープン・イノベーションと知財マネジメント」一橋ビジネスレビュー63巻4号

荻野誠「日本型プロパテント戦略とJapanese Electronics Paradox」一橋ビジネスレビュー63巻4号

内閣府平成27年度年次経済財政報告

米山茂美外「日・米・欧企業におけるオープン・イノベーション活動の国際比較」(科学研究費助成事業　研究成果報告書(基盤研究(A)課題番号25245053))

経済産業省「民間企業のイノベーションを巡る現状」(平成27年12月3日)

オープンイノベーション協議会(JOIC)、国立研究開発法人新エネルギー・産業技術総合開発機構(NEDO)編「オープンイノベーション白書」(平成28年7月)

21世紀政策研究所「日本型オープンイノベーションの研究」(2015年6月)

公正取引委員会「共同研究開発に関する独占禁止法上の指針」(平成5年4月20日、改定：平成29年6月16日)

公正取引委員会「役務の委託取引における優越的地位の濫用に関する独占禁止法上の指針」(平成10年3月17日、改正：平成23年6月23日)

公正取引委員会「知的財産の利用に関する独占禁止法上の指針」(平成19年9月28日、改正：平成28年1月21日)

株式会社テクノリサーチ研究所「平成22年度産業技術調査　我が国企業の研究開発投資効率に係るオープン・イノベーションの定量的評価等に関する調査報告書」(平成23年2月)

経済産業省「事業者が匿名加工情報の具体的な作成方法を検討するにあたっての参考資料Ver1．0」(平成28年8月)

個人情報保護委員会「個人情報の保護に関する法律についてのガイドライン(匿名加工情報編)」(平成28年11月(平成29年3月一部改正))

特許庁調査企画課「知的財産戦略から見たオープン・イノベーション促進のための取組事例」(2009年2月)

経済産業省・特許庁「戦略的な知的財産管理に向けて—技術経営力を高めるために—〈知財戦略事例集〉」(2007年4月)

産業構造審議会産業技術分科会基本問題小委員会報告書(平成22年5月)

産業構造審議会産業技術環境分科会研究開発・評価小委員会中間とりまとめ(平成26年6月)

経済産業大臣「特許法第35条第6項に基づく発明を奨励するための相当の金銭その他の経済上の利益について定める場合に考慮すべき使用者等と従業者等との間で行われる協議の状況等に関する指針」(経済産業省告示第131号)(平成28年4月22日)

経済産業省「AI・データの利用に関する契約ガイドライン—データ編—」(平成30年6月)

経済産業省「委託研究開発における知的財産マネジメントに関する運用ガイドライン」(平成27年5月)

石田正泰「知的財産契約実務ガイドブック― 各種知財契約の戦略的考え方と作成 改訂版」（発明推進協会、2014）

大阪弁護士会知的財産法実務研究会「知的財産契約の理論と実務」（2007年、商事法務）

日本知的財産協会ライセンス第1委員会「共同研究開発契約実務マニュアル」（2016年10月）

イノベーション促進産学官対話会議事務局「産学官連携による共同研究強化のためのガイドライン」（平成28年11月30日）

文部科学省科学技術・学術政策局産業連携・地域支援課大学技術移転推進室「大学等における知的財産マネジメント事例に学ぶ共同研究等成果の取扱の在り方に関する調査研究～さくらツールの提供～」（平成29年3月30日）

日本弁理士会知的財産価値評価推進センター「知的財産価値評価ガイド～場面別・目的別価値評価ガイド」（平成28年2月）

経済産業省「知的財産の取得・管理指針」（平成15年3月14日）

上條由紀子「テクノロジーブランディング（技術のブランド化）の法的保護に関する研究」平成21年度TEPIA知的財産学術研究助成成果報告書（財団法人機械産業記念事業財団、平成23年3月）

財団法人知的財産研究所「出願公開制度に関する調査研究報告書」（平成27年3月）

産構審知財分科会営業秘密保護・活用小委員会「中間とりまとめ」（平成27年2月）

経済産業省「営業秘密管理指針」（全部改訂：平成27年1月28日）

経済産業省知的財産政策室「営業秘密の保護・活用について」（平成29年6月）

経産省知財政策室「近時の技術流出事例への対処と技術流出の実態調査について」（平成25年3月）

経済産業省「企業における営業秘密管理に関する実態調査結果概要」（平成29年3月17日）

経済産業省「秘密情報の保護ハンドブック～企業価値向上に向けて～」（平成28年2月）

三菱UFJリサーチ＆コンサルティング株式会社「平成24年度経済産業省委託調査 人材を通じた技術流出に関する調査研究報告書」（平成25年3月）

日本国際知的財産保護協会「平成22年度特許庁委託産業財産権制度各国比較調査研究等事業 先使用権制度に関する調査研究報告書」（平成23年3月）

財団法人知的財産研究所「平成27年度産業財産権制度問題調査研究 中小企業等における先使用権制度の円滑な活用に関する調査研究報告書」（平成28年3月）

特許庁「先使用権制度の円滑な活用に向けて― 戦略的なノウハウ管理のために―（第2版）」（平成28年5月）

特許行政年次報告書2016年版

特許行政年次報告書2017年版

平成24年度特許庁知的財産国際権利化戦略推進事業報告書

平成25年度特許庁知的財産国際権利化戦略推進事業報告書

平成26年度特許庁知的財産国際権利化戦略推進事業報告書

経済産業省「知的財産情報開示指針」（平成16年1月）

経済産業省「知的資産経営の開示ガイドライン」（平成17年1月）

経済産業省「知財マネジメントを行う際の標準に関わる諸問題報告書」(2012年3月)

経済産業省「標準化戦略に連携した知財マネジメント事例集」(2012年3月)

永野志保「知的財産と国際標準化」特技懇268号 (2013年)

標準化官民戦略会議「標準化官民戦略」(平成26年5月15日)

経済産業省産業技術環境局基準認証政策課「戦略的な標準化体制の構築」(平成29年2月)

特許庁「標準必須特許のライセンス交渉に関する手引き」(平成30年6月)

特許庁審判部「標準必須性に係る判断のための判定の利用の手引き」(平成30年3月)

公正取引委員会「標準化に伴うパテントプールの形成等に関する独占禁止法上の考え方」(平成17年6月29日、改定：平成19年9月28日)

標準化官民戦略会議標準化人材育成WG「標準化人材を育成する3つのアクションプラン」(平成29年1月)

株式会社テクノリサーチ研究所「コーポレートベンチャリングに関する調査研究調査報告書」(平成21年3月)

一般財団法人知的財産研究所「特許権等の紛争解決の実態に関する調査研究報告書」(平成27年3月)

一般財団法人知的財産研究所「知財紛争処理システムの活性化に資する特許制度・運用に関する調査研究報告書」(平成28年3月)

産業構造審議会知的財産分科会特許制度小委員会「我が国の知財紛争処理システムの機能強化に向けて」(平成29年3月)

知財紛争処理システム検討委員会参考資料集

特許庁審判部「日本における特許無効審判について」(平成28年11月)

久慈直登「喧嘩の作法」(ウェッジ、2015年)

鮫島正洋・小林誠「知財戦略のススメ」(日経BP社、2016年)

Annual NPE Litigation, Patent Marketplace, and NPE Cost Reports for 2015 by RPX (http://www.rpxcorp.com/reports/)

財団法人知的財産研究所「企業等の知的財産戦略の推進に関する調査研究報告書」(平成23年2月)

経済産業省「知財スキル標準 version 2.0」(2017年2月)

経済産業省「事業会社と研究開発型ベンチャー企業の連携のための手引き（初版）」(平成29年5月)

経済産業省・特許庁「知的財産権活用企業事例集2016」(平成28年3月)

著者略歴

飯田 圭（いいだ　けい）

1993年　東京大学法学部卒業
1995年　弁護士登録（第二東京弁護士会）、中村合同特許法律事務所入所
1997年　弁理士登録
2002年　Franklin Pierce Law Center知的財産法学修士
2002〜2003年　Stroock & Stroock & Lavan LLP研修勤務
2006年　中村合同特許法律事務所パートナー
2008年〜　国立大学法人筑波大学大学院ビジネス科学研究科講師、財務省関税局専門委員
2009〜2010年　早稲田大学大学院法学研究科講師
2012年〜　経済産業省侵害判定諮問委員（旧不正競争防止法調査員）
2016〜2017年　産業構造審議会 知的財産分科会 営業秘密の保護・活用に関する小委員会委員
取扱分野　知的財産法、ライセンス・共同開発・開発委託等に係る契約法、国際取引法ほか
著作　・「特許製品や商標商品の並行輸入の限界」パテント69巻11号56頁（2016年）
　　　・「第102条（損害の額の推定等）」『新・注解　特許法［第2版］（下巻）』（2017年）
　　　・「企業のブランド戦略と税関の水際取締制度の活用」ジュリスト1504号48頁（2017年）　ほか

知財マネジメントの要点
企業のための地図と羅針盤

2018年8月10日　初版第1刷発行

著　者	飯田 圭	
発行者		

発売所　株式会社 清文社

東京都千代田区内神田1-6-6（MIFビル）
〒101-0047 電話 03(6273)7946 FAX 03(3518)0299
大阪市北区天神橋2丁目北2-6（大和南森町ビル）
〒530-0041 電話 06(6135)4050 FAX 06(6135)4059
URL http://www.skattsei.co.jp

制　作　レクシスネクシス・ジャパン株式会社

装　幀　野口 佳大

DTP　高橋 秀行

印刷・製本　文唱堂印刷株式会社

ISBN978-4-433-48338-8